Ueli Mäder, Peter Aebersold und Simon Mugier (Hrsg.)

Soziale Disziplinierung und Kontrolle

Bibliografische Information der Deutschen Nationalbibliothek
Die Deutsche Nationalbibliothek verzeichnet diese Publikation in der Deutschen Nationalbibliografie; detaillierte bibliografische Daten sind im Internet unter http://dnb.d-nb.de abrufbar

Lektorat und Layout: Simon Mugier

Erste Auflage

Basel 2012

Herstellung: SDL, Berlin-Marienfelde

ISBN 978-3-906129-67-9

Ueli Mäder,
Peter Aebersold und
Simon Mugier (Hrsg.)

Soziale Disziplinierung und Kontrolle

Inhalt

Ueli Mäder, Peter Aebersold und Simon Mugier

Vorwort

Wir führten im Wintersemester 2009 an der Universität Basel ein Seminar zum Thema «Soziale Kontrolle und Disziplinierung» durch. Rund hundert Studierende nahmen daran teil. Vorwiegend aus der Soziologie und der Rechtswissenschaft. Im Vordergrund standen historische, rechtliche und soziologische Zugänge zum Thema. Von theoretischen Grundlagen ausgehend, behandelten wir ausgewählte Beispiele aus den Bereichen Strafrecht, Anstaltswesen, Polizei, Psychiatrie und Vormundschaftswesen. Wir interessierten uns auch für verfeinerte Formen sozialer Disziplinierung. Hier drucken wir nun einzelne Beiträge von Studierenden und Gästen ab.

Soziale Kontrolle und Disziplinierung stehen, wie *Regina Wecker* ausführt, in einem Spannungsverhältnis zu der Entwicklung der Moderne. Seit der Aufklärung durchläuft die westliche Welt einen sogenannten Individualisierungsprozess. Einzelnen werden dabei rechtliche und gesellschaftliche Entscheidungen überlassen, die früher durch Stände, Normen, Gemeinden oder Familien geregelt wurden. Der Aufgabe traditioneller Bindungen steht die zunehmende Selbstbestimmung des Individuums gegenüber. Von diesem Prozess der Individualisierung blieben trotzdem etliche ausgeschlossen: Frauen, wirtschaftlich Abhängige, Migrierte, sozial Benachteiligte, Menschen mit Behinderungen, Kranke. Viele von ihnen erhielten erst nach langen Kämpfen gleiche Rechte. Viele warten immer noch darauf.

Annamarie Ryter geht in ihrem Beitrag «Als Weibsbild bevogtet» auf soziale und wirtschaftliche Kontrollen ein, denen sich Frauen im 19. Jahrhundert unterwerfen mussten. Sie blickt auf eine lange Geschichte der Geschlechtsvormundschaft zurück. Und auch darauf, wie Frauen und Männer unterschiedlichen gesellschaftlichen Normen unterliegen. Häufig werden soziale Abweichungen bei Frauen über ihren Umgang mit Sexualität definiert. Dahinter stehen handfeste materielle Interessen. Sie beziehen sich auch darauf, wer für allfällige Kinder aufkommen muss. Die Etikettierung und die Eröffnung einer diskursiven Differenz erweisen sich als wichtige Schritte der sozialen Ausgrenzung. Denn wer als «anders» gilt, kann oder muss eben auch «anders» behandelt werden.

Martin Schaffner stützt seinen Text über «Paranoia City» auf handschriftlich überlieferte Dokumente der Justiz- und Sanitätsverwaltung ab. Sie finden sich, als Personendossiers gebündelt, im Basler Staatsarchiv aufbewahrt. Die Texte stammen aus den Jahren 1894 bis 1908 und repräsentieren die routinierte Regelhaftigkeit administrativer Prozedere. Amtspersonen verantworten die gewissenhaft formulierte Verwaltungsprosa. Martin Schaffner greift einen gut belegten Fall um die Wende vom 19. zum 20. Jahrhundert auf. Er dokumentiert die Verrechtlichung der «Irrenfrage» und die bürokratische Effizienz.

Simon Mugier und *Ueli Mäder* halten gemeinsam mit Lena F. Rückschau. Lena F. wurde mit 16 in die Psychiatrie eingeliefert, weil sie mehrfach von zu Hause weglief. Später wurde sie aus behördlicher und therapeutischer Hilflosigkeit im Gefängnis Hindelbank administrativ versorgt. Die Patientenakten und Behördenbriefe von damals dokumentieren die Unfähigkeit der Verantwortlichen, das Leid und die Probleme von Lena F. nachzuvollziehen. Statt dem später von Lena F. aufgearbeiteten Missbrauch durch den Vater und der Ablehnung durch die Mutter auf die Spur zu kommen, reagierten die Behörden sowie rechtliche und psychiatrische Einrichtungen mit Einschluss und medikamentöser Behandlung. Später, als erwachsene und sozial erfolgreiche Frau, wurde Lena F. durch einen Zusammenbruch zur Aufarbeitung ihrer Vergangenheit gezwungen. So ist es ihr heute möglich, mit einer gewissen Distanz die damaligen Ereignisse zu kommentieren.

Rahel Walser geht von der Jugendkriminalität und davon aus, dass diese zunehme, was sehr umstritten ist. In ihrem Beitrag steht allerdings nicht das Ausmass der Delinquenz im Vordergrund. Vielmehr interessiert ein Versuch, straffällig gewordene Jugendliche ambulant zu begleiten. Rahel Walser stellt einen konkreten Ansatz vor und würdigt ihn als eine Möglichkeit, Jugendliche darin zu unterstützen, einen eigenen Weg zu finden. Das vorgestellte Modell ist als ergänzendes Angebot konzipiert und wohl zwiespältig, aber interessant.

Raphael Bucher und *Roberto Brunazzi* beschäftigen sich wiederum mit dem Thema psychiatrischer Behandlungen. Sie begleiten zwei Anwälte des Vereins PsychEx bei deren Verteidigung des Mandaten Peter L. PsychEx setzt sich für die Rechte von als psychisch krank beurteilten Menschen ein, vor allem auch gegen deren Zwangsmedikation. Peter L., der um Unterstützung bei PsychEx ersuchte, wurde schon mehrfach wegen öffentlichen Randalierens und anderen sozialen Abweichungen zwangseingewiesen. Das Beispiel zeigt, wie schwierig es für Richter, Ärzte und andere Verantwortlichen sein kann, Fälle (vermeintlich) psychischer Krankheit zu beurteilen.

*Che Wagner*s Grossmutter, Emilie Wagner, war ein ehemaliges Verdingkind. Mithilfe einer von ihr verfassten Biographie versucht der Autor, Einblick in ihre Lebensgeschichte zu erhalten. Emilie Wagner verlor im Alter von zwei Jahren ihre Mutter, mit elf ihren Vater. Ihre Vormunde schien es wenig zu kümmern, unter welchen Umständen sie daraufhin verdingt wurde. Zeitweise musste sie unmenschliche Arbeit leisten, ohne jegliche soziale oder ärztliche Zuwendung zu erhalten. Unter den Folgen der psychischen und physischen Entbehrungen litt sie Zeit ihres Lebens. Auch ihre beiden Kinder, Mutter und Tante des Autors, erinnern sich daran, wie sich das erfahrene Leid später äusserte. Die individuellen Lebenszeugnisse helfen, das Verdingkinderwesen als Zeitphänomen nachvollziehbar zu machen.

Soziale und rechtlichen Aspekte im Rahmen des Verdingkinderwesens in der Schweiz erläutern *Simon Rudin* und *Ueli Mäder*. Sie tun dies anhand umfassender Studien. Dazu gehören rund 270 Interviews mit ehemaligen Verdingkindern sowie eine Dokumentenanalyse im Kanton Bern.

Um die Todesstrafe in Basel und der Schweiz geht es in *Peter Aebersolds* erstem Beitrag. Im Jahr 2010 wurde eine Volksinitiative zur Wiedereinführung der Todesstrafe gestartet, danach allerdings wieder zurückgezogen. Angesichts der in der Schweiz herrschenden kriminalpolitischen Stimmung, die zunehmend Verschärfungen im Strafrecht fordert, kann nicht ausgeschlossen werden, dass die Forderung in absehbarer Zeit wieder auf den Tisch kommt. Das ist Anlass, die Geschichte der Todesstrafe und ihrer Abschaffung in der Schweiz, und insbesondere in Basel, darzustellen und aufzuarbeiten.

Tobias Burkhard, Soziologiestudent und Polizist, wirft einen Blick auf Wahrnehmungen und Praktiken bei der Kantonspolizei. Es zeigen sich dabei «Brüche» in der Wahrnehmung von Problemen nicht nur zwischen Polizisten und Bevölkerung, sondern auch innerhalb der Polizeiorganisation selbst. Politische Aspekte spielen dabei eine Rolle.

Peter Aebersold zeichnet in seinem zweiten Beitrag chronologisch die Geschichte des Schweizer Staatsschutzes bis zur Gegenwart nach. Die zweite Hälfte des 20. Jahrhunderts war geprägt durch den kalten Krieg. In der Schweiz schlug sich dieser Konflikt darin nieder, dass rund 900'000 Personen (auf damals 6 Millionen Einwohner) als politisch verdächtig vom Staatsschutz erfasst und registriert («fichiert») wurden. Da die gesammelten Informationen für viele Führungskräfte zugänglich waren, verloren fichierte Personen oft ihre Arbeitsstellen oder sie wurden bei Bewerbungen nicht berücksichtigt. 1989 flog die sog. «Fichenaffäre» auf. Doch in neuster Zeit geht die Fichierung wieder weiter.

Karin Wohlgemuth schreibt zum Übergang von der Primarschule in die Sekundarstufe I. Er findet sehr früh statt und hat grossen Einfluss auf den zukünftigen Schulabschluss. Lehrpersonen berücksichtigen bei Übertrittsempfehlungen oft leistungsferne Kriterien. Das tangiert das Prinzip der Chancengleichheit. Die Klassifizierung der Heranwachsenden wird so eine Form der sozialen Disziplinierung zulasten der schlechter positionierten gesellschaftlichen Gruppierungen.

Ruth Signer geht in ihrer Untersuchung der Ursachen von Magersucht weit über die oft angeführte Erklärung durch das westliche Schlankheitsideal hinaus. Sie zeigt auf, dass Anorexia nervosa vor allem in jenen Familien vorkommt, die um ihren gesellschaftlichen Aufstieg bemüht sind. Das erklärt, warum fast ausschliesslich junge Frauen aus der Mittel- und Oberschicht von Anorexia nervosa betroffen sind. Diese Krankheit kann so als pathologische Folge der seit dem 19. Jahrhundert immer stärker gewährleisteten sozialen Mobilität, das heisst als Folge der Möglichkeit von sozialem Aufstieg, verstanden werden.

Philomen Stucky setzt sich mit der streitbaren Juristin, Feministin und kritischen Vordenkerin Iris von Roten auseinander, die mit ihrem erhellenden Werk über Frauen im Laufgitter auf harsche Kritik stiess. Von Roten wollte vor allem die Situation der Frauen in der Schweiz analysieren und verbessern. Statt zu diskutieren, was sie anschaulich aufdeckte, skandalisierten viele öffentliche Debatten ihren mutigen Versuch und schrieben so die soziale Disziplinierung von Frauen fort.

Stefanie Kaiser erörtert den Wandel der Depression im Laufe des 20. Jahrunderts anhand Alain Ehrenbergs soziologischer Depressionsanalyse (*Das erschöpfte Selbst),* der Individualisierungsthese Ulrich Becks und dessen Frau Elisabeth Beck-Gernsheim sowie anderen Autoren. Dabei stellt sie fest, dass sich das Krankeitsbild und dessen Wahrnehmung sinngemäss von einem «Kranksein an Schuld» hin zu einem «Kranksein an Verantwortung» gewandelt hat.

Laura Tomilla beschreibt die TV Show «The Biggest Loser» in ihrem Beitrag. Sie zeigt, wie nicht nur der Staat versucht, die Gesellschaft wegen ihrer ungesunden Neigung zu Übergewicht mittels Gesundheitskampagnen zu disziplinieren, sondern wie auch der Markt entdeckt hat, wie sich aus dem Kampf gegen Übergewicht Profit schlagen lässt.

Markus Kocher schreibt über die Alte Stadtgärtnerei in Basel, welche in den 1980er-Jahren vorübergehend als autonomes Zentrum genutzt wurde. Damals, als sich das Scheitern vieler Erwartungen im Rahmen der 68-Bewegung abzeichnete, glimmte noch einmal Hoffnung auf. Es schien möglich, einen Raum jenseits staatlicher oder marktwirtschaftlicher Zwänge kulturell und kreativ zu nutzen: Kunstprojekte, alternative Wohnformen und Anderes existierten in einem bunten Durch- und Nebeneinander. Ohne auch die Schattenseiten zu verschweigen beschreibt der Autor eine kurze Episode Basler (Kultur-)Geschichte, deren Impuls bis heute nicht ganz verklungen ist.

Robin Trachsel setzt sich mit Diskursen zum Linksextremismus auseinander. Er rekurriert dabei auf Foucault. Überwachung soll die Individuen dazu bewegen, sich selbst zu disziplinieren. Auf diesem Hintergrund diskutiert er den Extremismusbericht des Bundes. Im Zentrum der Gouvernementalität steht die Disziplinierung der Individuen entlang herrschender Normen. Dazu gehören das Überwachen und Strafen. In der hierarchischen Überwachung der Disziplin ist nach Foucault die Macht weder eine Sache, die man innehat, noch ein Eigentum, das man überträgt, sondern vielmehr eine Maschine, die funktioniert. Die Technik der Diskreditierung entpolitisiert den Linksextremismus und stilisiert dessen Gefährlichkeit hoch. Sie diszipliniert auch, indem sie stigmatisiert. So zeigt Robin Trachsel am Beispiel des Extremismusberichtes (und des Internetprangers) auf, wie gouvernementale Techniken funktionieren und an Bedeutung gewinnen. Sie entlasten Regierende, die das Überwachen und Sanktionieren teilweise an die Bevölkerung delegieren.

Peter Sutter rekonstruiert die Geschichte von Conrad Marti. Sie dokumentiert vielfältige Erfahrungen mit Behörden und Ämtern. Conrad Marti hat sich als Pflege- und Heimkind autodidaktisch weiter gebildet und so eine privilegierte Stellung erreicht. Schmerzlich ist die Erfahrung, plötzlich nicht mehr gebraucht zu werden. Abstürze führen zur Psychiatrie und Sozialhilfe. Die Krankheit erscheint als unausweichliche Folge. Grundlagen bilden Dokumente, eigene Gespräche und die Aufzeichnungen von hundert therapeutischen Sitzungen. Interessant ist vor allem auch, wie Conrad Marti seinen eindrücklichen Werdegang selbst reflektiert.

Frigga Haug diskutiert, woher all diese Reparaturarbeiten kommen. Eine Theorie von Sozialarbeit braucht eine Theorie von Gesellschaft. Dieses Anliegen vertrat Frigga Haug am Internationalen Kongress für Sozialarbeit (Luzern 2008). Leider fehlt ihr kritischer und gehaltvoller Beitrag im Tagungsband. Wir nehmen ihn gerne hier auf. Frigga Haug geht davon aus, wie sich Sozialarbeit heute theoretisch positioniert und positionieren könnte. Jedenfalls reicht es für eine kritische Sozialtheorie nicht, den Kapitalismus allgemein zu begreifen. Vielmehr geht es auch darum, konkret einzubeziehen, wie die Entwicklung der Produktivkräfte subjektive Perspektiven strukturell und individuell verändert. Frigga Haug bezieht sich auf Peter Hartz, der in Deutschland die Hartz IV-Reform begründet hat. Hartz beklagt den Verlust von Menschen an den Rändern der Gesellschaft, weil sie bei der Arbeit die nötige Geschwindigkeit zum Take-off nicht aufbringen. Frigga Haug beklagt, wie die hohen Ziele der ArbeiterInnen-Bewegung vergessen sind. Anstelle der Befreiung der Menschen steht heute ein neuer Menschentyp im Vordergrund, der sich den Arbeitsmechanismen anpasst und das als Freiheit (miss-)versteht. Vermeintliche Selbstbestimmung und das trügerische Gefühl, selbst UnternehmerIn zu sein, ersetzen die Mitbestimmung. Wie Arbeitslose als UnternehmerIn geschult werden, veranschaulicht der Roman «Schule der Arbeitslosen» von Joachim Zeltner. Frigga Haug fasst ihn stimmig zusammen. Bei der Fiktion handelt es sich um eine Realsatire. Als persönliches Versagen erscheint, wenn Menschen keine Arbeit finden. Entsprechend wird an der Selbstdarstellung gearbeitet. Bevor alle ganz nach Afrika entsorgt werden. Unterstützt von Sozialtätigen. Sie erscheinen als Reparaturkolonne. Frigga Haug hält dafür, sich darauf zu besinnen, dass es Menschen sind, die ihre Gesellschaft selbst machen. Wir brauchen demnach eine Politik, die anders flexibel ist, indem sie mit Widersprüchen umgeht, ohne in Beliebigkeit abzudriften. Diese Politik verbindet die rettende Kritik mit einem Aufbruch, der sich an einer alternativen Globalisierung orientiert: feministisch, ökologisch, sozial. Und dazu passt die Vier-in-einem-Perspektive, die Frigga Haug als Utopie von Frauen für alle vorschlägt. Dazu gehört die Verkürzung des Erwerbstages auf vier Stunden, damit Zeit bleibt: für die Reproduktion, für die eigene Entwicklung und das politische Einmischen.

Regina Wecker

Eheverbote und Eugenik in der Schweiz

Konzepte und Praktiken im historischen Kontext

Seit der Aufklärung durchläuft die westliche Welt einen Entwicklungsprozess, der mit dem Begriff Individualisierung gefasst wird. In diesem Prozess werden dem oder der Einzelnen sowohl rechtlich als auch gesellschaftlich Entscheidung überlassen, die früher durch Regeln und Normen des Standes, der Gemeinde oder der Familie bestimmt waren. Der Aufgabe traditioneller Bindungen steht die zunehmende Selbstbestimmung des Individuums gegenüber.[1]

Soziale Kontrolle und Disziplinierung stehen im Gegensatz, oder doch zumindest in einem Spannungsverhältnis zu dieser Entwicklung. Sie wurde in der Industrialisierung des 19. Jahrhunderts beschleunigt: Immer mehr Menschen wurden in den Prozess der Individualisierung einbezogen. Und doch blieben einige ausgeschlossen und minderberechtigt. Dazu gehörten Ausländer, Frauen,[2] wirtschaftlich Abhängige, sozial Schwache, Behinderte oder Kranke. Sie alle erhielten erst nach langen Kämpfen die gleichen Rechte.

---

[1] Dieser Beitrag beruht auf Ergebnissen von zwei vom Schweizerischen Nationalfonds geförderten Forschungsprojekten, die ich zusammen mit Sabine Braunschweig, Gabriela Imboden, Bernhard Küchenhoff und Hans Jakob Ritter zwischen 2003 und 2008 durchgeführt habe und in dessen Zentrum die Analyse von Akten der Basler Psychiatrischen Klinik Friedmatt und der Psychaitrischen Poliklinik standen. Eine zusammenfassende Darstellung der Ergebnisse ist unter dem Titel «Eugenik und Sexualität» 2011 erschienen.

[2] Vgl. dazu den Beitrag von Annamarie Ryter zur Geschlechtsvormundschaft in diesem Band, (S. 38) der zeigt, dass Frauen wichtige Individualrechte vorenthalten wurden.

Individualrecht, das Recht auf Selbstbestimmung, blieb manchen lebenslang vorenthalten. So wurden etwa «Konkursiten», also Menschen, die wirtschaftlichen Konkurs angemeldet hatten, die politischen Rechte aberkannt. Auch männliche Dienstboten hatten in Basel noch bis weit ins 19. Jahrhundert kein Wahlrecht, obwohl in der Schweiz das «allgemeine» Wahlrecht seit 1848 in der Verfassung verankert war. Frauen blieben von diesem Recht bis 1971 – ja teilweise bis 1991 – ausgeschlossen. Das ist hinlänglich bekannt. Weniger bekannt ist, dass Gehörlose oder «Taubstumme» in ihrem Recht auf Bildung und Ausbildung[3] ganz wesentlich beeinträchtigt waren. Das gilt auch für ihre individuellen Rechte. Sie wurden zum Beispiel im Recht auf Eheschliessung – zwar nicht immer gesetzlich, aber doch faktisch – eingeschränkt.

Die Kriterien und Begründungen für die Verweigerung von Rechten wandelte sich, aber einige Personengruppen blieben in merkwürdiger Weise und Konstanz ausgeschlossen. Das möchte ich am Beispiel des Rechts auf Eheschliessung zeigen.

Eheverbote

Bis zum Anfang des 19. Jahrhunderts war die Einwilligung der Familie, meist des Vaters, für eine Heirat unerlässlich. Dann wurde allmählich Volljährigen zugestanden, auch ohne Einwilligung eine Ehe einzugehen. Im Kanton Basel-Stadt verlangte das Eherecht von 1837 keine entsprechende Zustimmung mehr.[4] Trotzdem konnten die Gemeinden Paaren verbieten zu heiraten, wenn sie nach Auffassung der

---

[3] Bühlmann/Etter 2008.

[4] Da das Zivilrecht in der Schweiz bis 1912 in wesentlichen Fragen kantonal geregelt war, fanden diese Prozesse in den Kantonen zu unterschiedlichen Zeiten ihren Abschluss.

Gemeindevorstände nicht über ausreichende finanzielle Mittel verfügten, um eine Familie zu ernähren. Die soziale Kontrolle wurde so auf bestimmte Gruppen weiterhin ausgeübt. Insbesondere auf Arme und Aussenseiter. Handhabe bot dazu zunächst das Gemeindebürgerrecht.[5] Dabei war nicht ausschlaggebend, wo die Heiratswilligen lebten, sondern welches Gemeindebürgerrecht sie hatten. Die Herkunftsgemeinde musste die Heiratserlaubnis erteilen und konnte sie allenfalls verweigern, meist aus Besorgnis um die «Armenkasse»,[6] die man schonen wollte. Falls Bürger und Bürgerinnen armengenössig wurden, waren in der Schweiz bis 1976 die «Herkunftsgemeinden» für ihre finanzielle Unterstützung zuständig. Eine Frau und deren künftige oder bereits vorhandene Kinder erhielten das Bürgerrecht in der Heimatgemeinde ihres Ehemannes. Bestand potentiell Unterstützungsbedarf, versuchten Gemeinden die Eheschliessung zu verhindern. Man hoffte, damit auch die Beziehung zu beenden. Ein legales Zusammenleben unverheirateter Personen war nicht erlaubt.

Die Bundesverfassung von 1874 beschnitt diese Gemeindekompetenzen und nahm den Gemeinden die Möglichkeit, Ehen zu verbieten. In Art. 54 BV wurde festgelegt: «*Das Recht zur Ehe steht unter dem Schutze des Bundes. Dieses Recht darf weder aus kirchlichen oder ökonomischen Rücksichten, noch wegen bisherigen Verhaltens oder aus andern polizeilichen Gründen beschränkt werden.*» Das wurde in einigen Gemeinden als einschneidende Veränderung emp-

[5] Das Schweizer Bürgerrecht ist dreiteilig und setzt das Gemeindebürgerrecht und das kantonale Bürgerrecht voraus. Dem Gemeindebürgerrecht (Bürgerort), das durch die väterliche Abstammung weitergegeben wurde, kam bis weit ins 20. Jahrhundert grosse Bedeutung für die sozialen Rechte zu.

[6] Die Gründe für die Verweigerungen der Ehe sind durchaus vergleichbar mit der Haltung der Gemeinden gegenüber Frauen im Zusammenhang mit der Geschlechtsvormundschaft (siehe Beitrag von Annamarie Ryter in diesem Band).

funden und löste Opposition aus. Dass da jeder und jede einfach heiraten kann, wurde als fahrlässig und ruinös für die Gemeindefinanzen eingestuft. Man wollte «nicht Jeden am Tag nach der Hochzeit schon unterstützen».[7]

Schweizerisches Zivilgesetzbuch

Das neue *Zivilgesetzbuch* (ZGB) von 1912 war die erste gesamtschweizerische Regelung des Privatrechts. Im Eherecht des ZGB wurde definiert, wer von diesem Recht ausgeschlossen ist. Artikel 97 lautete: «Um eine Ehe eingehen zu können, müssen die Verlobten urteilsfähig sein. Geisteskranke sind in keinem Falle ehefähig». Der Passus war nicht neu. Das *Zivilstandgesetz* von 1874 hielt fest, dass «Geisteskranke und Blödsinnige» nicht heiraten dürften.[8] Nun bot dies Gemeinden Ausweichmöglichkeiten, um finanziell schwächer gestellte Menschen nicht heiraten zu lassen: Man bezeichnete sie einfach als «blödsinnig».[9]

In den Diskussionen der vorbereitenden Kommissionen des ZGB und im National- und Ständerat einige Jahre später wurde deutlich, dass es nochmals zu einer Bedeutungsverschiebung kam. Es ging nicht nur um den Schutz der Institution Ehe und den Schutz der Gemeindefinanzen. Es wurde auch festgelegt, wer vom Recht auf Eheschliessung ausgeschlossen und keine Nachkommen haben sollte. Die Frage der Vererbung rückte ins Zentrum. Die nächste Generation sollten vor vermeintlichen Erbkrankheiten

---

[7] Vgl. Ryter 1994, S. 343-344.

[8] Bundesgesetz über die Beurkundung von Zivilstand und Ehe vom 24.12.1874, Art. 28, Abs.3.

[9] Ryter zeigt, dass schon bald nach der Annahme der Verfassung und des Zivilstandesgesetzes von 1874 die Argumentationen von der ökonomischen Lage auf die Frage der psychischen Gesundheit wechselt und das Argument der Geisteskrankheit nun vermehrt als Ausschlusskriterium verwendet wird. Vgl. Ryter 1994, S. 344.

geschützt werden. Finanzielle Erwägungen schwangen da nur inoffiziell mit. Die Angst vor der «Degeneration des Volkskörpers» begründete den Artikel des ZGB. Die Vorstellung, man könne und müsse mit eugenischen Massnahmen diese Degenration verhindern, hat im 20. Jahrhundert schnell und flächendeckend in Europa und den USA um sich gegriffen.

Die «Verbesserung der menschlichen Spezies» durch «Auslese» stand im Zentrum eugenischer Überlegungen. Eugenische Massnahmen zur Verbesserung des Volkskörpers waren vielfältig: Es gab (Ehe-)Beratungen, Heiratsverbote, Einsperrungen, Asylierungen, Sterilisationen, Kastrationen und letztlich Tötungen von Anstaltsinsassen in Deutschland (Euthanasie).[10]

Der Begriff Eugenik geht auf den englischen Naturphilosophen und Mediziner Francis Galton (1822-1911) zurück. 1883 veröffentlichte er sein Buch «*Inquiries into the Human Faculty and its Development*». Darin übersetzte er das griechische «eugenes» in einer Anmerkung mit «good in stock, hereditarily endowed with noble qualities». Deutsche Synonyme für Eugenik sind «Rassenhygiene» oder «Erbgesundheitslehre».

Eugenik und Vererbungsforschung waren die neuen Wissenschaften des 20. Jahrhunderts. Sie nahmen die Darwinschen Erkenntnisse der Evolutionstheorie auf und meinten, dass Darwins Prinzip des «survival of the fittest» in der modernen Gesellschaft durch humanitäre Konzepte, Nächstenliebe und Fürsorge durchbrochen werde. Dadurch erhielten gerade die Kranken und Schwachen die Möglichkeit, ihr Erbgut zu verbreiten und damit der Degeneration Vorschub leisten. Degeneration und Entartung, so befürchtete man, würden zum unausweichlichen Schicksal des Volkes, wenn dem nichts entgegentrat.

---

[10] Vgl. Weingart et al. 2001.

Als Anzeichen von Degeneration wurden Geisteskrankheit oder Schwachsinn, Selbstmord, Kurzsichtigkeit, Gehörlosigkeit, Militäruntauglichkeit, Alkoholismus oder «Abnahme der leichten Gebärfähigkeit und des Stillvermögens der Frauen» bezeichnet. Wie die Evolutionstheorie wurde auch die Eugenik in den meisten europäischen Ländern und in den USA schnell und flächendeckend rezipiert. Dazu trugen auch nationale wissenschaftliche Gesellschaften oder die International Federation of Eugenic Organisations bei. Es gab zahlreiche Kongresse, Ausstellungen und wissenschaftliche Zeitschriften zum Thema.[11] Die meisten europäischen Länder und die USA ergriffen eugenische Massnahmen zur Verhinderung der «Degeneration». Dabei stellte die Entwicklung in Deutschland eine besonders krasse Ausnahme eugenischer Politik dar. Die Nationalsozialisten führten 1934, gleich nach dem Beginn Herrschaft, ein Zwangssterilisationsgesetz ein. Die Massnahmen endeten später in Massentötungen von Anstaltsinsassen.

Aber auch in den USA waren insbesondere Einwanderungsgesetze eugenisch gefärbt. Zwangssterilisationen und Zwangskastrationen wurden durch die Gesetze vieler US-amerikanischer Staaten legitimiert. In Schweden wurden zwischen 1935 und 1976 63‘000 Bürgerinnen sterilisiert. Zum grossen Teil gegen ihren Willen, oder zumindest ohne reelle Chance, sich einer Sterilisation zu widersetzen. Sie waren entweder behindert, lernschwach, Heiminsassen oder soziale Aussenseiterinnen. Grundlage waren zwei Sterilisationsgesetze von 1934 und 1941. Andere skandinavische Länder verzeichnete ähnliche Entwicklungen.[12]

Die Gleichsetzung von Rassenhygiene/Eugenik mit den Euthanasie-Morden in Deutschland hat vielfach die Ungeheuerlichkeit der Entwicklungen in anderen Staaten

[11] Kühl 1997.

[12] Roll Hansen/Broberg 2005.

verdeckt. Erst in den letzten zwei Jahrzehnten hat sich die Forschung vermehrt mit der Entwicklung und der Bedeutung der Eugenik in anderen Ländern auseinandergesetzt.

Eugenik in der Schweiz

Aufklärerische Ideen konnten der Verbreitung eugenischer Ideen oft zu wenig entgegentreten. Die Erkenntnis, dass jeder Mensch als Individuum, unabhängig von Stand, Geschlecht und geistigen Kapazitäten, unverlierbare Rechte hatte, war noch nicht so fest verankert. Immer wieder scheiterten Reformen an der aristotelischen geprägten Vorstellung, dass Gleichheit nur Gleichen zustand.

Mit der Vermutung, dass eine bestimmte Krankheit durch die Erbanlagen auf Nachkommen übertragen würde, ging man ebenso grosszügig um wie mit der Definition von Geisteskrankheit. Urteilsfähigkeit und Geisteskrankheit waren als getrennte Ehehindernisse aufgeführt. Obwohl die Gesetze meist zum Nachteil der Betroffenen ausgelegt wurden, war manchen sogar dieser gesetzliche Rahmen zu eng. Seit den dreissiger Jahren bemühten sich Juristen und Psychiater um eine Ausweitung: neben «Geisteskrankheit» sollte zusätzlich «Geistesschwäche» als Grund für ein Eheverbot gelten können.[13]

Auch bei Gehörlosen suchte man gesetzliche Regelungen. Gehörlosigkeit wurde vor der Aufklärung vielfach als Strafe Gottes angesehen, da Gehörlosen das «Wort Gottes» nicht zuteilwerden konnte. Um die Frage, ob Gehörlose bildungsfähig sind und ob man der Bildung und Ausbildung nicht dem Urteil Gottes entgegenwirke, waren zunächst heftige Debatten entstanden. Die «aufgeklärte Moderne» wendete sich gegen diese Vorurteile. Seit dem 19. Jahrhundert erachtete man eine begrenzte Ausbildung als sinnvoll

[13] Ritter 2009.

und richtete Schulen und Heime ein.[14] Die Vorstellung von Unmündigkeit und Minderwertigkeit aber lebte offensichtlich weiter und führte dazu, dass man schwere Bedenken gegenüber der Ehe Gehörloser hatte und vor allem verhindern wollte, dass sie Nachkommen hatten.

Früher reichten gesellschaftliche Normen und Ehehindernisse aus, um Ehen von Gehörlosen zu verhindern. Das schien mit der Stärkung individueller Rechte nicht mehr ausreichend. Man wollte den ZGB-Artikel auch auf Gehörlose ausweiten. Das belegt eine Diplomarbeit an der sozialen Frauenschule Zürich von 1943 über 50 taubstumme Ehepaare. Die Arbeit zeigt, dass im Kanton Zürich das Eheverbot im ZGB – anders als zum Beispiel in Finnland – nicht für ein Verbot ausreichte.[15]

Aber die Bemühungen um Ausweitung des Eheverbots auf «Geistesschwache» waren wenig erfolgreich. Man versuchte es wenigstens mit «Aufklärung». An Jungbürger und Jungbürgerinnen wurde eine illustrierte Broschüre abgegeben, die auf die «Wichtigkeit der Wahl eines gesunden Gatten» hinwies. In den grösseren Städten, wie Basel und Zürich, wurden in den 20er Jahren auch Eheberatungsstellen eingerichtet, die auf eugenische Fragen hinweisen sollten.

Nur zögerlich wurde in der Öffentlichkeit diskutiert, ob denn die «Krankheiten» überhaupt erblich und angeboren seien und welche Rollen (z.B. bei Gehörlosigkeit) Krankheiten, Unfälle oder das soziale Umfeld spielten.

Grosse Wirkung hatte der Hinweis auf die Möglichkeit von Einsprachen. Im Kanton Basel-Stadt wurde eine Kartei der «Nichtehefähigen» geführt, die zur Information der Zivilstandesbeamten diente. Ähnliches gab es in der Stadt Zürich. Die Angst vor der Aufnahme in eine Kartei und der

---

[14] Bühlmann/Etter 2006/09.

[15] Huonker 2003, S. 123 ff.

Auseinandersetzung mit Behörden reichte oft aus, die Pläne für eine Eheschliessung aufzugeben. Eheverbote – die immer ein Paar betrafen – wurden übrigens mehrheitlich gegenüber Männern ausgesprochen. Offensichtlich wurden bei Eheschliessungen an das künftige Oberhaupt der Familie höhere Anforderungen gestellt, was Urteilsvermögen und «geistige Gesundheit» betrifft.

Eheverbote nach Art. 97 ZGB wurden hauptsächlich gegen Angehörige der Unterschicht verfügt. Wirtschaftliche Schwierigkeiten spielten in den Argumenten gegen die Eheschliessung eine grosse Rolle. Die Stigmatisierung, die Armut in der Gesellschaft des 19. Jahrhunderts bedeutete, wurde zumindest teilweise in die Stigmatisierung durch die eugenisch-psychiatrisch definierte Geisteskrankheit überführt. Armut wurde auch direkt als eine Folge von über Generationen tradierte eugenische «Minderwertigkeit» gefasst. Menschen, die oft schon aufgrund ihrer wirtschaftlichen, gesellschaftlichen und individuellen Situation Aussenseiter waren, wurden noch stärker in diese Rolle gedrängt.

Sterilisationen

Dass Eheverbote kein hinlängliches Mittel gegen «erbkranke Nachkommen» waren, war allerdings schon im Zusammenhang mit der Schaffung des ZGB-Artikels diskutiert worden. Man hatte bereits im 19. Jahrhundert die Erfahrung gemacht, dass Eheverbote nicht Geburten und Nachkommenschaft verhinderten, sondern oft der Grund für uneheliche Geburten waren. Die soziale Kontrolle gegenüber nicht ehelichen Beziehungen war im 20. Jahrhundert schwächer geworden, auch wenn Unehelichkeit weiterhin als Stigma galt. Man konnte unliebsame Personen in Anstalten, Arbeitserziehungsanstalten oder auch Psychiatrische Kliniken einweisen. Ein günstigeres, sichereres und – in den Augen der Zeitgenossen – wohl «humaneres» Mittel als die Einsperrung war die Zerstörung der Fortpflanzungsfähigkeit. Mit der Entwicklung der Sterilisation, der Unterbindung der Ei- bzw. Samenleiter, wurde zu Beginn des 20. Jahrhundert eine relativ ungefährliche operative Möglichkeit der Verhinderung von Geburten geschaffen.

Anders als in Schweden gab es in der Schweiz kein Gesetz, das Sterilisationen gesamthaft regelt. Und anders als in den USA, wo die Einzelstaaten Gesetze erlassen hatten, gab es einzig im Kanton Waadt seit 1928 ein Sterilisationsgesetz. In den anderen Kantonen hatte man davon Abstand genommen und allenfalls medizinische Richtlinien geschaffen. Es war somit der ärztlichen Entscheidung überlassen, ob eine Sterilisation ausgeführt wurde. In diesen Richtlinien der Ärzteschaft wird immer wieder auf die Freiwilligkeit und die Notwendigkeit der Einwilligung der Betroffenen hingewiesen. Zudem musste ein psychiatrisches Gutachten die Notwendigkeit der Operation untermauern.

Verschiedene Gutachten, aber auch Vorschriften zeigen, dass es nicht ausschliesslich um die Verhütung von vermutlich «erbkrankem» Nachwuchs ging. Das Prinzip der Freiwilligkeit wurde oft nicht gewahrt. Jedenfalls sahen sich die Berner Behörden genötigt, vehement auf Missbräuche hinzuweisen. In der Einleitung eines Kreisschreibens der Direktion des Berner Armenwesens an die Armenbehörden des Kantons vom 5.2.1931 hiesst es: «Es kommt in der letzten Zeit ziemlich häufig vor, dass Gemeinde- und Armenbehörden dem kantonalen Frauenspital in Bern [...] Frauenspersonen zur Aufnahme anmelden oder auch gleich zuführen, mit dem Verlangen, dass diese Frauenspersonen durch Vornahme einer entsprechenden Operation sterilisiert, d.h. unfruchtbar gemacht werden sollen» und dass dabei «Druckmittel» eingesetzt würden. Die

Direktion weist eindringlich darauf hin, dass aus «fiskalischen Gründen» keine Sterilisationen vorgenommen, dass aber auch «ledige Frauenspersonen» wegen «geschlechtlichen Leichtsinns» nicht sterilisiert werden dürfte und dass kein Zwang oder Druck ausgeübt werden darf. [16] Aus diesem mahnenden Hinweis lässt sich die Praxis erschliessen. Aus den gleichen Dokument, aber auch aus Rekursen und Aussagen von Ärzten geht hervor, dass Frauen vor die Alternative «Sterilisation oder Einweisung in eine Arbeitserziehungsanstalt» gestellt wurden, dass mit dem Entzug der Armenunterstützung gedroht wurde, oder dass z.B. Abtreibungen nur dann vorgenommen wurden, wenn die Frauen in die Sterilisation einwilligten. Gründe für die Sterilisation konnten auch mehrere uneheliche Kinder, unangepasstes sexuelles oder gesellschaftliches Verhalten und Prostitution sein.[17]

Insbesondere in den Städten Basel und Zürich, wo Abtreibungen seit den dreissiger Jahren häufig praktiziert wurden, vorgeblich nur aus medizinischen Gründen, ergab sich damit eine Zugriffsmöglichkeit der Ärzte: Frauen, die die Polikliniken aufsuchten um eine legale Abtreibung zu erwirken, wurde die Bewilligung erst erteilt, wenn sie in eine Sterilisation einwilligten. Allerdings zeigen Untersuchungen der Praxis der Basler Poliklinik, dass Frauen durchaus erfolgreich Widerstand gegen dieses Vorgehen leisten konnten und dann entweder nicht abtreiben, illegal abtrieben oder aber auch eine Abtreibung ohne Sterilisation durchsetzten. Es gibt in Basel Bemerkungen der Psychiater wie «leider konnten wir sie nicht überzeugen, auch in eine Sterilisation einzuwilligen». Das setzte aber einige Kenntnis der eigenen Rechte und auch einige Widerstands-

[16] Kanton Bern. Kreisschreiben an die Regierungsstatthalter etc. betreffend operativen Eingriffe bei Frauen, in: Zurukzoglu 1938, S. 270.

[17] Vgl. dazu auch Gossenreiter et a. 1994.

kraft voraus, zumal das Ganze jeweils unter Termindruck stattfand.

Das Ausmass der Schweizer Sterilisationspolitik ist nicht so leicht einzuschätzen. Es gab keine gesetzliche Regelung und Meldepflicht. Nur die Krankenakten der psychiatrischen Kliniken geben Auskunft. Dabei war die Aktenhoheit der Kliniken ein Problem für die Forschergruppen, die ab 2000 mit der Aufarbeitung dieser Aktenbestände begannen. Es kann mit einigen tausend Sterilisationen gerechnet werden. Für Basel werden zwischen 1920 und 1960 ca. 4'000 Sterilisationen angenommen. Darunter sind allerdings auch solche, die nicht auf den Druck der Ärzte zurückzuführen sind. Gerade Frauen, die bereits mehrere Kinder hatten, sahen in der Sterilisation die beste Möglichkeit für eine wirkungsvolle Geburtenkontrolle.[18]

Die Bedeutung der Eugenik wird aber auch dadurch schwieriger einzuschätzen, dass die Begründungen nur ganz selten «eugenisch» waren. Während der «gesunde Volkskörper» oder die Einheirat in eine «erbgesunde Familie» weiterhin in amtlichen Schriften, Merkblättern und Informationen an die Bevölkerung proklamiert wurden, spielen diese Argumentationsmuster in den Krankenakten nicht die gleiche Rolle. Hier wurde nicht mit gesundem Volkskörper argumentiert, sondern mit der individuellen Lebenssituation. Die Frage war jeweils, ob der Wunsch der Frau nach Abtreibung durch soziale Umstände gerechtfertigt war. Kam der Psychiater zum Ergebnis, dass die Frau nicht «geeignet» war, Kinder zu haben – aus welchen Gründen auch immer – dann versuchte er, sie von einer Sterilisation zu überzeugen. Dabei spielt die Annahme einer Erbschädigung interessanterweise eine ziemlich untergeordnete Rolle. Oft waren die Aussagen eher soziale Dif-

---

[18] Vgl. dazu Imboden et al. 2007, S. 38-50.

famierungen über die «Liederlichkeit» der Schwangeren oder ihr Unvermögen, Kinder aufzuziehen.

Diese erstaunliche Absenz eindeutig eugenischer Argumentationen hat verschiedene Gründe. Einerseits ist sie Ausdruck der Rechtslage: die Sterilisation durfte nicht aus eugenischen Gründen allein ausgeführt werden. Es mussten immer medizinische Gründe genannt werden, wie die Verstärkung eines schlechten Gesundheitszustandes, einer Psychose, einer Krankheit etc. Die Entscheidung, ob die Frau abtreiben «durfte», traf der Arzt und Psychiater.

Die Frage, welche Krankheiten eindeutig als Erbkrankheiten bezeichnet werden konnten, war unter Fachwissenschaftlern umstritten. In der Öffentlichkeit aber wurde die Eugenik weiter hochgehalten und ermöglichte Massnahmen wie Abtreibungen oder Sterilisationen.

Soziale Abweichung und Kontrolle

In der Eugenik des 20. Jahrhunderts flossen neue wissenschaftliche Erkenntnisse zusammen. Dazu gehörten die Übertragung der Mendel'schen Vererbungslehre auf den Menschen, psychiatrische Vorstellungen über die Vererbbarkeit psychischer Defekte und erste Erkenntnisse über genetische Erbvorgänge. Die Massensterilisierungen und Massenmorde in psychiatrischen Kliniken im nationalsozialistischen Deutschland verdeckten lange die Tatsache, dass eugenisches Denken in nicht autoritären Regimen Verbreitung gefunden hatte, wie die erwähnten Beispiele für die Schweiz zeigen. Sterilisation stellen im Schweizer Kontext die radikalste Massnahme der Grenzziehung zwischen sogenannt «vererbungswürdigen» und «vererbungsunwürdigen» Anlagen dar.[19] Es war Konsens unter

[19] Vgl. die Ergebnisse der Projekte im Rahmen des «Nationalen Forschungsprogramms 51 – Integration und Ausschluss»:

den Experten, dass in der Schweiz Sterilisationen von der Öffentlichkeit nur akzeptiert würden, wenn sie freiwillig erfolgten. Die Sterilisierten waren, anders als im nationalsozialistischen Deutschland, überwiegend Frauen.[20]

Die Betroffenen mussten schriftlich in die Massnahmen einwilligen, allerdings gab es vielfältige Möglichkeiten, diese Einwilligung zu erzwingen. Diese Situation lässt nach der Bedeutung und Definition von Freiwilligkeit fragen. Wie «gendered» war das Konzept der Freiwilligkeit? Die Statistik legt nahe, dass Frauen an der aufgeklärten Vorstellung vom freien Willen als unverzichtbarem Bestandteil des «modernen» Menschen nicht teilhatten. Das galt auch für Behinderte, Gehörlose und wirtschaftlich schwache Personen.

Gegenüber Frauen erhöhte die rechtliche und die gesellschaftliche Situation der Schweiz die Möglichkeiten des Zugriffs. Wie gezeigt waren Sterilisation und Abtreibung in der Schweiz in den 1930er Jahren eigentlich nur aus medizinischen Gründen gesetzlich erlaubt. Aber insbesondere in den 1930er und 40er Jahren wurden Abtreibungen vorgenommen, wenn Ärzte soziale Not geltend machten und sie mit medizinischen, allenfalls eugenischen Bedenken verbanden. Krankheiten, wie Schwachsinn, Geisteskrankheit, Schizophrenie, Epilepsie, Gehörlosigkeit, aber auch

---

«Eugenische Konzepte und Massnahmen in Psychiatrie und Verwaltung. Zur Politik von Normierung, Integration und Ausgrenzung am Beispiel des Kantons Basel-Stadt, 1880–1960» (Leitung Regina Wecker und Bernhard Küchenhoff);
«Städtische Fürsorge im Kräftefeld von Eugenik, Geschlecht und medizinisch-psychiatrischen Normalisierungsdiskursen in Bern und St. Gallen (1918–1955)» (Leitung Béatrice Ziegler u. Gisela Hauss);
«Internieren und Integrieren. Zwang in der Psychiatrie: Der Fall Zürich, 1870–1970» (Leitung Jakob Tanner).
Sie werden unter dem Titel «Eugenik und Sexualität», Zürich (Ende) 2012, publiziert.

[20] Vgl. Bock 1986, S. 8.

«Haltlosigkeit» und «moralischer Schwachsinn» wurde äusserst schwammig als erbliche Krankheiten bezeichnet. Diese Definition machte eine Amalgamierung von medizinischen, eugenischen und sozialen Gründen möglich. Die Unterscheidungen «ordentlich – unordentlich» «normal – anomal» verliefen sehr deutlich entlang normativer Vorstellungen der Geschlechterrollen. Wie sich «normale Frauen» zu verhalten hatten, war insbesondere in Bezug auf das sexuelle Verhalten enger gefasst als bei Männern.

Dazu sollte nach der Auffassung von Psychiatern bei jeder erwünschten Abtreibung eine Sterilisation in Betracht gezogen werden. So gab es vermehrte «Zugriffssituationen» auf Frauen und die Möglichkeiten, Druck auszuüben. Dies erklärt zumindest teilweise, warum mehrheitlich Frauen sterilisiert wurden. Als weiterer Grund für dieses Geschlechterverhältnis ist die schlechtere soziale Stellung der Frauen zu sehen, die Tatsache, dass sie eher gezwungen waren, dem Druck nachzugeben, aber auch dass die männlichen Ärzte sehr viel zurückhaltender waren, anderen Männern einen Eingriff «vorzuschlagen», der so tief in das männliche Selbstverständnis von physischer und psychischer Potenz eingriff.

Deutlich wird, dass sich zwei Charakteristika der Moderne in der Schweiz im Widerstreit befanden: der Wunsch nach Ordnung und die Akzeptanz eines individuellen Selbstbestimmungsrechts, das das Schweizer Rechtssystem seit der Mitte des 19. Jahrhunderts garantiert. Das Selbstbestimmungsrecht von Frauen und Behinderten wurde als zweitrangig bewertet. Das galt aber auch für Männer, die sich ausserhalb der Normen bewegten, weil sie keine Familie «erhalten» konnten oder als Homosexuelle, oder Sexualstraftäter stigmatisiert waren.

Hier werden nun Kontinuitäten zu älteren Rechtsvorstellungen erkennbar, und zwar nicht nur zu Eheverboten, sondern sehr viel allgemeiner zu Kontrolle der Sexualität, insbesondere der weiblichen. Bis zum 20. Jahrhundert war die Kontrolle eng mit moralischen Kategorien verknüpft. Aussereheliche Sexualität wurde bis weit ins 19. Jahrhundert bestraft. Sexualität galt nicht als Privatsache. Auch die Eheschliessung war ja traditionell – wie eingangs gezeigt – keine Angelegenheit zwischen nur zwei Personen.

Das moderne Rechtssystem gestand nun der Gesellschaft die moralische Kontrolle, die früher über Heiratsregeln, später über Heiratsverbote oder Strafen bei unehelicher Schwangerschaft ausgeübt werden konnte, nicht mehr zu. Aber für bestimmte Bevölkerungsgruppen – soziale Aussenseiter, insbesondere der Unterschicht – wurde über eugenische Argumentationen diese Kontrollmöglichkeit wieder eingeführt.

Die neue Wissenschaft Eugenik mit ihren statistischen «Wahrheitsbeweise» und den neuen Techniken der Sterilisation und der Abtreibung ermöglichten auf spezifische Weise die Fortführung traditioneller Kontrollen. Für die Historiographiegeschichte der Eugenik kommt dabei ein weiterer Faktor hinzu, der bisher erstaunlicherweise kaum ausreichend berücksichtigt wurde: Ein wesentlicher Teil der Akzeptanz eugenischer Paradigma in Psychiatrie und Genetik in den nicht-totalitären Gesellschaften, aber auch in Deutschland vor der Zeit des Nationalsozialismus, dürfte gerade darauf zurückzuführen sein, dass die Beurteilungen – und schliesslich noch deutlicher die Massnahmen – *Frauen* betrafen, trotz der geschlechtsneutralen Formulierungen.

Wenn man eugenische Sterilisationen als Fortsetzung von traditionellen Massnahmen der sozialen Kontrolle, insbesondere der Frauen ärmerer Schichten sieht, wird einerseits deutlich, warum die Eugenik auf so fruchtbaren Boden fiel: Sie konnte sich neu, modern und wissenschaftlich gebärden, den Bruch mit der Vergangenheit vollziehen und doch an nur allzu Bekanntes anschliessen. Andererseits erscheint bei Einbezug dieser Kontinuitäten die Frage nach dem Anteil der Eugenik am Prozess der Vorbereitung der sexuellen Selbstbestimmung in anderem Licht. Wir können fragen, «wer, warum und zu wessen Gunsten mit welchen Ergebnissen handelt». Dazu müssen wir zunächst festhalten, dass die eugenischen Massnahmen ein sehr ähnliches Spektrum von Frauen treffen, wie die alten Strafbestimmungen: die, die sich nicht an die Geschlechternormen hielten, in den programmatischen Schriften der Eugeniker als «Schwachsinnige», «moralisch Verdorbene», «geistig Zurückgebliebene», «moralisch Schwachsinnige» bezeichnet werden. Aber auch die sozial und wirtschaftlich Schwachen gehören dazu. Von deren Nachkommen soll «der Volkskörper» frei gehalten werden.[21]

Sowohl bei der Abtreibung als auch bei der Sterilisation ging es darum, eine moderne «Technik» zu nutzen. Schliesslich ermöglichte sie die Verhinderung unerwünschter Nachkommen. Damit werden Reproduktion und Sexualität getrennt.

Diese Trennung aber ist durchaus eine emanzipatorische Forderung. Haben die Eugeniker so zur sexuellen Befreiung, «zur Lust ohne Last»[22] beigetragen und dem «enabling forces» Vorschub geleistet, wie die dänische Historikerin Lene Koch[23] in einem sehr interessanten und subtilen Artikel meinte? Koch verwirft – unter Hinweis auf das Foucault'sche Konzept der Biopolitik – die Grenzziehung, die moderne Genetiker zwischen ihrer Wissenschaft und der Eugenik vorgenommen haben. Der Genetik war es

---

[21] Burghartz 24.8.2007.

[22] Titel des Buches von Robert Jütte über die Geschichte der Empfängnisverhütung.

[23] Koch 2001. Vgl. Koch 2004, S. 1-17.

nach 1945 gelungen, sich als neue Wissenschaft zu etablieren, weil sie die neuen Erkenntnisse als wissenschaftlich legitimiert bezeichnete, während die Eugenik als Pseudowissenschaft abqualifiziert wurde. Die Genetik machte diesen Bruch mit der Behauptung glaubhaft, dass sie auf den erweiterten Handlungsspielraum des Individuums gerichtet sei, während die Eugenik den «Volkskörper» über das Individuum gestellt und dessen Handlungsspielraum eingeschränkt habe. Koch aber hält fest, dass Genetik und Eugenik sowohl auf Individuum als auch auf die Gesellschaft gerichtet sind. Es eröffnet sich für die «genetische Gegenwart» brennende Fragen: Wer erhält durch neue wissenschaftliche Methoden, die die Humangenetik in zahllosen Verfahren bereitstellt, neue Entscheidungskompetenzen? Wer wird «in historischer Tradition» wieder ausgeschlossen? Sowohl Modernisierung wie auch Individualisierung zeigen erneut ihr Janusgesicht. Es gilt, die neueren Entwicklungen aufmerksam zu verfolgen.

Literatur

BOCK, Gisela (1986): Zwangssterilisation im Nationalsozialismus. Studien zur Rassenpolitik und Frauenpolitik, Opladen, VS Verlag für Sozialwissenschaften.

BÜHLMANN, Ursula und ETTER, Vera (2008): Integration hörbeeinträchtigter Schülerinnen und Schüler. Hochschule für Heilpädagogik Zürich, Departement Schulische Heilpädagogik Schwerpunkt Pädagogik für Schwerhörige und Gehörlose 2006/09.

BURGHARTZ, Susanna: Unzucht, in: Historisches Lexikon der Schweiz (HLS).

GOSSENREITER, Anna, HOROWITZ, Liz und KILLIAS, Antoinette (1994): «... und wird dazu angehalten, einen sittlich einwandfreien Lebenswandel zu führen.» Frauen und Männer als Objekte fürsorgerischer Massnahmen in den 1920er und 1930er Jahren. Drei Untersuchungen anhand von Vormundschaftsakten der Stadt Zürich, in: JENNY, Franziska, PILLER, Gudrun und RETTENMUND, Barbara (Hg.): Orte der Geschlechtergeschichte. Beitrag zur 7. Schweizerischen Historikerinnentagung, Zürich, Chronos.

HUONKER, Thomas (2003): Diagnose «moralisch defekt». Kastration, Sterilisation und Rassenhygiene im Dienst der Schweizer Sozialpolitik und Psychiatrie 1890-1970, Zürich, Orell Füssli.

IMBODEN, Gabriela (1999): «Die geistesschwache Tante». Einbürgerung und Eugenik in der Stadt Basel, Itinera, 21, 1999.

IMBODEN, Gabriela, RITTER, Hans Jakob, WECKER, Regina, BRAUNSCHWEIG, Sabine und KÜCHENHOFF, Bernhard (2007): Abtreibung und Sterilisation – Psychiatrie und Geburtenkontrolle. Zur Entwicklung im Kanton Basel-Stadt, 1920 – 1960, in: MOTTIER, Véronique und VON MANDACH, Laura (Hg.): Pflege, Stigmatisierung und Eugenik. Integration und Ausschluss in Medizin, Psychiatrie und Sozialhilfe/Soins, stigmatisation et eugénisme. Intégration et exclusion en médecine, psychiatrie et assistance sociale, Zürich, Seismo.

KOCH, Lene (2001): How Eugenic was Eugenics? Reproductive Politics in the Past an the Present, in: WECKER, Regina, BRAUNSCHWEIG, Sabine, IMBODEN, Gabriela, KÜCHENHOFF, Bernhard und RITTER, Hans Jakob (Hg.): Wie nationalsozialistisch ist die Eugenik? What is National Socialist about Eugenics? Beitrag zur Geschichte der Eugenik im 20 Jahrhundert. Contribution to the History of Eugenics in the 20th Century, Wien, Böhlau.

KOCH, Lene (2004): The Meaning of Eugenics. Reflections

on the Government of Genetic Knowledge in the Past and the Present, in: Science in Context, 17, 3 (2004), S. 1-17.

KÜHL, Stefan (1997): Die Internationale der Rassisten: Aufstieg und Niedergang der internationalen Bewegung für Eugenik und Rassenhygiene im 20. Jahrhundert, Frankfurt a.M., Campus.

RITTER, Hans Jakob (2009): Psychiatrie und Eugenik. Zur Ausprägung eugenischer Denk- und Handlungsmuster in der schweizerischen Psychiatrie, 1850–1950, Zürich, Chronos.

ROLL HANSEN, Nils und BROBERG, Gunnar (2005): Eugenics And the Welfare State: Sterilization Policy in Demark, Sweden, Norway, and Finland, in: Uppsala Studies in History of Science, Nov 2005.

RYTER, Annamarie (1994): Als Weibsbild bevogtet. Zum Alltag von Frauen im 19. Jahrhundert, Liestal, Verlag des Kantons Basel-Landschaft.

WECKER, Regina (1998): Eugenik. Individueller Ausschluss und nationaler Konsens, in: GUEX, Sebastien (Hg.): Krisen und Stabilisierung. Die Schweiz in der Zwischenkriegszeit, Zürich, Chronos.

WECKER, Regina; BRAUNSCHWEIG, Sabine; IMBODEN, Gabriela; RITTER Hans Jakob (2012): Eugenik und Sexualität. Die Regulierung reproduktiven Verhaltens in der Schweiz 1920-1960, Zürich.

WEINGART, Peter, KROLL, Jürgen und BAYERTZ, Kurt (2001): Rasse, Blut und Gene: Geschichte der Eugenik und Rassenhygiene in Deutschland, Frankfurt am Main, Suhrkamp.

ZURUKZOGLU, Stavros (1938): Die Verhütung erbkranken Nachwuchses, Basel, Schwabe.

Annamarie Ryter

«Als Weibsbild bevogtet»

Soziale und wirtschaftliche Kontrolle von Frauen im 19. Jahrhundert

«Ich bin nicht fallit, nicht liederlich, nicht schlecht – ich bin einfach nur als Weibsbild bevogtet, aber damit werde ich doch nicht Sklavin sein?»[1]

Mit diesen Worten wandte sich Konstanzie Brodbeck aus Therwil im Jahre 1876 an die oberste Behörde des Kantons Basel-Landschaft, an den Regierungsrat. Sie empörte sich darüber, dass ihr Land versteigert werden sollte – und zwar gegen ihren Willen.

«Das mir gehörende Land ist mein wohl und rechtlich erworbenes Eigenthum, an solches hat weder der Staat, noch Gemeinde, noch Verwandte, noch Kind ein Anspruchsrecht – ich habe keine Schulden (...) Ich verlange weder von der Gemeinde, noch von Privaten Unterstützung; ich bezahle Abgaben und Steuer, so gut und bald wie jeder andere (...)» «Bin ich Eigenthümerin, oder der Vogt oder die Gemeinde? Ich bin es, und wenn ich gerne mein Land ein oder zwei Jahre brach liegen lasse – oder gerne Nesseln pflanze, so wird wohl Niemand das Recht haben, mir deshalb mein Eigenthum abzusprechen.»

Für die Leserin/den Leser im 21. Jahrhundert scheint es selbstverständlich, dass Konstanzie Brodbeck über den Verkauf ihres Landes selber bestimmen kann, ihre Argumentation leuchtet uns ein. Wir pflichten ihr innerlich zu, wenn sie sich ausdrücklich auf Grundrechte bezieht und ihre Beschwerde mit dem modern anmutenden Satz einlei-

[1] StABL, Vogtei C1 (1876) , Konstanzie Brodbeck, ebenda die folgenden Zitate

tet: «*Unsere Kantons-Verfassung garantiert jedem Bürger (der Bürgerin?) Sicherheit von Ehre, Freiheit, Leben und Eigenthum, Ähnliches spricht auch die Bundesverfassung aus..*»

Doch wir irren uns. Die Realität im 19. Jahrhundert war eine andere, Konstanzie Brodbeck fand wenig Gehör. Als nicht verheiratete Frau stand sie unter Vormundschaft, und zwar ungeachtet ihrer intellektuellen und sozialen Fähigkeiten. Sie war – in der Sprache der damaligen Zeit –»als Weibsbild bevogtet». Im Alltag war dies absolut bedeutend: Ein Vormund (Vogt) konnte gegen den Willen seiner Bevormundeten handeln und wurde durch alle Instanzen gestützt. Nicht verheiratete Frauen waren im Privatrecht «unmündig». Entsprechend kurz fiel die Antwort des Regierungsrates aus:

«*Es wird der Beschwerdeführerin erwidert, dass der Vogt und nicht die Bevormundete die Einwilligung einzuholen, bzw. zu urtheilen hat...*»

Geschlechtsvormundschaft

Konstanzie Brodbeck schrieb einer der 80 Rekurse zwischen 1860 und 1890, die ich im Rahmen eines Forschungsprojektes zur Baselbieter Geschichte untersuchte, um die Bedeutung der Geschlechtsvormundschaft für Frauen im Alltag auszuloten. Unter «Geschlechtsvormundschaft» im engeren Sinne wird die Bevormundung von nicht verheirateten, also von ledigen, geschiedenen und verwitweten Frauen verstanden. Sie geht im deutschsprachigen Raum auf die mittelalterliche Beistandschaft von Frauen zurück, in der Neuzeit konnten die «Vögte» ihre Macht tendenziell ausdehnen. Im französischsprachigen Raum hatten nicht verheiratete Frauen aufgrund von anderen Rechtstraditionen mehr Verfügungsrechte über das Vermögen. Entsprechend hielt sich die Geschlechtsvormundschaft in deutsch-schweizerischen Kantonen am längsten. Während Genf sie schon 1714 aufhob, folgten viele Kantone erst im Laufe des 19. Jahrhunderts, Baselland und Baselstadt gegen Ende der 1870er Jahre, kurz bevor sie das Bundesgesetz betreffend die persönliche Handlungsfähigkeit (1881) die Geschlechtsvormundschaft für das Gebiet der ganzen Schweiz abschaffte.[2]

Umfang und rechtliche Auslegungen der Geschlechtsvormundschaft waren sehr unterschiedlich, sie reichten von blosser Beistandschaft bis zur absoluten Verfügungsgewalt des Vormundes wie im obigen Fall beschrieben. Ebenfalls seit dem Mittelalter konnten Frauen den Antrag auf «freie Mittelverwaltung» stellen. Diese ermöglichte Geschäftsfrauen eine gewisse Freiheit, damit sie ihre Tätigkeit ausüben konnten. Im untersuchten Gebiet, dem Kanton Basel-Landschaft, konnte eine Frau seit 1853 durch das Gesuch an die Gemeindebehörde erreichen, dass «...sie von der Vormundschaft gänzlich befreit wird und das Recht erlangt, gleich einem Manne ihr Vermögen selber zu verwalten und darüber zu verfügen.»[3]

Von solchen Freiheiten konnten ihre verheirateten Schwestern nur träumen. Denn neben der Geschlechtsvormundschaft im engeren Sinne gab es die Vormundschaft des Ehemannes über seine Frau. Mit dem Schweizerischen Zivilgesetzbuch von 1912 wird der Begriff der «ehelichen Vormundschaft» zwar kaum mehr verwendet. De facto konnten verheiratete Frauen in der Schweiz jedoch bis zur Einführung des neuen Eherechts im Jahre 1988 (!) über ihr Vermögen nicht frei verfügen. Sowohl für Verträge wie auch für Kontoeröffnungen und Vermögensveräusserungen brauchten sie die Unterschrift ihres Ehemannes. Es erstaunt kaum, dass auch hier – wie bei den politischen

---

[2] Holthöfer 1997, S. 442 ff. sowie Gerber 1997, S. 480 ff.

[3] Gesetz über das Vormundschaftswesen 1853.

Rechten – die Schweiz im europäischen Vergleich weit nachhinkt.[4] Die meisten europäischen Länder stellten bereits in der ersten Hälfte des 20. Jahrhunderts verheiratete Frauen im Privatrecht ihren Männern gleich.[5]

Bevormundung und Gleichstellung

In der Geschichtswissenschaft ist relativ gut aufgearbeitet, mit welchen ideologischen Argumenten die Sprengkraft der Aufklärung in Bezug auf die Rechte von Frauen neutralisiert wurde. Es brauchte schon einige Gedankenakrobatik um begründen zu können, warum Frauen weiterhin von gewissen Rechten ausgeschlossen sein sollten, obwohl doch Menschenrechte seit der Französischen Revolution in den Staatsverfassungen als Grundrechte für alle Menschen verankert waren. Auf diesen Widerspruch wies Konstanzie Brodbeck konsequent hin. Neu wurde nun zur Legitimation von Ungleichheit auf die «Geschlechtscharaktere»,[6] das angeblich «ungleiche Wesen» von Frauen und Männern hingewiesen, also auf das Konzept der Natur zurückgegriffen. Frauen waren «von Natur» aus «anders» und mussten daher auch «anders» behandelt werden. Da sich die Natur nicht verändern lässt, eben angeboren ist, erwies sich das Konzept als sehr stabilisierend – es implizierte Unveränderbarkeit wie vorher eine gottgewollte Ordnung. Davon betroffen waren alle Frauen als Gruppe und das Konzept hatte zusätzlich massive Konsequenzen für alle jene Frauen, die offensichtlich in ihrem Verhalten dieser angenommenen «Natur» nicht entsprachen: Sie waren

---

[4] In den meisten europäischen Ländern hatten alle Erwachsenen nach 1918 das Stimm- und Wahlrecht, in der Schweiz erst 1971.

[5] Holthöfer 1997, S.442 ff.

[6] Hausen 1976.

eben «unnatürlich» oder in der Sprache der Medizin später «abnorm, bzw. krank».

Der Rückgriff auf das Konzept der Natur ist auch in der Debatte im untersuchten Gebiet erkennbar – bei der Schaffung eines neuen Vormundschaftsgesetzes in Baselland 1853. Ein Verfechter der Geschlechtsvormundschaft schrieb:

«Diese Bestimmung rechtfertigt sich wohl durch die allgemeine Volksansicht, durch das empfänglichere Gemüth & das regere Gefühl des Weibes, welche leicht missbraucht werden dürften.»[7] Auf Deutsch: Frauen mussten vor ihrem eigenen Wesen und vor anderen geschützt werden, konnten eben nicht für sich selber sorgen und waren wegen ihrer angeblichen Emotionalität zu Recht unmündig.

Diese Ansicht blieb nicht unwidersprochen. Der amtierende Justizminister plädierte in aufklärerischem Sinne, Geschlechtsvormundschaft sei veraltet und widerspreche der Rechtsgleichheit, zudem beobachte er, dass Frauen das Vermögen in den Familien meist weit besser verwalten würden als Männer. Im kantonalen Parlament, dem Landrat, setzte sich 1853 allerdings noch «die allgemeine Volksansicht» durch, erst 1879 wurde die Geschlechtsvormundschaft in Baselland aufgehoben.

Partikulare Interessen

Die Geschlechtsvormundschaft gab Männern Macht und Kontrolle über das Vermögen von Frauen. Je nach Gesellschaft waren das unterschiedliche Gruppen von Männern mit unterschiedlichen Interessen. Wecker hat darauf hingewiesen, dass in der Stadt Basel die Zünfte als Vormundschaftsbehörde mit dem Gesamtvermögen von Frauen über eine Summe verfügten, das einem heutigen Kapitalwert

[7] Ryter 1994, S.56.

von ca. 1,5 Milliarden Franken entsprach und damit geeignet war, die Wirtschaftspolitik des Kantons wesentlich zu beeinflussen.[8]

Nicht selten wurden Vormünder aus der Verwandtschaft gewählt, quasi als Ergänzung (oder als Balance?) zur ehelichen Vormundschaft. So blieb die Kontrolle über das Vermögen bei den Männern in der Familie. Dies geschah gerade dort, wo Töchter nach dem Gesetz gleichberechtigt mit ihren Brüdern geerbt hatten. Im Kanton Baselland wird im 19. Jahrhundert das Interesse der Gemeindebehörden, die zugleich Vormundschaftsbehörden waren, deutlich. Die Gemeinde versuchte mit der Geschlechtsvormundschaft besonders die Vermögen der ärmeren Frauen zu blockieren, um im Falle einer totalen Verarmung und notwendiger Unterstützung auf diese Summe zurückgreifen zu können. In allen Ausprägungen zeugen die Akten immer wieder davon, dass die Aufsichtsbehörden nicht fähig waren zu verhindern, dass die Vormünder aufs Offensichtlichste Eigeninteressen verfolgten, Gelder veruntreuten und gegen den Willen der Bevormundeten verwendeten.

Erstaunlicherweise wurde die Geschlechtsvormundschaft im engeren Sinne im 19. Jahrhundert aufgehoben, die Rechte des Ehemannes über das Vermögen seiner Frau jedoch im Zivilgesetzbuch von 1912 nochmals festgeschrieben. Dies hatte wirtschaftliche Gründe. Die Geschlechtsvormundschaft über nicht verheiratete Frauen hatte nämlich zunehmend kurzfristig auch für einzelne Männer und Gruppen Nachteile. Frauen verfügten über ihren Lohn, tätigten im Alltag selbständig Geschäfte, kauften, verkauften und gingen Verpflichtungen ein. Mit der Zunahme der Mobilität wurde es für alle, die mit Frauen Verträge abschlossen, unübersichtlich. Da jeweils das Recht des Heimatkantons galt, wussten die Geschäftspartner nicht, ob sie gegebenen-

[8] Wecker 1995, S.92.

falls ihre Forderungen würden durchsetzen können. War das Geld aus dem Lohn, über den die Frau verfügen durfte oder stand sie ihrer Herkunft nach unter Geschlechtsvormundschaft? Dokumentiert sind einige Gerichtsfälle, in denen Geschäftspartner von Frauen leer ausgingen. Frauen mussten ihre Schulden nicht begleichen, weil der Vormund seine Einwilligung zum Geschäft gar nie gegeben hatte. So ging es einem Basler Müller beim Konkurs der Bäckerin Strübin im Jahre 1863. Die Frau wohnte und handelte in der Stadt Basel, hatte aber im Heimatort Liestal einen Vormund. Der Gerichtsfall führte sogar zu einem politischen Schlagabtausch zwischen den beiden Halbkantonen.[9] Kurz – die Geschlechtsvormundschaft stand der Schaffung der Rechtssicherheit entgegen, der Verbindlichkeit von Geschäftsbeziehungen über Kantonsgrenzen hinweg. Wecker formuliert pointiert: Bei der Abschaffung der Geschlechtsvormundschaft sei es mehr um die Gleichheit der Kantone als um Gleichheit der Geschlechter gegangen.[10]

Leben unter der Geschlechtsvormundschaft

Wie gelang es Frauen, sich innerhalb dieser einschränkenden Gesetzesbestimmungen Nischen zu suchen und Handlungsräume zu gestalten? Die 80 untersuchten Rekurse im Kanton Baselland dokumentieren jene Fälle, in denen Frauen sich wehrten und sich ungerecht behandelt fühlten. Frauen aus der Unterschicht kämpften darum, sich vom kleinen Vermögen einen Schrank oder ein Bett kaufen zu dürfen, nicht selten wohnten und arbeiteten sie in der Stadt und mussten für solche Anschaffungen ihre Heimatgemeinde fragen – meist ohne Erfolg. Da ihr Lohn für grössere Ausgaben nicht reichte, bedeutete Geschlechts-

[9] Ryter 1994, S. 183.

[10] Wecker 1995, S.96.

vormundschaft grosse Abhängigkeit im Alltag. Wohlhabendere Frauen mussten zusehen, wie ihnen unter unterschiedlichen Vorwänden Liegenschaften vorenthalten oder gar verkauft wurden. Im Erbteilungsgebiet gab es viele verstückelte Äcker und es bot sich an, Land von Bevormundeten günstig zu kaufen, wenn es gleich neben dem eigenen lag: Konstanzie Brodbeck hatte es so formuliert: *«Es sind mein Stücklein Land zum Arrondieren geeignet und haben Liebhaber,...»*

Frauen hatten kein Verfügungsrecht über ihren Grund und Boden. Dies widersprach ihrer wirtschaftlichen Macht und ihrer Alltagserfahrung, dass sie souverän handelten. Besonders krass zeigt sich dies bei Witwen. Nicht selten hatten sie das Gut in die Familie gebracht. Wenn der Mann lange krank war, Schulden machte oder das Geld vertrank, mochte sein Tod durchaus auch eine wirtschaftliche Erleichterung bedeuten. Eindrücklich ist in den Akten die Empörung darüber, dass sie als Witwen nun unter Vormundschaft gestellt werden sollten – seien diese nun Fremde oder gar Verwandte. Anna Maria Meyer aus Pfeffingen wehrte sich erfolgreich gegen den Bevormundungsantrag ihres Schwiegersohnes im Jahre 1881. Dabei verwies sie darauf, sie habe vier kleine Kinder aufgezogen und ihr Vermögen in 16 Jahren verdoppelt: *«...zudem habe ich das Vermögen selbst verwaltet, die Vögte warens nur dem Namen nach.»*[11]

Dieser Satz illustriert, dass im Einzelfall Frauen je nach ihrer Verankerung im Dorf, der Stellung in der Familie und dem Vormund Freiräume hatten und de facto durchaus über ihr Vermögen verfügen konnten. Der Justizdirektor schilderte seine Erfahrungen als Bezirksschreiber folgendermassen: *«Aber die Bemerkung habe ich oft machen können, dass die Vogtsfrauen viel klüger und einsichtsvoller waren als ihre Vögte, dass sie ihnen die Verwaltung gleichsam aus den*

[11] Ryter 1994, S. 125.

Händen nahmen & den Vogt dann bei vorkommenden Rechnungen unterzeichnen liessen, was sie selbst gemacht hatten.» [12]

Ebenso pointiert schrieb Witwe Rickenbacher: *«So lange verstorbener Vogt lebte, mit dem ich zufrieden war, konnte die Vermögensverwaltung gut leiden, gegen die Ernennung eines in genannter Person gewählten Vogtes protestiere ich, da ich selber meine Sache verwalten kann.»*[13]

Diese Beispiele sollen nicht darüber hinweg täuschen, dass Frauen nur individuell und im Einzelfall – also inoffiziell – Entscheidungsbefugnisse hatten. Die Geschlechtsvormundschaft für nicht verheiratete Frauen stellte eine grundsätzliche Diskriminierung dar. Sie degradierte Frauen im Privatrecht prinzipiell zu Unmündigen. Und mit Blick auf die verheirateten Frauen, die weiterhin unter der Verfügungsmacht ihrer Ehemänner standen, wird klar: Grundrechte galten bis weit in die zweite Hälfte des 20. Jahrhundert in der Schweiz weitgehend nur für Männer.

Bevormundung im 20. Jahrhundert

Das Bundesgesetz betreffend die persönliche Handlungsfähigkeit von 1881 bedeutete für nicht verheiratete Frauen juristisch eine Zäsur. Der Kanton stützte in Rekursfällen ab diesem Jahr konsequent Frauen, die an der Verfügungsgewalt über ihr Vermögen gehindert wurden. Es wäre jedoch naiv, anzunehmen, dass sich das Verhalten im Alltag und im Dorf sofort geändert hätte. Bei wohlhabenden Witwen waren es nicht selten Söhne und Schwiegersöhne, die das Vermögen nutzen wollten und nun neu Bevormundungsanträge stellten. Töchtern wurde trotz gleichem Erbrecht ihr Vermögensanteil nicht ausbezahlt oder sie verzichteten freiwillig, resp. wurden an einer Heirat gehindert. In den

---

[12] Ryter 1994, S. 54 ff.

[13] Ryter 1994, S. 125.

Köpfen war die Gleichstellung von nicht verheirateten Frauen mit Männern noch lange nicht verankert.

Die Akten zeugen eindrücklich vom Bemühen der Gemeindebehörden, weiterhin arme Frauen (und Männer) zu kontrollieren, ihre Vermögen zu blockieren oder sie an Heiraten und Elternschaft zu hindern – auch noch nachdem das Recht auf freie Eheschliessung in der Bundesverfassung von 1874 verankert war. Massgebend war dabei bis weit ins 20. Jahrhundert stets eine finanzielle Handlungslogik: die Rückversicherung für die Armenkasse. Keine Heimatgemeinde wollte, dass «ihre» Armen und deren Kinder, für die sie nach Gesetz in jedem Fall zu sorgen hatten, sie etwas kosteten. Und da waren ihnen teilweise fast alle Mittel recht, nachdem die neuen Bundesgesetze nach 1874 laufend die Freiheitsrechte auf weitere Personenkreise ausdehnten.

Zum Schluss möchte ich verkürzt und vereinfacht skizzieren, wie sich die Methoden und Argumentationen im Laufe der Zeit verändert haben. Anhand einzelner untersuchter Fälle bis ins 20. Jahrhundert lässt sich eine Tendenz herausschälen. Arm zu sein, hiess im ganzen untersuchten Zeitraum tendenziell abweichend oder auffällig zu sein, insbesondere für alle, die sich nicht in ihr Schicksal fügten. Das Risiko, mit dem Gesetz in Konflikt zu geraten, war am untersten Ende der Gesellschaft am grössten. Sehr bald war es um den «guten Ruf» geschehen. Während bei Männern tendenziell die Arbeitsfähigkeit für einen guten Ruf wichtig war, wurden Frauen zusätzlich über ihre Sexualität, ihre Beziehungen zu Männern definiert. Wenn eine Frau wegen einer Eheeinsprache der Heimatgemeinde des Mannes nicht heiraten durfte und dennoch ein Kind bekam, machte sie sich strafbar, galt als «liederlich» und «haltlos», der Vater des Kindes jedoch nicht. Falls Frauen (und Männer) in der Fremde nicht für sich aufkommen konnte, wurden sie im 19. Jahrhundert mit der sogenannten «Armenfuhre» in die Heimatgemeinde gebracht und unter die väterlich-strenge Kontrolle der Dorfgewaltigen gestellt. Nach der Abschaffung der Geschlechtsvormundschaft wurde versucht, Frauen persönlich unter Vormundschaft zu stellen, um so Rückgriff nehmen zu können oder sie weiterhin an einer Heirat zu hindern. Arme Frauen (und Männer) wurden gegen Ende des 19. Jahrhunderts zunehmend aus dem Dorf ausgegrenzt und in die neu entstandenen Armenanstalten abgeschoben, wo sie angeblich zu besserem Lebenswandel und mehr Arbeitsamkeit hätten erzogen werden sollen.

Wie oben beschrieben, verbesserte sich die Rechtslage gegen Ende des 19. Jahrhunderts für nicht verheiratete und arme Frauen. Zudem lockerten sich die engen persönlichen Verflechtungen im Dorf etwas, weil neue Instanzen ins Spiel kamen. Das konnte im Einzelfall von Vorteil sein. Im 20. Jahrhundert redeten nun neu die Ärzte, konkret die Psychiater[14] mit, wenn es um die Vorenthaltung von gewissen Grundrechten ging. Anhand von drei Fällen aus den 1950er Jahren konnte ich herausarbeiten, dass der Einfluss dieser Experten nicht immer hilfreich war. Der Druck auf Frauen nahm teilweise sogar zu, wenn sie einmal als «sozial auffällig» und abweichend etikettiert waren. Diese Frauen aus der Unterschicht waren nicht mehr «liederlich», sondern wurden neu als Kranke eingestuft: als «moralisch schwachsinnig» oder «sexuell abnorm».[15] Psychiatrische Gutachten konnten dabei eine Einweisung in eine Erziehungs- oder Armenanstalt ebenso begründen wie ein Eheverbot oder neu gar eine Sterilisation. Die Macht der Behörden reichte nun buchstäblich bis unter die Haut.

---

[14] Verwendet wird hier die männliche Form, weil tatsächlich ausschliesslich Männer als Psychiater in den Akten erscheinen.

[15] z.B. weil sie ab 15 Jahren schon wechselnde Beziehungen mit Männern lebten. Ryter 1994, S. 430 ff..

Neue alte Muster

Der Blick zurück auf die Geschichte der Geschlechtsvormundschaft enthüllt einige Mechanismen sozialer Kontrolle. Frauen und Männer unterliegen unterschiedlichen gesellschaftlichen Normen. Als bedrückend scheint eine gewisse Konstante, dass soziale Abweichung bei Frauen seit dem 19. Jahrhundert über ihren Umgang mit Sexualität definiert wurde, was bei Männern nicht der Fall war. Dass dahinter handfeste materielle Interessen standen, nämlich in der Frage, wer für allfällige Kinder aufkommen musste, wurde dargestellt.

Die Etikettierung, die Eröffnung einer diskursiven Differenz ist ein wichtiger Schritt der sozialen Ausgrenzung. Wer als «anders» gilt, kann oder muss eben auch «anders» behandelt werden.[16] «Anders sein» kann entsprechend die sprachliche Legitimation zur Vorenthaltung von gewissen Rechten, von Machtausübung und von sozialer Kontrolle sein. Häufig wurde in der Vergangenheit dabei mit «Schutz» argumentiert: Schutz der Frauen vor ihrem «natürlichen (defizitären) Wesen» ihrer «Schwäche» und vor der Ausnützung durch Männer, Schutz der Kinder vor «unmoralischem Lebenswandel» ihrer Eltern, Schutz der «triebhaften» Frauen vor unerwünschten Schwangerschaften durch Sterilisation. Wo soziale Abweichung mit dem medizinischen Auge betrachtet wird, geht es um Heilung. Bis weit ins 20. Jahrhundert wurden dabei «Heilungsmethoden» angewandt, die im Kontext von Strafe, also als Eingriffe an Straffälligen, als menschenrechtswidrig gegolten hätten: Ste-

[16] Allerdings ist der Umkehrschluss, dass Gleichheit in der Argumentation immer auch zu mehr Gerechtigkeit führt, nicht zulässig. Das haben Forschungen im Bereich Gender Studies breit belegt. Vgl. zum Zusammenspiel von Gleichheit und Differenz im Bereich der Geschlechtsvormundschaft Wecker 1997.

rilisation, Elektroschock, Verabreichung von Medikamenten gegen den Willen der Betroffenen.

«Anders sein» als Etikettierung definiert eine soziale Gruppe. Sie verstellt den Blick auf die Vielfalt und Unterschiede innerhalb einer Gruppe und impliziert eine Statik, als ob Individuen und Gesellschaften sich nicht laufend verändern würden. Gerade da liegt auch das (politische) Interesse, nämlich die Legitimation für einen Status Quo, die aktuelle Machtverteilung und den aktuellen Zugang zu Ressourcen einer Gesellschaft. Das Konzept der Geschlechtscharaktere, die Rede vom «Wesen der Frauen» als angeborene, unveränderbare «Natur» hat während sehr langer Zeit erfolgreich legitimiert, dass Grundrechte nur für Männer galten. Die biologistische Denkweise taucht neuerdings im Gewande popularisierter Resultate aus der Hirnforschung wieder auf. Computergestützte Farbbeobachtungen werden mit Alltagstheorien über Männer und Frauen verbunden und als angeblich wissenschaftliche Tatsachen mit breitem Publikumserfolg verbreitet. Bei soziokulturellen Minderheiten wird heute nicht mehr von unterschiedlichen «Rassen» gesprochen, jedoch von «Kultur» als neues Wort für alte Denkmuster.[17] «Sie haben eben eine andere Kultur!» wird im politischen Diskurs oft genau so statisch und abwertend verstanden wie vormals der Hinweis auf die angebliche «Natur» der Frauen. Und die Formel dient wieder als Legitimation für ungleiche Chancen, Diskriminierungen und die Vorenthaltung von Rechten. Hier gilt es wachsam zu sein und diese verbalen Ausschlussmechanismen frühzeitig zu erkennen und konsequent zu bekämpfen.

---

[17] Bueno 2006, S. 60ff..

Literatur

Bueno, Jael (2006): Projekt «Luna»: Präventionskonzept, in: Olympe. Feministische Arbeitshefte zur Politik, Heft 24: Sexuelle Gewalt. Präventionsansätze in transnationalen Räumen.

Gerber Jenny, Regula (1997): Rechtshistorische Aspekte des bernischen Emanzipationsgesetzes von 1847, in: Gerhard, Ute (Hg.): Frauen in der Geschichte des Rechts. Von der Frühen Neuzeit bis zur Gegenwart, München, Beck, S. 480-493.

Gesetz über das Vormundschaftswesen (1853) in: Gesetze, Verordnungen und Beschlüsse des Kantons Basel-Landschaft, Bd.6, S. 90ff.

Hausen, Karin (1976): Die Polarisierung der «Geschlechtscharaktere» – Eine Spiegelung der Dissoziation von Erwerbs- und Familienleben, in: Conze Werner (Hg.): Sozialgeschichte der Familie in der Neuzeit Europas, Stuttgart, Klett, S. 363-393.

Holthöfer, Ernst (1997): Die Geschlechtsvormundschaft. Ein Überblick von der Antike bis ins 19. Jahrhundert, in: Gerhard, Ute. (Hg.): Frauen in der Geschichte des Rechts. Von der Frühen Neuzeit bis zur Gegenwart, München, Beck, S. 390-451.

Ryter, Annamarie (1997): Die Geschlechtsvormundschaft in der Schweiz: Die Kantone Basel-Landschaft und Basel-Stadt, in: Gerhard, Ute (Hg.): Frauen in der Geschichte des Rechts. Von der Frühen Neuzeit bis zur Gegenwart, München, Beck, S. 494-508.

Ryter, Annamarie (1995): Ein Leben unter Geschlechtsvormundschaft. Anna Barbara Imhof aus Wintersingen, 1840-1888, in: Jaun, Rudolf und Studer, Brigitte (Hg.): weiblich – männlich. Geschlechterverhältnisse in der Schweiz: Rechtsprechung, Diskurs, Praktiken, Zürich, Chronos, S. 103-113.

RYTER, Annamarie (1994): Als Weibsbild bevogtet. Zum Alltag von Frauen im 19. Jahrhundert. Geschlechtsvormundschaft und Ehebeschränkungen im Kanton Basel-Landschaft, Liestal, Verlag des Kantons Basel-Landschaft.

STABL: Staatsarchiv Basel-Landschaft, Vogtei C1.

WECKER, Regina (1995): Geschlechtsvormundschaft im Kanton Basel-Stadt. Zum Rechtsalltag von Frauen – nicht nur im 19. Jahrhundert, in: JAUN, Rudolf und STUDER Brigitte (Hg.): weiblich – männlich. Geschlechterverhältnisse in der Schweiz: Rechtsprechung, Diskurs, Praktiken, Zürich, Chronos, S. 87-101.

Martin Schaffner

«Missglückte Liebe» oder Mitteilungen aus Paranoia City

Eine Lektüre von Justiz- und Polizeiakten aus dem Staatsarchiv Basel, 1894 bis 1908

Im Frühling 1941 schrieb Simone Weil in ihr Notizbuch die folgenden Sätze:

«Le monde est un texte a plusieurs significations, et l'on passe d'une signification a une autre par un travail. Un travail où le corps a toujours part; comme lorsqu' on apprend l'alphabet d'une langue étrangère, cet alphabet doit rentrer dans la main a force de tracer les lettres».[1]

Simone Weil lebte damals in Südfrankreich, wohin sie mit ihrer Familie vor der deutschen Wehrmacht geflüchtet war, in der Hoffnung, später über Spanien nach England weiter zu reisen. Sie vertiefte sich in die Vorstellungen der Katharer, Manichäer und Gnostiker, kümmerte sich um

---

[1] Simone Weil, Cahiers I (1933-1941). Oeuvres cornplètes VI, Paris 1994, 295.
«Die Welt ist ein Text mit mehreren Bedeutungen, und durch eine Arbeit geht man von einer Bedeutung zu einer anderen über. Eine Arbeit, an der der Körper immer Anteil hat; genauso, wie wenn man das Alphabet einer Fremdsprache lernt, dieses Alphabet durch das Schreiben der Buchstaben in die Hand dringen muss.»
Simone Weil, Cahiers/Aufzeichnungen. Erster Band, hg. und übersetzt von Elisabeth Edl u. Wolfgang Matz, München, 1993, 182f., vgl. die biographischen Angaben in der Einleitung zu dieser Edition.
Für Anregungen und Kritik danke ich lngrid Bauer (Salzburg), Nada Boskovska (Zürich), Gabriele Brandstetter (Berlin), Cyrilla Gadient, Heiko Haumann, Stefan Nellen und Claudia Töngi (Basel).

die Lebensbedingungen der ausländischen Internierten in den Lagern um Marseille, nahm Verbindungen auf zur Résistance, suchte und fand Arbeit auf einem Bauernhof in der Ardèche. An all dies denkt man, wenn man den Satz in ihrem «*Cahier*» liest, den sie durch einen Strich am Rand besonders gekennzeichnet hat: die Welt ein Text, mit mehreren Bedeutungen: die Arbeit, die nötig ist, um von einer Bedeutung zu einer anderen zu gelangen; eine Arbeit, an welcher der Körper beteiligt ist.

Aber die Formulierung, die «Welt» und «Text» gleichsetzt (lange bevor sich die Kulturwissenschaften diese Rede aneigneten), suggeriert eine Kohärenz von beidem, die Simone Weils Cahiers fremd ist, denn ihre (nicht zur Veröffentlichung bestimmten) Notizbücher füllte sie ohne erkennbares Ordnungsprinzip mit Einfällen, Gedanken, kurzen essayartigen Abhandlungen und Zitaten; das ergibt eine faszinierende Lektüre, entlang von Denkbewegungen, die sich immer wieder selbst befragen. Simone Weils eigener Text folgt keinem literarischen Muster, gibt sich nicht als Selbstzeugnis, sondern präsentiert sich als eine Folge von Fragmenten, deren Beziehung zueinander sich nicht leicht nachvollziehen lässt. Er repräsentiert schon rein formal die Bedeutungsdiversität, der sich die Französin aussetzte, und durch die sie sich ihren eigenen Weg bahnte. Gerade diese Qualität, die mangelnde Geschlossenheit, macht ihren Text interessant. Was die eben zitierten Sätze angeht, so ist es weniger die apodiktische Kürze, die sie auszeichnet, als die Spannung, die sie herstellen zwischen «*le monde*» (in der Einzahl) und «*significations*» (in der Mehrzahl). Der einen Welt wird eine Pluralität von Bedeutungen zugeordnet. Und diese erschliessen sich nur durch harte Arbeit: «*un travail où le corps a toujours part*».

Die Vorstellung, die mit der einen Welt und zugleich mit ihrer Vieldeutigkeit rechnet, umreisst prägnant und sehr genau, was zugleich eine Grunderfahrung und die ständige Aufgabe jeder historischen Wissenschaft ist: die hartnäckige Suche nach fremdem Sinn und die schwierige Arbeit der Übersetzung. Meine Suche nach «Mitteilungen aus Paranoia City» stellt eine Übung auf diesem Feld dar.

Die Texte, von denen im Folgenden die Rede ist, sind amtlicher Herkunft, serielle Produkte alltäglicher administrativer Praxis. Es handelt sich um handschriftlich überlieferte Dokumente der Justiz- und Sanitätsverwaltung, die, als Personendossiers gebündelt, im Basler Staatsarchiv aufbewahrt werden.[2] Die Texte aus den Jahren 1894 bis 1908 repräsentieren die routinierte Regelhaftigkeit des administrativen Prozedere, sind geschrieben im Medium der Verwaltungsprosa, von Amtspersonen, die zwar namentlich bekannt, aber heute vergessen sind.

Ein Verfahren, wie es diese Fallakten dokumentieren, wurde in Gang gesetzt, wenn Verwandte, Bekannte oder eine Amtsperson der Behörde (meistens der Polizei) das auffällige, störende Verhalten eines Mannes oder einer Frau anzeigten. Daraufhin veranlasste die zuständige Polizeidienststelle eine genaue Abklärung durch einen Polizisten. Dieser hatte darüber ein Protokoll zu verfassen, auf Basis dessen über das weitere Vorgehen entschieden wurde. War der Fall gravierend genug, wurde eine medizinische Untersuchung durch den Amts- oder Stadtarzt angeordnet. Auch dieser Vorgang, die amtsärztliche Untersuchung, produzierte ein Dokument, den «Physikatsbericht», das heisst ein amtsärztliches Gutachten. Ausser dem Polizeibericht und dem medizinischen Gutachten enthalten die Fallakten einzelne weitere Papiere wie die Korrespondenz mit Amtsstellen, Angehörigen und, sehr selten, Briefe der

---

[2] Staatsarchiv Basel (StaBS), Sanitätsakten T 13.1. Einzelne Geisteskranke 1894-1912, und Justizakten, Protokoll des Civilgerichts. Kammer für Ehe und Waisensachen 1896, Bd. 2.

betroffenen Frauen und Männer selbst. Zwischen der Anzeige und der Einweisung in die Irrenanstalt verliefen meist nur wenige Tage, manchmal nur Stunden. Das Verfahren dokumentiert die Verrechtlichtung der ‚Irrenfrage' um 1900 und das hohe Mass an bürokratischer Effizienz, das die staatliche Verwaltung um 1900 erreicht hatte. Und es brachte ein Textmaterial hervor, das es erlaubt, das auffällige Reden und Handeln, derentwegen die Dossiers angelegt wurden, anders wahrzunehmen als damals, es als Mitteilung zu lesen, seine Bedeutung zu verstehen. Wie dies möglich ist, zeige ich anhand eines besonders gut dokumentierten Falles.

Polizeiprotokolle

Am 18. Juli 1894, einem Mittwoch, spricht beim Sekretär der Polizeidirektion Basel eine Frau vor. Sie drückt Besorgnis über den Zustand ihres Ehemannes aus, gibt an, «... *ihr Mann sei in letzter Zeit dem Trunke ergeben und leide wahrscheinlich an Verfolgungswahn, indem er sich von vielen Personen verfolgt fühle und gestern die Mittagssuppe ab dem Tisch genommen und wahrscheinlich habe nach Gift untersuchen lassen. Er sei unruhig, hauptsächlich während der Nacht, könne nicht schlafen und errege sein Geisteszustand Bedenken. ... Von einem Arzt wolle er nichts wissen*».[3]

Der Beamte, der sie anhört und ihre Aussage protokolliert, notiert ferner, «... *im März dieses Jahres habe sie, die Frau, gegen den Mann wegen Misshandlung bei der Abteilung für Strafsachen Klage erhoben, doch auf Drängen und Bitten des Beklagten den Strafantrag wieder zurückgezogen*». Die Frau, Lina B., ist dreissig Jahre alt, stammt aus Waldkirch im Grossherzogtum Baden (das an die Schweiz und Basel

[3] Polizeirapport vom 18. 7. 1894. StaBS, Sanitätsakten T 13.1, wie Anm. 2.

grenzt), ist also zugewandert. Sie ist seit acht Jahren verheiratet.[4]

Der Bericht äussert sich weder zu den Motiven noch zu den Absichten der Frau und lässt sich auf drei Punkte, auf drei Mitteilungen an die Behörden reduzieren: die Trunksucht des Mannes, seine Krankheit, der Ehekonflikt. Dem Beamten erscheint die Klage der Frau gravierend genug, um sie näher zu untersuchen. Der Mann, Ernst B., wird für den folgenden Morgen um acht Uhr zur Einvernahme aufgeboten.

Das Protokoll seiner Vernehmung folgt dem üblichen Muster dieser Textsorte und unterscheidet sich in bestimmten Aspekten formal und inhaltlich vom Bericht, den die Frau beim gleichen Beamten deponiert hat. Zuerst werden die Angaben zur Person notiert. Ernst B., geboren am 18. Oktober 1856, also 38 Jahre alt, ist von Beruf Frisör, stammt aus der Kleinstadt Büren an der Aare im Kanton Bern, auch er ist also zugezogen, in Basel niedergelassen seit 1883, Vater zweier Kinder im Alter von fünf und acht Jahren, «*noch nie bestraft*». B. gibt Folgendes zu Protokoll:

«Ich war in letzter Zeit immer sehr aufgeregt und hatte Grund zu der Annahme, dass mir meine Frau das Essen mit Gift vermischt habe. Das war auch der Anlass, dass ich die Suppe vom Tisch wegnahm und durch Dr. K. untersuchen liess. Der Chemiker fand jedoch kein Gift darin. Meine Frau kann mich nicht leiden, gibt sich mit meinen Gesellen und auch mit dem Maler H., der beim Stadttheater angestellt ist, ab, behandelt mich überhaupt nicht als Mann und will von mir nichts wissen. Das ist auch der Anlass, dass ich hier und da aus Verdruss und Verzweiflung ein Glas zu viel nehme. Unser eheliches Verhältnis kann auf diese Art nicht länger mehr andauern und beabsichtige ich, auf Scheidung zu klagen. Verwirrt bin ich nicht, doch

[4] Die Namen der Hauptbeteiligten sind anonymisiert.

infolge der vorkommenden Unannehmlichkeiten in letzter Zeit sehr aufgeregt.»[5]

Zwar handeln beide Texte vom Ehestreit, aber primär dokumentieren sie eine andere Realität, nämlich den unmittelbaren Kontext, in dem sie entstanden sind. Das erste Protokoll gibt den Bericht wieder, den die Frau aus eigener Initiative, auf ihre Weise kommuniziert hat, eine Sprechsituation, auf die der Modus der indirekten Rede verweist. Das zweite beruht auf der Vernehmung des polizeilich dafür aufgebotenen Mannes, einer Situation, welche der Modus der direkten Rede repräsentiert. Innerhalb der gleichen Textsorte (des polizeilichen Protokolls) bezeichnet also die sprachliche Differenz einen grundlegenden Unterschied im sozialen Kontext oder ,Rahmen', aus dem das Sprachmaterial stammt. Das Konzept des ,Rahmens' hat Gregory Bateson als erster verwendet, in einem berühmt gewordenen Aufsatz über die Affen im Zoo von San Franzisko,[6] und Erving Goffman hat es in einem zwanzig Jahre später erschienen Buch weiterentwickelt.[7] Die Rahmenanalyse ist interessant, weil sie sich auf die Schnittstelle zwischen sozialer Organisation und sprachlicher Repräsentation bezieht und damit zwei Dimensionen verknüpft, welche die Historiographie mit ihrer Tendenz zu intradisziplinären Grenzziehungen trennt. ,Sozialer Rahmen' heisst so viel wie ,Wahrnehmungs-' oder ,Interpretationsschema', ist ein Schema, das die «Lokalisierung, Wahrnehmung, Identifikation und Benennung» von Handlungen ermöglicht, also Orientierungsgrundlagen bildet, der «Organisation von Erfahrung» dient.[8]

---

[5] Vernehmungsprotokoll vom 19.7.1894. StaBS, Sanitätsakten T 13.1, wie Anm. 2.

[6] Bateson 1972, S. 177-193 [dt. Bateson 1981, S. 241-260].

[7] Goffman 1974 [dt. Goffman 1980].

[8] Ebd., S. 31 und 22 (zweites Zitat).

Die Ehegatten B. artikulieren auf der Polizeidirektion in vergleichbaren, aber deutlich unterschiedlichen Handlungskontexten zwei Versionen eines Konfliktgeschehens. Sie stellt die Trunksucht und vor allem die Krankheit ihres Mannes in den Vordergrund, er dagegen den Konflikt, den er mit ihr hat, mit klarer Schuldzuweisung an die Frau. Warum und worüber auch immer sich die beiden entzweit haben, vor der Instanz des Polizeibeamten ist es ein Streit um ein Deutungsmuster: Verfolgungswahn gegen Ehebruch. Welchem der beiden Ehegatten der Behördenvertreter mehr glaubt, ist in den Akten nicht vermerkt, wohl aber der Entscheid, der Physikus, also der Stadtarzt, werde *«um die Untersuchung des B. und bezüglichen Bericht ersucht»*.[9] Damit ist aus dem privaten Unglück des Ehepaars ein öffentlicher Fall geworden, mit unmittelbaren Konsequenzen für B. Noch am gleichen Morgen wird er von zwei Polizisten angehalten, in das Untersuchungsgefängnis eingewiesen, sogleich vom Amtsarzt untersucht und danach von den gleichen Polizisten per Droschke in die Irrenanstalt verbracht.

Das Physikat, der amtsärztliche Dienst, war 1884 und 1885 reorganisiert und ausgebaut worden. Fast gleichzeitig hatte die Stadt am äussersten Rand ihres Gebietes eine neue Irrenanstalt errichtet, die als eine der modernsten der Zeit galt und in Reiseführern als Sehenswürdigkeit aufgelistet war. Wie viele andere Städte Europas durchlief Basel in den Jahrzehnten vor 1900 eine Phase rasanten demographischen Wachstums, städtebaulicher Entwicklung und beschleunigter Modernisierung der staatlichen Organisation und Verwaltung. Neben der Aufsicht über das Gesundheitswesen hatte das Physikat gerichtsmedizinische Funktionen und führte von den Behörden angeordnete Untersuchungen durch. In den Beständen des Staatsarchivs

[9] Vernehmungsprotokoll vom 19. 7. 1894, wie Anm. 5.

Basel findet sich eine Vielzahl von amtsärztlichen Gutachten in Dossiers über auffällig gewordene Frauen und Männer. Diese Berichte variieren stark in Umfang und Inhalt und stellen insgesamt ein vielschichtiges Textmaterial dar.

Der mit 19. Juli 1894 datierte Bericht des Physikus Dr. Lotz folgt strikt jenen Regeln, die für die Textsorte des amtsärztlichen Gutachtens gelten. Auf die Angaben zu physischen Merkmalen (*«von untersetzter Statur, geröthetes Gesicht, Temperatur normal, Puls 96»*) und zur früheren Krankengeschichte (*«eine Lungenentzündung und ein Beinbruch im Knabenalter»*) folgt, was Müller dem Arzt auf dessen Frage nach seinem Befinden in letzter Zeit erzählt hat. Der Physikus notiert die Vergiftungsgeschichte und protokolliert B.s Aussagen zum Konflikt mit der Ehefrau:

«Mit der Frau könne er nicht mehr leben... Er hört die Frau mit andern flüstern, z. B. «jetzt lebt der Kaib noch und ist gesünder als vorher». Die Frau halte es auch mit andern; während er letzte Woche todtkrank auf dem Kanape lag, hörte er draussen, wie es seine Frau mit einem anderen hatte; es kommt auch vor, dass Nachts einer an ihre Thüre klopft, wenn sie denken, er schlafe. . .».

In der Zusammenfassung des Arztes fällt der Wechsel von indirekter zu direkter Rede auf. In der protokollierten Erzählung markiert dieser Wechsel, ein sprachliches Indiz, die besondere Bedeutung der folgenden, der direkten Aussage: *«Er hört die Frau mit andern flüstern»*. Es ist eine Bedeutungsverstärkung und verweist nicht auf den Erzähler, sondern auf die redigierende Hand des Arztes, auf einen medizinischen Code, und bezeichnet ein klinisches Symptom. Tatsächlich stellt der Amtsarzt am Ende des Gutachtens fest: *«B. leidet an einer mit Hallucination des Gehörs verknüpften Geistesstörung»*, woraus er folgert: «und bedarf daher der Versorgung in der Irrenanstalt».[10]

[10] Physikatsbericht vom 19. 7. 1894. StaBS, Sanitätsakten T 13.1, wie

Ehekonflikt

Ich frage danach, was ich - dank der Fragen und dem Bericht des Amtsarztes – weiter über den Konflikt zwischen den Ehegatten erfahre. Es ist nicht meine Absicht, dieses Gutachten als eines in einer langen Serie gleichartiger Texte genauer zu untersuchen und auf der Schnittstelle medizinischer und juristischer Diskurse zu verorten. Drei Beobachtungen geben zu denken. (1) Der Arzt bekräftigt und verstärkt das Deutungsmuster der Frau (die bei der Polizei von *«Verfolgungswahn»* sprach) und pathologisiert den Konflikt. (2) Die Darstellung B.s unterstreicht die Tiefe des Zerwürfnisses mit seiner Frau. Dafür steht weniger der Griff nach dem topischen Motiv der vergiftenden Ehefrau als vielmehr das Insistieren auf ihrem mit Beispielen belegten Fremdgehen. (3) Evident und dennoch heraushebenswert ist die Krankheit des Mannes, ausgedrückt in folgenden Symptomen: *«er schlafe aufgeregt»*, *«zittere, dass er nicht habe arbeiten können»*, habe *«nicht mehr recht athmen»* können, die *«Glieder fühlten sich seifig an»*.[11] Es geht um Schmerz, dessen emotionale Dimension im Text des Beamten kaum spürbar wird, und nicht anders zu deuten ist denn als Erfahrung von Leiden.

Der *Fall* Ernst B. besteht aus einem Bündel von Aktenstücken aus den Jahren 1894 bis 1904, die *Fallgeschichte* entsteht durch die Redaktion des Erzählers von heute. In einer Zeit, da die ‚Irrenfrage' diskutiert, das ‚Irrenwesen' verrechtlicht wird, dokumentieren die Akten die bürokratische Praxis (deren Teil sie sind) im Umgang mit verhaltensauffälligen Menschen. Man kann sie auf behördliche Massnahmen und Strategien hin lesen, diskursanalytisch ihre politische Logik und ihren sozialen Sinn untersuchen

---

Anm. 2.

[11] Ebd.

und sie im Kontext gesellschaftlicher Normalisierungsprozesse deuten. Doch nicht um bürokratisches Handeln, um diskursive Praxis oder Biopolitik geht es mir hier, sondern um den Beziehungskonflikt eines Mannes und einer Frau, denen das Textmaterial eine Stimme gibt und die Fallgeschichte den Resonanzraum.

Zwei Jahre nach den Vorfällen des Sommers 1894 wird Ernst B. wieder aktenkundig. Am 4. September 1896 reicht er, vertreten durch einen Anwalt, bei der zuständigen Kammer des Zivilgerichts Basel eine Scheidungsklage gegen seine Frau ein. Über den Prozess existiert ein ausführliches Protokoll, in dem neben dem Kläger und der Beklagten und ihren Anwälten eine Reihe von Zeuginnen und Zeugen zu Wort kommen.[12] In seiner Sitzung vom 14. Oktober befragt das Gericht die direkt Beteiligten und die von den Parteien als Zeugen aufgebotenen Nachbarinnen und Nachbarn. Ich habe für meine Untersuchung diejenigen ihrer Aussagen ausgewählt, welche die Beziehung zwischen den Ehegatten und zwischen der Ehefrau und anderen Männern ansprechen.

Aus der Sicht des Mannes beging die Frau Ehebruch, vernachlässigte ihre Pflichten im Haushalt und in seinem Geschäft (dem Frisörsalon) und sorgte schlecht für die zwei Kinder, den neunjährigen Knaben und das siebenjährige kranke Mädchen. Die Aussagen der von ihm bezeichneten Zeugen drehen sich ausschliesslich um den Vorwurf des Ehebruchs. Eine Nachbarin sagt: «*Frau B. hat ein Verhältnis mit anderen Herren*». Die Beklagte wurde gesehen, wie sie bald mit dem einen, bald mit dem anderen «*spricht*», «*zusammen spaziert*», «*in seidener Taille bei ihm sitzt*», «*nachts um elf Uhr herum in den ‚Anlagen'* «*um ein Uhr nachts*» im Garten des Wirtshauses sass. Vom einen der Männer wird berichtet, dass er Frau B. «*kolossal freundlich grüsse, dass*

[12] Protokoll des Civilgerichts vom 14.10.1896. StaBS, Justizakten.

man meinen könnte, sie wäre seine Geliebte», *«ihr den Arm gab»*, *«nachts gegen elf Uhr zu ihr hinaufging»*. Auch vom andern heisst es, er gehe mit ihr spazieren, sitze jeden zweiten Abends bis spät mit ihr im Wirtshaus. Man höre, wie die Männer früh morgens die Treppe hinuntergingen und das Haus der B. verliessen. Eine Zeugin bemerkt: *«Im Küchengässlein* [wo Ernst und Lina B. wohnen und arbeiten] *spricht man allgemein von diesen Verhältnissen»*.

Aus der Sicht Lina B.s treffen diese Behauptungen nicht zu; sie hat zu den beiden Männern *«nur ein freundschaftliches Verhältnis unterhalten und keinen Ehebruch getrieben»*. Drei Frauen und ein Mann, alle wohnhaft in der gleichen Gasse wie die Beklagte, bestätigen ihre Version. Auch die zwei Männer, im Gericht anwesend, beteuern, *«sie hätten ein blosses Freundschaftsinteresse ... für Frau B.»*, wie sich der eine ausdrückt. Auch die übrigen Vorwürfe bestreitet sie: *«In Haushaltung und Geschäft habe sie alles besorgt, was für sie zu tun war und es trotz der Wirtshausgewohnheiten des Klägers doch zu einer ordentlichen Haushaltung gebracht»*. Die Zeugen der Frau rücken einen anderen Punkt ins Zentrum: Sie sagen aus, die beiden hätten sich häufig und heftig gestritten: *«Wir hörten argen Spektakel bei B.s, ich ging hinüber und bat um Ruhe und fand die Ehegatten B. im Streit. B. riss seine Frau an den Haaren»*. In der Klagebeantwortung des Anwalts der Frau ist von *«Streit»*, *«Streitigkeiten»*, *«Skandalszenen»* die Rede und davon, dass der Kläger *«seine Frau in brutaler Weise misshandle»*.[13]

Das Protokoll des Gerichts, das ich mit einem Interesse lese, als ob ich selbst die Zeugen befragt hätte, folgt anderen sprachlichen Konventionen als das Protokoll der Polizei oder das Gutachten des Stadtarztes. Es orientiert sich an den Kategorien des Eherechts und den prozeduralen Regeln des Verfahrensrechts und simuliert eine Symmetrie

---

[13] Ebd.

zwischen den am Konflikt Beteiligten, d.h. einen Aushandlungsprozess, den die Parteien als gleichberechtigte Partner bestreiten. Nicht weil ich den Aussagen im Protokoll Authentizität zuschreiben würde, ist das Protokoll interessant, sondern weil es, in Inhalt und Form, Teil dieses Prozesses ist und eine ‚performative, eine handlungsbezogene Lektüre' erlaubt, die den Konflikt, die Beziehung zwischen den Ehegatten, in ein besonderes Licht rückt.

Die performative Lektüre, ein dem Verhandlungsprotokoll angemessenes Verfahren, achtet weniger auf die Semantik der sprachlichen Äusserungen als auf deren Handlungsaspekt.[14] Meine Leseweise geht also nicht nur der Bedeutung von Worten und Formulierungen nach, sondern liest und versteht diese auch als Handlungsablauf, um so Beziehungsverhältnisse zu erschliessen. Im sozialen Rahmen der Gerichtsverhandlung agieren Kläger und Beklagte in Anwesenheit von Richtern, Anwälten, Zeuginnen und Zeugen das Verhältnis aus, in dem sie zueinander stehen. Sie sagt: «*Geld gab mir mein Mann in letzter Zeit nicht mehr viel, ich musste es ihm oft nachts, wenn er schlief, nehmen*». Überhaupt sei sie «*wie eine Magd gehalten worden*». Er erwidert: «*Vor drei Jahren verzieh ich meiner Frau, als sie vor mir auf den Knien lag. Mit D. [einem ihrer Liebhaber] trank ich seiner Zeit im Flügelrad*» [der Wirtschaft]. In der Öffentlichkeit des Gerichts streiten sie über ihre Beziehung, die nicht dem geltenden Muster entspricht. Nicht respektiert ist die Dominanz des Mannes, nicht die Rolle der Frau. In aller Öffentlichkeit zeigt sich die Ehefrau spät nachts mit anderen Männern und stellt ihn damit bloss. Er setzt sich gegen sie nicht durch, weder mit verbaler noch mit physischer Gewalt. «*Sie behandelt mich überhaupt nicht*

[14] Zum gegenwärtigen Stand der Diskussion um den Performanzbegriff, Wirth 2002.

als Mann», wie er schon 1894 dem Polizeibeamten sagt.[15] Er trinkt mit ihrem angeblichen Liebhaber ein Glas, macht sich also zum Komplizen des Geliebten seiner Frau, die er hasst, weil sie ihn weder liebt noch ihm gehorcht. Jenseits prozessualer Taktik und der Sprache des Rechts legt die performative Lektüre den Kern des Zerwürfnisses frei: die Stärke der Frau und die Schwäche des Mannes.

Paranoia

Die Fragen, von denen ich ausging, beziehen sich auf das Lesen von Akten, auf Verfahren der Mikroanalyse und auf das Erzählen einer Fallgeschichte, vor allem aber auf das Missglücken von Liebe. Die drei in Verwaltungskontexten entstandenen Gutachten und Protokolle von 1894 und 1896 dokumentieren Situationen, in denen eine Frau und ein Mann in instabilen Lebenslagen auf das ihnen unbekannte Terrain ausgemessener Diskursfelder geraten, sich darauf orientieren und artikulieren müssen. Alltagssprache steht gegen Diskursmacht. Der reflektierende Leser von heute nutzt dies auf seine eigene Weise, um seinerseits und jenseits der psychologischen Sicht (die seine Lebenswelt durchdringt) den Konflikt zu beschreiben und zu deuten, der die beiden entzweit. Im Kontext des Falles, den ich beschreibe, missglückt die Liebe, weil der Mann schwach ist und die Frau stark – ein Verhältnis, das mit dem sozialen Modell der Ehe kollidiert. Die Liebe missglückt, weil der Mann seine sexuelle Schwäche weder mit wirtschaftlicher Stärke noch mit sozialem Prestige kompensiert. Dass er dies nicht schafft, er, der vom Land in die Stadt zog, um voranzukommen (wie es die geltende Mobilitätsideologie versprach), muss ihn am meisten geschmerzt haben. Im Spiel, das wir ‚Liebe' nennen, verfügte er über keine guten Karten.

[15] Vernehmungsprotokoll vom 19.7.1894, wie Anm. 5.

Doch mit dieser «Mitteilung» ist der Fall B. nicht abgeschlossen, und auch mein eigener Text endet nicht hier. Denn im Dossier liegt noch anderes Material: zum einen ein vollgeschriebenes Schulheft im Quartformat, und zum andern ein Brief, der sich darauf bezieht.[16] Es sind faszinierende Dokumente, denn sie stammen von B.s eigener Hand. Das Heft enthält die ausführliche Erzählung des Unglücks, das den Verfasser getroffen hat, womit nicht der Konflikt mit seiner Frau und die Scheidung gemeint sind, sondern der Zerfall der Gesundheit, die Zerstörung der beruflichen Existenz, und der Verlust des Vermögens. Der Text ist datiert von 1903, B. selbst nennt ihn «Klageschrift», denn er hat versucht, ihm die korrekte Form eines juristischen Schriftsatzes zu geben, und ihn an den Untersuchungsrichter und einen Gerichtspräsidenten adressiert. Es geht ihm darum nachzuweisen, wer sein Unglück verschuldet hat, und diese Menschen der Strafjustiz zuzuführen. Doch nicht auf dieses Selbstzeugnis – denn als das muss man es lesen – gehe ich hier ein, sondern auf den Begleitbrief, den er am 20. Oktober 1904 zusammen mit einer Kopie seiner «Klageschrift» dem Polizeihauptmann zugestellt hat. Ohne es zu wollen oder zu wissen, sicherte er damit deren Archivierung, sodass wir die Schriftstücke heute lesen können.

Neben den Protokollen und dem Gutachten stellt dieser Brief das fünfte Dokument in der Serie von Texten dar, in denen ich nach «Mitteilungen aus Paranoia City» suche. Ich lese den Brief, als ob er an mich gerichtet wäre, was heisst: nicht als Komplize des Polizeihauptmanns, sondern mit jener Mischung von Empathie und Distanz, welche funktionierende Kommunikation ermöglicht. Solche Komplizenschaft haben Historikerinnen und Historiker nicht immer

---

[16] StaBS, Sanitätsakten T 13.1, wie Anm. 2.

vermieden.[17] Der Brief respektiert die Konventionen der Textsorte: Der Schreiber verfügt über die nötigen Wendungen und das gängige Vokabular und kennt die Regeln von Grammatik, Syntax und sogar der Orthographie, auch wenn sie nicht durchgehend befolgt werden. B. verweist zuerst auf seine «Klageschrift» und bittet den Adressaten, sie «*unbedingt durch zu studieren und lesen, damit Sie einen Begriff davon erhalten, für was ich die unten folgende Verwarnung gegen diese Herren Missethäter bei Ihnen déponiere*». Dann ist von seinen Feinden die Rede: «*Seit lezter Zeiten, werde ich wieder Tag & Nächte von den Herren entsendeten Hypnohsen so geplagt, gequält & gepeinigt ... dass ich mich nicht mehr länger schweigend zu sehend, Schweigen kann. So fühle ich mich gezwungen bei Ihnen, Hülfe zu suchen, um dieser Pein zu verwahren, Abhülfe zu suchen schaffen*». Mit Beispielen belegt er, wie diese Herren ihn bei der Berufsarbeit stören, sodass er sie aufgeben muss, wie sie ihn am Schlafen hindern, krank machen, vergiften wollen. Am Schluss ersucht Ernst B. «*höfflichst und auf den Knien bittend Herrn Hauptmann diese unten angegebenen Herren, durch Einen von Ihren Polizei Männer, Verwarnungen, zu beorderen*». Dann folgen die Namen von vier Männern, bei denen diese «*Verwarnungen ... vorzunehmen*» sind.[18]

Es ist ein bewegender Text, denn unüberhörbar ist das Leiden, das sich in ihm ausdrückt. Man kann ihn lesen, indem man ihn auf die kleinen oder grösseren Abweichungen von der syntaktischen, grammatikalischen oder orthographischen Norm hin untersucht (und so etwa die Verwirrung der Zeitstufen oder die Unklarheiten über das grammatikalische Subjekt konstatieren). Aber wenn man ihn als Mitteilung begreift, muss man in erster Linie die klaren Hinweise aufnehmen, die der Briefschreiber expli-

[17] Vgl. Rosaldo 1986, S. 77-97.

[18] Brief vom 20. 10. 1904. StaBS, Sanitätsakten T 13.1, wie Anm. 2.

zit kommuniziert, nämlich die Namen von B.s Peinigern: Benennt er reale Personen? Wer sind sie? Stehen sie zu ihm in Beziehung?

Diese Fragen führen über zugleich mühevolle und packende Recherchen, ohne die historische Forschung nicht auskommt, zu überraschend eindeutigen Antworten. Der Anführer der Verfolger, die B. mittels Hypnose aus der Ferne quälen, entpuppt sich als stadtbekannter Immobilienmakler, an den der Kranke am Ende seiner Berufsexistenz sein Haus verloren hat. Im Wahn, der sich in ihm aufgebaut hat, artikuliert B. konkrete Interessen, die Realität von Erfahrungen. Die Erfahrung nämlich, dass auch in einer modernen Gesellschaft, in der politische Entscheidungen demokratisch legitimiert sind und eine Mobilitätsideologie Geltung hat, einer den propagierten und erträumten Aufstieg nicht schaffen, sondern in Abhängigkeiten oder unter die Räder geraten kann.

B. war freilich kein Einzelfall. In der Stadt Basel lebten um 1900 viele Menschen, die durch ,seltsames' Benehmen auffielen. Eine 58-jährige alleinstehende Frau, die nicht mehr arbeiten wollte und sich in ihrer Mansarde einschloss, sagte dem Amtsarzt, *«die Leute im Haus plag[t]en sie, sie rede[t]en ,Mist', sie wisse nicht warum, wahrscheinlich, um sie zu ärgern...»*. Der Arzt schloss auf eine «mit Gehörshalluzinationen verknüpfte Geistesstörung».[19] Ein 39-jähriger Mann behauptete, er *«spüre die Electricität in allen Gliedern»*, und fügte hinzu, *«viele Menschen würden so durch eine grosse Maschine electrisch gemacht; dann würden sie von Eisen angezogen und müssten alle eisernen Gegenstände vermeiden...»*. Der Physikus diagnostizierte eine *«alcoholische Psychose mit Wahnideen, namentlich auch mit Halluzinationen»*.[20]

---

[19] Physikatsbericht vom 18. 4. 1893. StaBS, Santitätsakten T 13.1, wie Anm. 2.

[20] Physikatsbericht vom 9. 12. 1908. StaBS, Sanitätsakten T 13.2, wie

Über einen anderen Mann, einen 41-jährigen Chemiearbeiter, der in der Fabrik durch fromme Reden und Gewaltbereitschaft auffiel, notierte er: «*Er führt eine Menge aus dem Zusammenhang gerissene und missverstandene Bibelstellen an, welche die Teufelsbesessenheit seiner Mitarbeiter... bekunden soll*». Der Mann sei geistesgestört, hielt der Arzt fest und «*leide an Paranoia (Verrücktheit)*».[21] – Um die dreissig Personen, deren Diagnose auf «Paranoia» lautete, nahm die Heil- und Pflegeanstalt Friedmatt während der 1890er Jahre jedes Jahr auf, wobei Männer und Frauen zahlenmässig ungefähr gleich vertreten waren.

Verstehensprozess

Doch weder die psychiatrische Diagnostik und ihre Geschichte noch die Fragen der Pathogenese stehen im Zentrum meiner Überlegungen, sondern der Mitteilungswert der Sätze, die ich zitiert habe. Zur Mitteilung werden sie in zweifacher Weise. Auf der Handlungsebene der polizeilichen und der gerichtlichen Befragung, sowie der amtsärztlichen Untersuchung schafft der soziale Rahmen einen Raum für geregelte (oder ritualisierte) Interaktion und damit auch für die Mitteilungen, welche die Vertreter der Instanzen und die Betroffenen austauschen. Der Darstellungsmodus der Protokolle und Gutachten reflektiert und verdichtet auf der Ebene des Textes den sozialen Rahmen und ermöglicht damit die performative Lektüre. Diese nutzt für ihre mikrohistorische Untersuchung die diskursanalytische Einsicht, wonach Sprechakte (wie Handlungen und Handlungssequenzen auch) nicht einfach bewusstem Kalkül entspringen, sondern von Möglichkeitsbedingun-

Anm. 2.

[21] Physikatsbericht vom 7. 4. 1908. StaBS, Sanitätsakten T 13.2, wie Anm. 2.

gen und Autorisierung abhängen. Damit ist nicht die Aufforderung zu Rede und Antwort gemeint, die Polizisten, Richter und Amtsärzte in Verhör und Befragung an auffällig gewordene Frauen und Männer richteten, sondern die Ermächtigung, die in ihren Sprechakten angelegt ist. Denn (um Judith Butler zu zitieren) «*was der Sprechakt. .. tut, ist, das Subjekt in einer untergeordneten Position zu konstituieren*», und er ermächtigt es damit zugleich zur Rede, was auch für das ‚paranoide' Subjekt gilt.[22] Die Diagnose von ‚Paranoia' eröffnet der Frau und den Männern, um deren Fallgeschichten es hier geht, Artikulations- und Handlungsfelder ‚legitim paranoiden' Redens und Handelns – Felder, deren Grenzen zwar evident sind, aber deren Möglichkeiten sie voll nutzten.

Auf der Ebene des historiographischen Textes, seinerseits nichts anderes als eine Art Protokoll, entsteht die Mitteilung in einem Verstehensprozess, der die Alterität differenter Weltdeutung erschliessen will, und zwar im Text- und Sprachmaterial aus der alltäglichen Praxis der Verwaltungsbehörden. Die zentrale Mitteilung in den Berichten des hypnosegeplagten Ernst B., des elektrisch geladenen Mannes so gut wie der von Stimmen verfolgten Frau besteht in der Bezeichnung von Abhängigkeit, von Machtverhältnissen, gegen welche Leute wie sie nicht aufkommen. In einem schmerzhaften Prozess, an dem ihr Körper beteiligt war, gewannen sie eine andere Sicht auf die gleiche Welt, in der Angehörige und Nachbarn lebten, Polizisten auffällige Frauen und Männer befragten, der Amtsarzt Gutachten schrieb und die Kranken ins Irrenhaus einwies. Die Stadt ist eben ein Text mit vielen Bedeutungen.

---

[22] Butler 1997, S. 18 [dt. Butler 1998, S. 33].

Nachbemerkung

Dieser Text ist zuerst erschienen in: Ingrid Bauer/Christa Hämmerle/Gabriella Hauch, Liebe und Widerstand. Ambivalenzen historischer Geschlechterbeziehungen, Wien 2005, 243-254.

Das hier zitierte Quellenmaterial und weitere Akten liegen inzwischen publiziert vor: Stefan Nellen, Martin Schaffner, Martin Stingelin (Hrsg.), Paranoia City. Der Fall Ernst B. Selbstzeugnis und Akten aus der Psychiatrie um 1900. Basel 2007.

Vgl. ferner: Martin Schaffner, Verrückter Alltag. Ein Historiker liest Goffman. Österreichische Zeitschrift für Soziologie Heft 2/2007, 72-89.

Literatur

BATESON, Gregory (1972): A Theory of Play and Fantasy, in: ders.: Steps to an Ecology of Mind, San Francisco, Chandler Publishing Company, S. 177-193 [dt. BATESON, Gregory (1981): Eine Theorie des Spiels und der Phantasie, in: ders.: Ökologie des Geistes, Frankfurt a. M., Suhrkamp, S. 241-260].

BUTLER, Judith(1997): Excitable Speech. A Politics of the Performative, New York, Routledge, S. 18 [dt. BUTLER, Judith (1998): Hass spricht. Zur Politik des Performativen, Berlin, Berlin Verlag, S. 33].

GOFFMAN, Erving (1974): Frame Analysis. An Essay on the Organization of Experience, New York, Harper and Row [dt. GOFFMAN, Erving (1980): Rahmen-Analyse. Ein Versuch über die Organisation von Alltagserfahrungen, Frankfurt a. M., Suhrkamp].

ROSALDO, Renato(1986): From the Door of His Tent. The Fieldworker and the Inquisitor, in: CLIFFORD, James

und Marcus, George E. (Hg.): Writing Culture. The Poetics and Politics of Ethnography, Berkeley, University of California Press.
Wirth, Uwe (Hg.) (2002): Performanz. Zwischen Sprachphilosophie und Kulturwissenschaften, Frankfurt a. M., Suhrkamp.

Simon Mugier und Ueli Mäder

«Ich habe gelernt, das Kind zu lieben»

Zwischen Psychiatrie und administrativer Versorgung: Einblicke in die Lebensgeschichte von Lena F.

Lena F. blickt heute, sechzig jährig, auf ein bewegtes Leben zurück. Sie stand öfters am Abgrund mit ihren Erfahrungen im Elternhaus, in der Psychiatrie, im Gefängnis und mit ihren Krisen, die sie ab und zu auch heute noch traumatisch einholen. Die Zeit heilt Wunden, sagt Volksmund. Lena F. halfen auch ihre Beziehungen zu einer Anwältin und einer Gesprächstherapeutin, die sie begleiteten. Seit über drei Jahrzehnten lebt Lena F. mit einem erfolgreichen Geschäftsmann und Sportler zusammen. Sie haben zwei Töchter, die ihren eigenen Weg gehen. Das ist nicht selbstverständlich, bei all dem, was Lena F. widerfahren ist. Wir blicken hier mit ihr zurück. Wir rekonstruieren die Geschichte von Lena F. auf der Grundlage von Dokumenten. Hinzu kommen kurze Ergänzungen aus unseren Gesprächen und zwei Gedichte von Lena F., die in stimmiger Weise die quasi offizielle Sicht kontrastieren.

Aktensicht

Als Lena F. 1968 zum ersten Mal in die Psychiatrische Universitätsklinik Friedmatt (PUK) eingeliefert wurde, war sie 16 Jahre jung. Ihre Patientenakten von damals dokumentieren ausführlich eine Spanne zweier Lebensjahre ihrer Jugend, während derer sie immer wieder in der PUK war. Als sogenannt «renitentes» Mädchen, das sich wie ein

Junge kleidete und von zu Hause weglief, wurde sie in die Psychiatrie eingewiesen. Doch dann verschlechterte sich ihr Zustand. Sie floh immer wieder aus den Institutionen und versuchte mehrfach, sich das Leben zu nehmen. So wurde als letzte Massnahme beschlossen, sie im Gefängnis Hindelbank zu «versorgen». Wir greifen hier auf, wie sich diese Zeit in den Akten dokumentiert. Ihre Geschichte zeugt vom individuellen Leid und dem gesellschaftlichen Umgang mit psychischen Erkrankungen.

«Soweit rechte Verhältnisse»

Die Dokumentation der Ereignisse im Leben von Lena F. beginnt also im Jahre 1968. Dem Umfeld war Lena F. vorderhand ein Rätsel. Die erste Aktenkunde ist ein Brief der Vormundschaftsbehörde an die Psychiatrie. Darin steht: «[Lena] ist dem Jugendamt seit Herbst 1967 bekannt. Damals lief [...] sie aus ihrer Verkäuferinnenlehrstelle weg und wurde durch die Polizei im Züricher-Oberland aufgegriffen, wo sie herumirrte. Lena trat daraufhin eine Stelle als Bürohilfe an und stellte sich dort nicht ungeschickt an. Allerdings lief sie in der Folge immer wieder zu Hause davon, kehrte aber bald wieder von sich aus nach Hause zurück. In den letzten Wochen hat sich das Verhalten der Tochter nun wesentlich verschlechtert und durch ihr Davonlaufen hat sie dann auch ihren Arbeitsplatz kürzlich verloren.»[1] Lena F. selber beschreibt rückblickend, wie sie in dieser Zeit «Angst getrieben und ohne Selbstwert lebte».

Unterdessen wurde Lena polizeilich gesucht. In einem Entscheid der Jugendstrafkammer steht: «Am 30. Mai 1968 lief Lena F. – wie schon oft zuvor – ohne ersichtlichen Grund aus dem Elternhaus weg. Dort traf sie den ihr von früher her bekannten H. [...] Als Lena am nächsten Morgen

[1] VB 1 (13.5.1968).

[...] um 5 Uhr wegging, nahm sie zum Nachteil des H. in unrechtmässiger Bereicherungsabsicht heimlich aus dem Kleiderschrank dessen Portemonnaie enthaltend Fr. 280.- weg. [...] Die Eltern S. haben H. schadlos gehalten. Dieser machte keine Entschädigungsforderung geltend.»[2]

Dieser Eintrag kam laut Lena F. ohne Anhörung zustande. Sie berichtet, wie dieser Typ sie «einsperrte und übel behandelte, was niemand interessierte». Die Eltern von Lena kontaktieren die Polizei.

Die Behörden verfügten eine Einweisung in die Psychiatrische Klinik, die von der Vormundschaftsbehörde informiert wurde. Die Vormundschaft schrieb: «[...] Lena hat uns immer wieder erklärt, sie verstehe selbst nicht, weshalb sie stets davonlaufe. [...] Offensichtlich ist [sie] in einer inneren Konfliktsituation, mit der sie einfach nicht mehr allein zurechtkommt. Es gibt Zeiten, da Lena recht zugänglich und nett reagiert, dann ist sie völlig verschlossen und [man] findet überhaupt keinen Zugang zu ihr. Zu Hause sind soweit rechte Verhältnisse. Der Vater ist SBB-Arbeiter, die Mutter geht gelegentlich aushilfsweise noch mitverdienen [...]. Die Eltern erklären, dass ihnen Lena während der Schulzeit überhaupt nie Schwierigkeiten bereitet habe, sie sei stets zugänglich und lieb gewesen. [...] Die Eltern [...] stehen der Situation auch gänzlich hilflos gegenüber und sind damit einverstanden, dass Lena nun in ihrer Klinik untersucht und behandelt wird.»[3]

«Minimode, keinerlei Schminke»

Bald darauf wurde Lena von der Polizei gefunden und in die PUK gebracht. In ihrer ersten Patientenakte versuchen die Zuständigen, Lena einzuschätzen: «Es handelt sich um

---

[2] Jugendstrafkammer 1 (20.11.1968).

[3] VB 1 (31.5.1968)

eine athletische, virile Patientin, die wie ein Bursche gekleidet ist, sie trägt Hosen, eine Jungenweste, und Wildlederschuhe, die ganz mit Namen bedeckt sind, sie ist sauber doch etwas unordentlich. [...] Sie erzählt, sie sei zu Hause weggelaufen, weil die Eltern zu streng mit ihr wären, und an den verschiedenen Stellen sei sie abgehauen, weil sie diese Arbeit nicht gerne gemacht hätte, am liebsten würde sie irgendwo arbeiten, wo sie mit Tieren in Kontakt wäre, da sie diese viel lieber als Menschen habe.»[4]

Lena F. sagt später dazu, dass sie die Arbeit eigentlich schon gerne machte, aber stets Angst hatte, etwas falsch zu machen.

Weiter heisst es in den Akten: «Zu ihrem Davonlaufen gibt sie an, dass es ihr jedes Mal aushänge, und sie dann davonlaufen würde, sie würde es aber jeweils einen Tag im voraus planen, würde aber nie an die Folgen denken, erst wenn sie weggelaufen wäre, würde sie sich vorstellen, welche Auswirkungen das wieder habe, dann würde sie nach Hause zurückkehren. Mit Jungen habe sie sich noch nie näher eingelassen, sie habe überhaupt keine besondere Vorliebe für Burschen, da doch alle nach 2 Tagen das Gleiche wollten, und wenn ein Mädchen einwilligen würde, würde sie danach schön da stehen.»[5]

«[Die Patientin] sieht es ein, dass sie hier eingewiesen wurde, nachdem sie ca. 10x von zu Hause weggelaufen war. Allerdings scheint ihr alles nicht sehr nahe zu gehen. Eine trotz des jugendlichen Alters etwas inadequate Sorglosigkeit bezüglich der eigenen Situation muss man feststellen.»[6]

In der Akte wird die Diagnose gestellt: «Pubertätskrise (vertrotzt, infantil)».[7] «Für eine Poriomanie im Sinne

---

[4] PUK 1 (20.6.1968) S. 0f.

[5] PUK 1 (20.6.1968) S. 1

[6] PUK 1 (26.6.1968) S. 1

[7] PUK1 (20.6.1968) S.0

einer Epilepsie liegen keine Anzeichen vor. Keinerlei Amnesie. Gedankengang und Inhalt völlig geordnet, keine Anhaltspunkte für eine Psychose. Der affektive Kontakt ist gut und angemessen. Äusseres Aussehen nett und altersentsprechend. Minimode, keinerlei Schminke.»[8]

Wenn Lena F. zurückblickt, sieht sie viele Dinge anders als in den Akten beschrieben. Sie erinnert sich an eine leidvolle Kindheit und Missbrauch, vor allem durch ihren Vater. In ihren ersten Patientenakten steht vorerst nur, sie habe sich mit der Mutter immer besser verstanden als mit dem Vater, vor dem sie grösseren Respekt gehabt habe.[9] Der Vater war ein kräftiger und strenger SBB-Arbeiter. «Hin und wieder Bettnässen bis zu 5 Jahren, woraufhin der Vater jeweils sehr böse geworden sei und sie geschlagen habe. Deswegen habe sie ihren Vater trotzdem gerne gehabt.»[10] Dass der Vater sie missbraucht habe, äussert Lena F. erst viel später, nach ihren zahlreichen Selbstmordversuchen und Aufenthalten in der Psychiatrie, Erziehungsheimen und dem geschlossenen Gefängnis Hindelbank in Bern. Lange Jahre hat sie traumatische Erlebnisse verdrängt. Erst ein Zusammenbruch im 51. Lebensjahr zwang sie zur Therapie, in der sie viel aufarbeitete. Damals war sie bereits lange Jahre verheiratet und Mutter zweier erwachsener Kinder, scheinbar glücklich und akzeptiert. Ihr Mann wurde stets um seine schöne, rassige Frau beneidet. Und Lena F. selbst fürchtete sich immer davor, nach ihrem früheren Leben gefragt zu werden: «So hielt ich Aussenstehende misstrauisch auf Distanz», sagt sie.

Zurück zu den Akten: Weggelaufen sei sie, weil sie sich mit ihrem Vater schlecht vertrüge. Das habe begonnen, nachdem man nach Abschluss der Schule vor 2 Jahren ih-

---

[8] PUK 1 (26.6.1968) S. 2

[9] PUK 1 (26.6.1968) S. 2

[10] PUK 1 (26.6.1968) S. 2

ren Wünschen nicht entsprochen habe.[11] Weil es ihr in dem Schuhgeschäft, in dem sie arbeiten musste, nicht gefallen habe, sei es zu ernsteren Auseinandersetzungen und zum Entfliehen gekommen.[12] «Den Vater bewundere und respektiere sie sehr trotz seines steigenden Widerwillens gegen sie, was in letzter Zeit dazu geführt habe, dass sie fast nicht mehr zusammen sprächen. Er sei unglaublich fleissig und persönlich genügsam [...] .»[13]

«Nach der Schulzeit sei sie zunächst ein halbes Jahr in einem Schuhgeschäft gewesen, dann etwa ein halbes Jahr in einem Büro angestellt. Beides habe ihr überhaupt nicht gefallen und sie sei mehrfach weggelaufen. Sie habe das Nötigste mitgenommen, sich darauf eingerichtet, draussen zu übernachten. Geld habe sie jeweils nur sehr wenig gehabt, das Höchste seien Fr. 20.- gewesen. Manchmal habe sie von einer Freundin oder so etwas zu essen bekommen unterwegs.»

«Seit einem halben Jahr habe sie ihren ersten Freund. Bis dahin habe sie auch Burschen gekannt, jedoch habe es sie abgestossen, dass diese nach kurzer Bekanntschaft schon Intimitäten wünschten. Dazu sei sie jedoch niemals bereit gewesen. Einmal weil ihre Eltern es ihr verboten hätten, ferner weil sie selber die Unsinnigkeit dessen eingesehen habe. [...] Als die Pat., nachdem sie in Lausanne geschnappt worden war, sofort wieder von zu Hause weggelaufen sei und zu ihm gegangen, habe er sie schliesslich zusammen mit einem Freund zur Polizei gebracht. Auch habe er ihr einige Male erklärt, er wolle auf sie warten, wenn sie versorgt würde. Das habe sie ihm niemals glauben wollen, [...] jetzt

[11] PUK 1 (20.6.1968) S. 1

[12] PUK 1 (26.6.1968), S. 2

[13] PUK1 (26.6.1968), S. 3

allerdings sei sie sich nicht mehr so sicher, dass er es nicht vielleicht doch ernst meinen könnte.»[14]

«Häkeln, stricken und sticken»

«Bei einem kurzen Gespräch mit der Pat. heute (26.6.68) ergibt sich, dass sie sich doch nicht darüber im Klaren war, dass man sie jetzt versorgen würde. Sie habe gedacht, die Eltern würden das niemals zulassen und sei erstaunt gewesen, als man ihr erklärte, die Vormundschaftsbehörde könne sich einschalten. [...] Wenn sie das gewusst hätte, würde das sie davon abgehalten haben die letzten Male davon zu laufen.»[15]

Aber auch in der PUK entwich Lena F. mehrfach. Sie wurde insgesamt neun Mal eingewiesen. Immer nach einer längeren Entweichung oder nach einem verordneten Aufenthalt wurde eine neue Akte angelegt. Kürzere Entweichungen sind aber lediglich in der Akte vermerkt.

Gut eine Woche nach Eintritt in die PUK verbrachte Lena eine Nacht auf einem Dorffest in Solothurn. Anschliessend hielt sie sich «[...] mit Burschen zusammen an einem Waldrand auf, wo sie von der Polizei gefunden und hierher zurück spediert wurde».[16] Den Betreuenden gegenüber gab sie keine eindeutigen Gründe an. Eine Mitpatientin habe sie dazu ermutigt, und sie habe selbst auch zu ihrem Freund gewollt. Da dieser aber am Fest betrunken gewesen sei, habe sie sich gleich von ihm getrennt. «Sie habe ihn schon gerne, zweifle aber daran, ob es die grosse Liebe sei. Mein Einwand, dass sie noch mehr gescheitert sei mit ihrem Davonlaufen von den Problemen, fand sie einleuchtend.»[17]

---

[14] PUK1 (26.6.1968), S. 4f.

[15] PUK1 (26.6.1968) S. 5

[16] PUK1 (29.6.1968) S. 7

[17] PUK1 (29.6.1968) S. 6

Dr. K., eine Ärztin, die Lena schon seit frühster Kindheit kenne, wurde zu Rate gezogen. Lena ist früher öfters ohnmächtig geworden und die Ärzte meinten, sie habe einen niedrigen Blutdruck. Dr. K. meinte aber, Lena sei äussert labil und man könne ihr nichts glauben. «Sie wolle nichts tun und flüchte sich deshalb in Schwindel und Ohnmachten. Frau Dr. K. habe sie jedoch überzeugen können, dass sie völlig gesund sei.»[18]

Soweit die Akten. Der Gedanke an Frau Dr. K. «und ihre fetten Lügen» empört Lena F. heute noch.

Ein anschliessender Eintrag lautet: «Lena ist zeitweise verzweifelt über ihre Situation, meint hier völlig am falschen Platz zu sein. Bei Frau S. in der Arbeitstherapie schmiss sie vor 4 Tagen alles hin, sagte sie wolle wieder entweichen, das sei die einzige Möglichkeit für sie zu protestieren. [...] Sie möchte jetzt auf einem Bauernhof arbeiten. Sie werde auch nicht entweichen [...]. Kein Anhalt für eine psychische Erkrankung bei Lena. Medikamente keine.»[19]

Lena F. erinnert sich später nur äusserst ungern an die Arbeitstherapie: «Sie bestand aus häkeln, stricken, sticken und Kleider flicken; zudem musste ich Unterwäsche waschen und Prothesen reinigen.»

«Man müsste sie prügeln»

«Lena kehrte Sonntag Abend, den 11.8., nicht vom Ausgang zurück und rief am Montag, aus der Stadt [...] an. Sagte, sie wolle jetzt zurückkehren. Ursache für ihr Fernbleiben waren Schwierigkeiten mit den Eltern am Wochenende. Es wurde ihr der Ausgang für das nächste Wochenende gesperrt.»[20]

---

[18] PUK 1 (26.7. 1968) S. 7

[19] PUK 1 (10.71968) S.7

[20] PUK 1 (10.71968) S.9

Die Beziehung zu den Eltern wurde nicht einfacher. «Nach mehrmaligem Bemühen fand sich Ende letzter Woche endlich Lenas Vater zu einer Besprechung ein. [...] Es ist ihm einfach vollkommen unbegreiflich, dass Lena nicht habe arbeiten wollen. [...] Auch könne er einfach nicht vertragen, wenn sie mit dick aufgetragener Augenschminke daherkäme. Es wird versucht, ihm zu erklären, [dass] das unter den Jugendlichen heute üblich ist. Lena könne nicht einfach alles fordern [...]. Man müsste sie prügeln. Auf die Einwendung, dass Lena bereits über das Prügelalter hinaus sei, meint der Vater, es sei sicher notwendig.»[21]

Soweit der Vater, der, wie Lena F. berichtet, «ein notorischer Fremdgänger war, für Prostituierte Tausende von Franken ausgab und mich immer als Hure beschimpfte».

«Am Anfang des Aufenthaltes hier hat sich Lena in einem Brief an den Vater bemüht, Kontakt zu ihm zu bekommen. Dieser Brief war ein echter Versuch. Jetzt lehnt Lena den Vater völlig ab.»[22]

Die Beziehung zur Mutter sei vor allem in der Kindheit sehr gut gewesen. Ab dem Zeitpunkt, an dem sie von zu Hause weglief, wurde das Verhältnis schwieriger. «Die Mutter zeigte sich bei einem Gespräch heute besorgt über die Entwicklung der Tochter [...]. Im Gegensatz dazu steht die Aussage der Schwestern auf der Abteilung, die Mutter habe neulich die eigene Tochter als eine Hure bezeichnet, während sie mir gegenüber eher glauben möchte, dass die Tochter sexuell nicht heruntergekommen sei.»[23]

«Wenn die Mutter jetzt zu Besuch kommt, verhält sich Lena sehr ambivalent. Einmal entschuldigt sie sich bei der Mutter für ihr dummes Verhalten, ein an-

---

[21] PUK1 (?.8.1968), S. 9f.

[22] PUK 1(?.8.1968) S. 10

[23] PUK 1 (?.7.1968 S. 6

dermal macht sie die Mutter für alles verantwortlich [...].»[24]

Die Heimleitung empfahl, Lena in einem Heim unterzubringen. «Eine Rückkehr ins Elternhaus ist [...] wenig ratsam, da die Eltern derzeit nicht die Fähigkeit haben, ihre vertrotzte und stimmungslabile Tochter zu führen [...] Wir kommen zum Schluss, dass Fräulein Lena F. in einem ausserbaslerischen Heim mit angepasster konsequenter und familiärer Führung und Arbeit im Heim untergebracht werden sollte. Günstig wäre es, wenn sie nebenbei auch die Möglichkeit zum Kontakt mit Tieren hätte. Unter solchen Voraussetzungen dürfte die Prognose für die weitere Entwicklung gut sein.»[25]

«Mir kann man nicht mit Tabletten helfen»

Wie viele Male Lena in den nächsten Monaten fortgelaufen ist, wissen wir nicht genau, da eine Patientenakte fehlt. Auf jeden Fall scheint sie eine Weile auf der Flucht gewesen zu sein. «Die Patientin kommt in äusserlich verwahrlostem Zustand zwangsweise wieder zur Aufnahme. Sie habe bei einer Freundin gewohnt [...].»[26] Gefunden wurde sie in Begleitung ihres Vaters, den sie an diesem Tag zufällig getroffen habe. «Die Pat. bleibt nun im geschlossenen Zimmer im Nachthemd verwahrt, um eine Flucht so gut wie sicher zu verhüten.»

Aufgrund des eingangs erwähnten Diebstahls wurde Lena F. dann ins Lärchenheim im appenzellischen Lutzenberg überwiesen. Dieser Beschluss, von dem Lena aufgrund falscher Angaben überrascht wurde, ist auch der Grund für ihr zu diesem Zeitpunkt jüngstes Entweichen. Die Be-

[24] PUK 1 (26.7. 1968) S. 8

[25] Brief PUK an Vormundschaft (29.8.1968)

[26] PUK 3 (26.9.1968) S.0

hörden waren zuversichtlich, dass es ihr dort besser gehen würde. Aber auch hier lief sie mehrfach davon. Als sie nach knapp einem Jahr wieder in die Friedmatt eingeliefert wurde, musste sie schriftlich berichten, wie es ihr ergangen war.

«Ich kam von der Friedmatt aus direkt ins Lärchenheim [...]. [E]s war schon früher so, dass ich keine Arbeit machen konnte, wo man dabei sitzen oder still stehen muss. Das 1. Mal ging ich mit einer Kollegin davon. [...] Nach dem 4. Mal nahm mich das Lärchenheim nicht mehr auf. Was mir auch recht war. Danach kam ich in den Heimgarten in Bern. Dort ging es schon besser. [...] Also ganz einfach gesagt ich habe Angst vor der Zukunft. Und ich finde mir kann man nicht mit Tabletten helfen. Sondern mir kann man helfen indem man mich nach Haus lässt zu meinen Eltern. Dort werde ich, das weiss ich ganz genau, beweisen können, dass ich etwas kann, wenn ich will. Gebt mir doch eine Chance.»[27]

Lena F. war mit ihrer Situation sehr unzufrieden. «Wenn sie jemand ärgere, ‚so hänge es ihr halt aus' und dann würde sie dreinschlagen. ‚Das tue ich aber nur, wenn keine Erwachsenen dabei sind.'»[28]

Nach ihrer erneuten Einlieferung in die PUK erhielt sie auch hier Medikamente. «[...] mehrere Fluchtversuche, schliesslich polizeilich nach Basel, hier eine Woche im Lohnhof, seit 17.7.69 im Heimgarten [...] Bern [...], wo es sehr gut gegangen sei, d.h. die Pat. wird als gute Arbeitskraft geschildert, unternahm keinerlei Fluchtversuche. Seit 14 Tagen jedoch wiederum vermehrt Wutausbrüche mit Geschirrzerschlagen usw., so dass der zugezogene Psychiater Dr. S. eine Hosp. in einer psych. Klinik für unumgänglich hielt. Medikation durch Dr. S.: Taractan 50 mg 3x1.»[29]

---

[27] Lebenslauf seit der Klinikentlassung, 12. 8.1969

[28] PUK 4 (12.8.69), S. 0

[29] PUK 4 (12.8.69), S. 0

Wie Lena F. im Nachhinein erzählt, hatten die Wutausbrüche auch damit zu tun, dass eine von ihr erwünschte private Platzierung trotz konkreter Möglichkeit abgelehnt wurde. Ein Hinweis darauf fehlt in den PUK-Protokollen.

Das Verhalten von Lena F. war weiterhin wechselhaft. Sie durfte aber wieder ausserhalb der Klinik arbeiten. Eines Tages stahl sie ein Kleid. Bald darauf entschwand sie von ihrem Arbeitsplatz, die Arbeitgeberin sagte, Lena F. hätte 80 Franken und einen Radioapparat mitgenommen. Sie kehrte dann auch nicht in die Klinik zurück.[30]

Den entwendeten Betrag stellt Lena F. heute auch in den Zusammenhang, herrisch behandelt und ausgenutzt worden zu sein.

«Sittlich gefährdet»

Nach elf Wochen wurde Lena F. wieder in die PUK gebracht. «Bekannte Pat. ist etwas blass und scheint etwas an Gewicht abgenommen zu haben.»[31] Dazwischen floh sie zuerst zu den Eltern ihres Freundes H. nach Flums in St. Gallen. Nach einer Weile wurde sie dort vom Dorfpolizisten abgeholt. «Der Freund der Pat. hat, wie es scheint, wirklich im Sinne fest zu ihr zu halten. [...] Herr H. macht noch einen jungen und etwas unreifen Eindruck. Immerhin ist er ordentlich gekleidet und scheint sich Mühe zu geben, das Beste aus der jetzigen Situation zu machen [...].»[32] Neben dem Bericht steht: «Keine medikamentöse Therapie.»[33]

Fünf Tage erhielt Lena Ausgang und entwich dabei erneut, zusammen mit ihrem Freund. Mehrfach machte

[30] PUK 4 (19.9.69), S. 1

[31] PUK 5 (28.11.1969), S. 0

[32] PUK 5 (2.12.1969), S. 1

[33] PUK 5 (2.12.1969), S. 1

sie den Betreuenden Versprechungen, zurückzukommen. Aber sie hielt sie nicht ein. Die PUK schrieb in der Folge einen Brief an die Jugendanwaltschaft, in welcher Diagnosen zum Zustand von Lena F. und Einschätzungen zu ihrer möglichen Entwicklung gemacht werden. «Zum Teil dürfte es sich bei den jetzt in der Nachpubertät so krass hervortretenden Eigenheiten um solche handeln, die der Patientin seit jeher anhafteten und auch in Zukunft anhaften werden, die jedoch durch die gegenwärtige vom Körperlichen her mitbestimmte Entwicklungsphase derart ausgeprägt hervortreten. Die Spätprognose dieser Reifungsstörungen bei ähnlichen Persönlichkeiten [...] ist in sozialer und persönlicher Hinsicht oft besser, als man zur Zeit des Höhepunktes [...] erwarten dürfte. Die spätere soziale Prognose hängt davon ab, ob eine Gewöhnung an primitive Delinquenz (Diebstähle) und an ein Dirnendasein vermieden werden kann.»[34]

Soweit der Eintrag. Lena F. taxiert heute die «Gewöhnung an ein Dirnendasein» als «eine Unterstellung, die wohl mehr mit eigenen Fantasien der Beamten zu tun hatte und nicht mit meinem Lebenswandel übereinstimmte».

Die Jugendanwaltschaft möchte vom zuständigen Oberarzt Dr. W. wissen, ob Lena F. «sittlich gefährdet, verwahrlost oder verdorben» sei. Dr. W. äussert Besorgnis. «Sie hat glücklicherweise eher die Neigung, sich an einen Freund zu halten, hat aber unseres Erachtens keine Chancen, einen Freund zu finden, der ihr Halt geben würde und könnte. Sie gerät deshalb an in ähnlicher Weise Schwache wie z.B. Herrn H..» [35]

Dr. W. befürchtete «eine Gefährdung zu schwerer sexueller Verwahrlosung, des Abgleitens ins Dirnentum». Denn verwahrlost sei sie «zur Zeit bezüglich der Fähigkeit,

[34] PUK Brief an JA (6.3.1970)

[35] PUK Brief an JA (6.3.1970)

gemäss der vorhandenen Einsicht in Recht und Unrecht zu handeln, in pubertaler Übersteigerung der Triebhaftigkeit ist sie momentanen Bedürfnissen und Wünschen ausgeliefert und dadurch gefährdet, in nächster Zeit wiederum in ähnlicher Wiese wie bisher zu delinquieren».

Auch hier: Lena F. moniert heute, wie ihr «eigentlich harmloses Verhalten kriminalisiert wurde». Auch habe sich die Aufmerksamkeit auf sie konzentriert. Und niemand habe sich dafür interessiert, dass ihr damaliger Freund H. ein Kind der Landstrasse war und darunter litt, als Jenischer stigmatisiert zu sein.

«Keine psychopathische Veranlagung»

Die Jugendanwaltschaft wollte ausserdem wissen, weshalb es bisher keinen «Therapieerfolg» gegeben habe. Laut Lena F. handelt es sich dabei um eine Suggestivfrage. «Denn sie unterstellt eine Therapie, die es in diesem Arrangement gar nicht gibt.»

Der Oberarzt weist darauf hin, dass sich aus Lenas Persönlichkeit, wie sie vor der Pubertät war, keine Anhaltspunkte für «schwere psychopathische» oder «dauerhafte», «abnorme Veranlagungen» gäbe. Auf die Frage, welche Unterbringung für Lena geeignet wäre, antwortete er: «Die letzten Erfahrungen haben gezeigt, dass Lena zur Zeit in einem offenen Erziehungsheim fast nicht gehalten werden kann und dass sie auch andere Zöglinge in solchen Heimen gefährdet. [...] Wünschen möchten wir [ihr], dass sie für mehrere Monate in einer psychiatrischen Klinik Aufnahme finden könnte, die über geschlossene Abteilungen mit genügenden Möglichkeiten für Beschäftigungstherapie verfügt. Wir möchten uns denken, dass sich dabei eine

Beruhigung erzielen liesse und eventuell anschliessend ein Übergang in ein Erziehungsheim möglich würde.»[36]

«Zur Zeit sind wir in unserer Klinik nicht in der Lage, derartige Behandlungen durchzuführen. Unsere geschlossenen Abteilungen sind seit langer Zeit derart überlastet, dass wir so schwer fluchtgefährdete Patientinnen [...] nicht behandeln können. Unseres Wissens ist es gelegentlich ländlich gelegenen Kliniken noch möglich, diese [...] nötigen Behandlungen durchzuführen. Wir denken an die Psychiatrische Klinik Münsingen, eventuell an die Psychiatrische Klinik Bellelay. Die [Patientin] hatte seit jeher das Bedürfnis des Umgangs mit Tieren, gerade diesem Wunsche könnte in einer ländlichen Klinik eventuell entsprochen werden [...].»[37]

«Eher als krank... denn als ‚schlecht'«

Anscheinend wurde der Oberarzt schon vorgängig über die Absicht informiert, Lena F. in das Gefängnis Hindelbank zu verlegen. Dagegen äusserte sich der Psychiater entschieden. Dies allerdings zwiespältig und in Worten («eher als krank... denn als ‚schlecht'»), die Lena F., obwohl vielleicht gut gemeint, als verletzend empfindet.

«Wünschenswert wäre für sie das therapeutische Milieu einer psychiatrischen Klinik, wo natürlich auch viel mehr als bei gelegentlichen Konsultationen eines Psychiaters in Hindelbank psychotherapeutische Einflussnahmen möglich sind. Gegen eine Einweisung nach Hindelbank spricht unseres Erachtens auch der Umstand, dass heute [die Patientin] doch eher als krank beurteilt werden muss denn als ‚schlecht'. Gewiss wäre sie in der geschlossenen Anstalt Hindelbank de facto davor geschützt, weiter zu delinquie-

[36] PUK Brief an JA (6.3.1970)

[37] PUK Brief an JA (6.3.1970)

ren und sexuell abzugleiten – andererseits würde sie dort zwangsläufig mit schwerst asozialen Mitinsassen zusammenkommen – nach unseren Erkundigungen auch mit Erwachsenen – und dabei bei ihrer gegenwärtigen Beeinflussbarkeit Vorbildern ausgesetzt, die ihr sehr schaden könnten. Dieses letzte, weniger medizinische Argument spricht unseres Erachtens dafür, eine Einweisung nach Hindelbank wenn immer möglich so lange als möglich zu vermeiden. Mit vorzüglicher Hochachtung Dr. W. , Oberarzt.» [38]

«Stimmungslabile Psychopathin»

Nachträglich erfahren wir noch Genaueres zu der Flucht und Rückkehr Lenas nach ihrer elf wöchigen Abwesenheit. Man brachte sie von Flums in den Lohnhof, das Basler Untersuchungsgefängnis. Wegen einer Unterleibsentzündung war sie ausserdem fünf Wochen in der Frauenklinik, von der aus sie wieder flüchten konnte. Am 14. März 1970 wurde sie mit ihrem Freund, mit dem sie sich unterdessen verlobte, verhaftet. Dieser war schon 22 Jahre alt und wurde wegen Verführung der minderjährigen Lena angezeigt.

In die PUK eingewiesen wurde Lena F. von der chirurgischen Poliklinik, in der sie vermutlich wegen des Suizidversuchs stationiert war. In der Eintrittsanamnese steht: «18j. bekannte Pat., leicht somnolent, frischer Verband am li. Handgelenk. Hat immer noch suizidale Absichten, habe Angst vor einem Heim, Angst vor der bevorstehenden Trennung von ihrem Verlobten und Angst vor dem Lohnhof.»[39] Ihr Freund schreibt ihr Briefe aus dem Gefängnis, in welchen er Schuld auf sich nimmt. «Alle Einbrüche und Diebstähle welche ich begangen habe, und Du jetzt mit verwickelt bist waren nicht nötig und somit trage

[38] PUK Brief an JA (6.3.1970)

[39] PUK 6 (18.3.1970) S. 0

ich die Schuld [...]. Darum begreife ich auch nicht, warum man dich straft. [...] Solltest du aber wieder auf Fluchten gehen, so bist du selbst Schuld und nicht mehr ich, denn auch ich muss durchhalten.»[40] Die Einschätzung des Psychiaters, dass H. eine unstete Persönlichkeit sei, scheint sich durch die Briefe zu bestätigen. Während die ersten beiden Briefe noch insgesamt zuneigend sind und sogar seriös anmuten, äussert er im dritten mit eigenartig veränderter Handschrift deutlich Eifersucht auf andere Jungen in Lenas Nähe. Er droht zudem mit Racheplänen. «Ich werde grausam vorgehen und niemanden schonen.» [41]

Inzwischen wurde Lena F. wieder in den Lohnhof, dann wieder in die PUK gebracht. Während sich die Ärzte bisher zurückhaltend zu einer möglichen Krankheit von Lena F. äusserten, änderte sich nun die Einschätzung. Das ärztliche Zeugnis lautet: «Haftdepression mit massiven Suizidimpulsen bei einer infantilen stimmungslabilen Psychopathin.»[42]

Entsprechend erhielt sie Medikamente. «18jährige bekannte Pat., schläfrig, hat grosse Mühe zu reden, kann die Augen nicht offen halten, verwaschene Sprache (erhielt um 1.00 20mg Melleri, um 16.45 1 Medomin und um 17.45 80mg Entumin). Habe nicht schlafen könne, sei immer wieder an Angstträumen erwacht. Habe sich aus Angst vor der Unterbringung in Hindelbank mit einer Glasscherbe die Pulsader aufschneiden wollen. Habe im Lohnhof viel geweint. RR 120/70, Puls 104/Min. Blass.»

Schon im Lohnhof sind ihr anscheinend starke Medikamente verabreicht worden: «Pat. wurde am 26.3.70 aus der Klinik in den Lohnhof entlassen. Unter der Medikat. v. Entumin 20/20/80 sei sie mehrfach kollabiert. Deshalb Be-

---

[40] Brief 1 H.M., 1.4.1970

[41] Brief 1 H.M., 1.4.1970

[42] PUK 7 (17.5.1970) S. 0

handlung mit Melleretten. Heute Mittag habe sie ein Glas zerbrochen und die Glassplitter im Saum ihres Kleides versteckt. Habe immer wieder massiv mit Suicid gedroht.»[43]

In der Zeit ihrer Flucht vor Weihnachten 1969 habe Lena F. Kleider gestohlen, weshalb sie sich erstmals vor Gericht verantworten musste. Es handelte sich, wie sie heute erklärt, um ein einziges Kleid, das sie auch aus innerlichem Protest dagegen mitnahm, so herrisch und als billige Arbeitskraft schlecht behandelt worden zu sein. Und das von einem noblen Basler Geschäft.

Es gibt ausserdem weitere Hinweise zur Medikation von Lena F. «Im Lohnhof habe sie manchmal 2, manchmal aber auch 3 Entumine gehabt, zum Teil abends 80 mg. Vor etwa 2 ½ Wochen sei sie umgefallen [...] insgesamt 2mal. [...] man [habe] ihr gesagt, das sei nur seelisch bedingt. [...] Im Lohnhof habe sie auch viel erbrochen, oft nach dem Essen.» [44] Wie sich herausstellt, war Lena F. während der Zeit ausserhalb der Institutionen schwanger von ihrem Freund, hatte aber eine Fehlgeburt. Weshalb in der Akte steht, sie habe «angeblich eine Fehlgeburt»[45] gehabt, ist nicht klar. Vielleicht vermutete man eine Abtreibung, wobei Lena F. diese Variante heute klar verneint.

Die folgenden Zitate beschreiben den weiteren Verlauf. «[Lena] sei der Meinung, dass sie im Lohnhof besser dran sei, denn hier sei sie allein und könne nichts machen. Dort habe sie Wäsche zusammengelegt, habe geputzt und gestrickt.»

«Nach Angaben von Herrn Dr. R. habe Herr Dr. B., der Präsident der Jugendkammer angerufen, man solle die

[43] PUK 7 (17.4.1970) S. 0

[44] PUK 7 (20.4.1970) S. 1

[45] PUK 7 (20.4.1970) S. 1

Jahr: 1952 Aufnahme: 17.4.1970

Medikamente

6.69 8000

von	bis	Medikamente	Art	Mo	Mi	Abd	Na	Datum	Zeit	Einzelverordnungen
18.4	—	ENTUMINE	Amp	1			1	18.4.	20.15	1 T. Mogadon
18.4	—	" mg	Tbl		20			1.5.	22.00	Mogadon 1 T.
19.4	—	" mg	Tbl	20	20			3.5.	17.45	Largactil 1 A
19.4	—	"	Amp				1	3.5.	18.00	Eripan 2 T
20.4	–	Entumine mg	Tbl	20	20		20	3.5	19.00	Medinal 0.3
20.4	29.4	Insidon	Drg	1	1		1	4.5	18.45	Largactil 1 A
23.4	—	Entumine mg	Tbl	20	20		40	"	19.00	Eripan 2 T
19.4	26.4	Mogadon	Tbl.				1	"	20.00	Medinal 0.3
29.4	9.6.	Entumine mg	Tbl.				40 mg	12.5	16.00	Buscopan 1 Drg.
2.5.	11.5.70	Petranquil	Tbl.	1	1		1	9.6.	–	Valium 10 mg
27.4	10.5.70	MEDIANOX (= Schlafm.)	Kps				2	14.6		METHERGIN 3×10 Tr
1.5	10.5.70	MOGADON	Tbl				1	13.6		MOGADON 1 T.
12.5.70	13.5	Petranquil	mg Tbl.	–	–	–	1	12.6		" "
14.5.	20.5.70	Petranquil	Tbl.	1/2	1/2		1			
19.5.70	24.6.	Eugynon n. Schema	Tbl.	–	–	–	1			
16.6	24.6.	EFFORTIL	Tr.	10	10		10			

Austritt: 24.6.70

Pat. bis zur Gerichtsverhandlung [...] hier in der Klinik behalten.»[46]

«Die Pat. verhält sich auf der Abteilung ruhig und geordnet. Es wird ihr erlaubt, eine Stunde im Gang zu sitzen, ferner kann sie etwas beim Betten helfen. Sie soll auch am Mittag zu Frau S. ins Atelier gehen. [...] Sie selber möchte aber lieber in den Lohnhof zurück.»[47]

«Pat. [...] kommt gegen Mittag überglücklich zurück und berichtet, dass sie freigesprochen wurde. In den letzten 3 Tagen vor der Verhandlung war sie sehr ängstlich [...], drohte auch wieder mit Suicid, so dass ihr abends 1 Amp. Largactil gespritzt wurde. Sie ist jetzt voller Pläne [...].»[48] Dass Lena F. heute noch den Freispruch mit einer gut spürbaren Erleichterung erwähnt, deutet darauf hin, wie gross ihre Anspannung war.

«Völlig gleichgültig»

Doch die Stimmungsschwankungen scheinen anzuhalten. «Bei der Kontrolle heute morgen bei Tagwache war die Pat. nicht im Hause. [...] Eine tel. Anfrage bei dem von der Pat. angegebenen Arbeitgeber [...] ergab, dass man dort keine Lena F. kennt. Sie hat also vollumfänglich gelogen [...]. Fahndung ist eingeleitet.»[49] Lena wurde von der Polizei zurückgebracht, sie war mit H. unterwegs, der wieder in den Lohnhof gebracht wird.

«Gespräch mit der Mutter: die Eltern sind jederzeit bereit, die Tochter wieder zu sich zu nehmen. Bedingung ist allerdings, dass sie arbeitet. Die Eltern sind ratlos, die Mutter ist den Tränen nahe, weil sie nicht weiss, was sie falsch

[46] PUK 7 (20.4.1970) S. 2

[47] PUK 7 (?.4.1970) S. 3

[48] PUK 7 (?.4.1970) S. 3

[49] PUK 7 (29.5.1970) S. 4

9. 7. 1970

Liebes Frl. D.

Ich schreibe Ihnen diesen Brief
weil ich Ihnen ein Versprechen
schriftlich geben will.
Ich bitte Sie sehr mir doch
noch einmal eine Chance zu
geben und mich arbeiten gehen
lassen. Ich weiss ich bin starr-
köpfig, eigensinnig und habe bis
jetzt noch nichts aus meinem
Leben gemacht. Ich bitte Sie
noch einmal geben Sie mir
noch einmal eine Chance.
Ich werde aus meinem Leben
etwas machen. Ich weiss mir
glaubt kein Mensch mehr.
Nur ich gebe den Glauben
nicht auf. Nur bis jetzt
bin ich ein nichts gewesen.
Ich werde etwas auch keinen
Selbstmord versuch machen.
Ich ~~x~~ bitte Sie noch ein
mal um eine Chance mein
ganzes Leben hängt davon ab.

Es grüsst Sie freundlich

gemacht hat. Die um 4 Jahre jüngere Schwester sei genauso erzogen und mache überhaupt keine Schwierigkeiten. – Der Mutter wird ein Brief aus der KG vorgelegt, der mit ‚M.' unterschrieben ist, dem Namen der Schwester. Es ist die Handschrift von Lena. Dabei fällt der Mutter ein, dass Lena sich oft am Tel. schon mit M. gemeldet habe, auch färbe sie sich die Haare so schwarz wie M. sie von Natur habe. Auch habe Lena der Mutter schon den Vorwurf gemacht, sie verwöhne M..»[50] Trotz Ausgangssperre gelang es Lena erneut, zu entweichen. Diesmal stellte sie sich selbst der Polizei. «Sie habe an Selbstmord gedacht und sei mit diesen Gedanken an den Rhein hinunter gegangen. [...] Sie habe Schuldgefühle ihren Eltern und den Ärzten der Klinik gegenüber gehabt. Dieses Gefühl sei neu für sie gewesen, sonst sei ihr das, was die anderen dächten, [...] völlig gleichgültig.»[51]

Was Lena F. bis heute nicht versteht, ist, dass sie für etwas abgestraft wurde, das in dieser Situation doch verständlich war: der Versuch, ihre beliebte Schwester zu imitieren. «Das war doch ein Hilferuf. Aber warum erkannte das niemand? Das hätte doch auffallen müssen.»

«Hindelbank oder Tod»

«Sie erzählt spontan von ihren Problemen mit dem Verlobten: Er bedroht sie eifersüchtig. Er werde ihr Salzsäure ins Gesicht schütten, wenn sie mit jemand anders ginge [...].»[52] Lena war weiterhin suizidgefährdet: «Frl. S. berichtet uns dann, dass Lena einen Pat. im Café angesprochen habe, ob er Rasierklingen habe und sie ihr geben könne.»[53]

[50] PUK 7 (?.6.1970) S. 4

[51] PUK 7 (?.6.1970) S. 5

[52] PUK 7 (?.6.1970) S. 6

[53] PUK 7 (24.6.1970) S. 8

«Die Tierklinik wäre zu verantwortungsvoll gewesen. Doch konnten wir dem Wunsch nach Umgang mit Tieren nachkommen. Lena arbeitet ab heute in M. im Reitstall [...]. Bis dahin lebt sie zuhause und fährt mit dem Arbeitgeber zwischen Heim und Arbeitsplatz hin und her. [...] Die Pat. kommt jeden Mittwoch um 12.30 zur Ref. in die Klinik. Austritt nach Hause. [24.6.70]»[54]

Soweit die Aktennotiz. Laut Lena fürchtete sie den harschen Arbeitgeber, der sie auch nur einmal mit dem Auto chauffiert habe.

«Die Pat. wurde am 24.6.70 entlassen. Sie sollte an dem Tage bei Herrn R. in M. eine Stelle als Pferdepflegerin antreten. Sie hatte 200.- Fr. Vorschuss bekommen, hatte sich dafür statt Jeans Samthosen gekauft und andere Dinge, die sie bei der Arbeit kaum gebrauchen konnte. Sie drängte morgens schon sehr früh nachhause, obwohl sie erst um 11.00 von Herrn R. abgeholt werden sollte. Am Nachmittag des kommenden Tages kommt ein Anruf von Lena, sie brauche meine Hilfe. Sie war nur für 2 Stunden im Stall gewesen, habe nicht gewusst, was sie machen sollte, habe Angst vor den Pferden gehabt etc. – sie war weggelaufen mit 200.- Fr., die sie dem Hufschmied hätte geben sollen. Jetzt hatte sie Angst, wieder zurückzugehen. Ich redete auf sie ein, sie solle sofort zu Herrn R. gehen [...] Stunden später rief Herr R. verärgert an, Lena sei nicht mehr erschienen, habe den Pferden noch nicht einmal Wasser gegeben, habe nur ein Pferd gewaschen und sei mit einem jungen Mann im Wald gesehen worden. [...] Sie schlief zuhause, gab die 200.- Fr. der Mutter. [...] Anruf von Herrn H., dem Verlobten [...], sie seien beide nicht in Basel und es gebe wohl keinen Ausweg mehr [...] Hindelbank oder Tod. [...] Es läuft die Fahndung.»[55]

---

[54] PUK 7 (24.6.1970) S. 8

[55] PUK 8 (29.6.1970), S.1-2

Und auch hier: Lena F., die Pferde liebt, aber auch ein wenig Angst vor ihnen hat, wird als eine hingestellt, die Tiere im Stich lässt. Dabei fühlte sie sich selbst im Stich gelassen, durch einen Arbeitgeber, der sie kühl behandelte, überforderte und dann doch wieder übergriffig drangsalierte.

«Suizid immer eine Lösung»

Auf Bitte der Vormundschaftsbehörde schrieb die PUK einen Bericht zur Patientin Lena F.: «In den folgenden Tagen ruft Lena mehrmals in der Klinik an, jammert, die Arbeit sei zu schwer, sie komme wieder in die Klinik. Sie kam nicht. Am 29.6. mehrere Anrufe von Herrn H. und Lena. Sie drohen, sich zusammen das Leben zu nehmen. Es wird eine Fahndung eingeleitet, die abgebrochen werden kann, als Lena in der Nacht vom 29. zum 30.6. in der Notfallstation des Bürgerspitals nach Suizidversuch mit Tabletten aufgenommen werden muss. Am 30.6. ist sie wieder in unserer Klinik. Sie ist einige Tage noch sehr suizidal. Mit Medikamenten, völligem Ausgehverbot ist sie bis heute auf der geschlossenen Abteilung belassen.»[56]

«In der Nacht hat die Pat. versucht, sich mit einem Betttuch zu strangulieren. Tagsüber findet man bei ihr eine vermisste Schere. Sie hat sie in ihrer Strumpfhose versteckt und wehrt sich mit Gewalt, als man sie ihr abnehmen will.»[57] Lena erhielt daraufhin «2 ccm Prazine» gespritzt. «Beginn einer Kur mit Surmontil 3x ½ Amp. Petranquil 3x ½ Amp».

«Wir sehen bei der Willensschwäche der Pat. keine Möglichkeit einer freiheitlichen Lösung mehr. Es ist kein sinnvolles Gespräch mit Lena zu führen, da sie ihren mo-

[56] Brief PUK an Jugendamt, 17.7.1970

[57] PUK 8 (2.7.1970), S. 2

mentanen Wünschen und Überzeugungen ausgeliefert ist. Wir meinen, dass ein Nacherziehungsversuch in einem Milieu gemacht werden sollte, wo keine Möglichkeit besteht, zu entlaufen und wo sie arbeiten muss. Lena findet sich erst dann mit Gegebenheiten ab, wenn sie keine andere Möglichkeit sieht. Allerdings ist Suizid immer eine mögliche Lösung für sie. Mit der Mutter wurde mittlerweile gesprochen. Sie steht einer Versorgung ambivalent gegenüber, würde sie aber nicht zu verhindern versuchen. Mit freundlichen Grüssen, Dr. C., Assistenzärztin.»[58]

Die dramatisch anmutende Schilderung verkennt laut Lena F., dass es ihr in dieser Situation auch ein wenig darum ging, Zuwendung zu erlangen.

«Nichts anderes übrig»

Die Vormundschaft antwortete auf die Frage der «Versorgung»: «Gemäss Ihrem ersten Bericht vom 6. März 1970 haben wir verschiedentlich versucht, die Tochter in einer ländlichen Klinik unterzubringen, wobei wir aber stets abschlägigen Bericht erhielten. Es handelte sich um die Kliniken Bellelay (dort war die französische Sprache das Hindernis), Littenheid, Königsfelden und Münsingen teilten uns mit, dass sie keine derart geschlossene Abteilungen haben und die Tochter jederzeit bei ihnen entweichen könnte. Zunächst haben wir uns jetzt noch mit der Psychiatrischen Klinik Beverin in Verbindung gesetzt und auch dort einen abschlägigen Bericht erhalten. Auch in dieser Klinik hätte die Tochter die Möglichkeit, davonzulaufen. Man müsste sie schon in einen Unruhigen- und Senilen-Wachsaal einsperren, was einer Quälerei gleichkäme. Aufgrund der gegebenen Situation lässt sich eine Platzierung in einer Psychiatrischen Klinik somit nicht durchführen und

[58] Brief PUK an Jugendamt, 17.7.1970

gemäss ihrem letzten Bericht scheint eine solche Lösung überhaupt nicht mehr im Interesse der Tochter zu liegen. Wenn nun zu berücksichtigen ist, dass ein Milieu in Frage kommt, da keine Möglichkeit besteht zu entlaufen und wo gearbeitet werden muss, so bleibt unseres Erachtens nun nichts mehr anderes übrig als Hindelbank. Dazu bitten wir Sie nun ausdrücklich um nochmaligen, kurzen schriftlichen Bericht, ob Ihrerseits vom medizinischen Standpunkt aus gegen eine solche Platzierung Bedenken bestehen, und man die Massnahmen aus diesem Grunde nicht durchführen sollte. Wäre dies der Fall, bitten wir Sie höflich um Bekanntgabe einer anderen entsprechenden Unterkunft. Wir würden selbstverständlich vor der Umplatzierung mit der Direktion von Hindelbank Fühlung aufnehmen um abzuklären, auf welche Abteilung die Tochter zu platzieren ist und würden auch veranlassen, dass der Heimpsychiater von Hindelbank orientiert wird. Falls Ihrer Meinung nach dieser Plan durchgeführt werden kann, wären wir bereit, die Tochter so rasch als möglich bei Ihnen wegzunehmen, da uns ja bekannt ist, unter welchem Platzmangel sie leiden. Wir danken Ihnen für Ihre Bemühungen und grüssen Sie freundlich, V. G., Fürsorgerin»[59]

«Wir möchten hiermit nochmals wiederholen, dass eine Unterbringung in einem geschlossenen Heim mit geregelten Arbeitsbedingungen die noch einzige Möglichkeit darstellt, eine Nachreifung abzuwarten und wenigstens eine teilweise Nacherziehung zu erreichen. Die Flucht in Suicidversuche liess sich bisher auch durch die Behandlung in unserer Klinik nicht verhindern. Wir haben deshalb von medizinischer Seite keine Bedenken gegen eine Platzierung von Lena in Hindelbank, besonders wenn die Betreuungs-

[59] Brief Vormundschaftsbehörde an PUK, 24.7.1970

möglichkeit durch einen Anstaltspsychiater gegeben ist. Mit hochachtungsvollen Grüssen, Dr. D., Oberärztin.»[60]

In der 8. Patientenakte steht: «Nachdem die Pat. über 2 Wochen hinweg sehr willig die Beschäftigungstherapie besuchte, sie sich mit der Lösung eines Heimes abgefunden hatte und sie entlastet ob der Festnahme ihres Verlobten schien, gaben wir gestern die Erlaubnis, für 30 Min mit einem [Besucher] in den Garten zu gehen. Sie benutzte die Gelegenheit zu entweichen. Fahndung ist eingeleitet.»[61]

«Möglichst lange in Hindelbank verbleiben»

Nach fünf Wochen wurde Lena wieder festgenommen und ein letztes Mal in die PUK gebracht. Mit Freunden sei sie in Zürich gewesen, habe etwas geraucht, wahrscheinlich Cannabis («der Stoff habe grünbraun ausgesehen wie gepresstes Gras [...] es sei etwas aus Afghanistan»). Sie reiste durch die Schweiz, begleitet von der Angst vor der Polizei, versuchte zuletzt erneut, sich umzubringen.

«Die Pat. wurde heute in die Strafanstalt Hindelbank verbracht, wie dies bereits vor ihrer Flucht vorgesehen war. [...] Die Direktion der Strafanstalt wurde aufgefordert, allfällige Suicidverletzungen ambulant versorgen zu lassen und eine Hospitalisation nach Möglichkeit zu vermeiden.»[62]

«Heute berichtete Dr. F. [...] Heimpsychiater von Hindelbank, dass es mit Pat. nicht gut gehe. Sie sei seit ihrer Einweisung [...] bereits einmal für 92 Tage nach Deutschland ausgerissen, habe dort LSD geraucht, vermutlich bad trips, konnte diese dann in der Klinik demonstrativ (psychogen) nachvollziehen und die Umgebung verwirren. Hat auch

[60] Brief PUK an Vormundschaftsbehörde, 31.7.1970

[61] PUK 8 (?.8.1970), S. 3

[62] PUK 9 (?.12.197[0]), S. 1

einmal in der Zelle Feuer gelegt, Scheiben eingeschlagen etc. Dazwischen [...] Angst und Herzklopfen [...]. Pat. wolle einfach wieder in die Friedmatt zurück [...]. Wir kommen überein, dass Lena F. möglichst lange noch in Hindelbank verbleiben soll (wird – wenn die Behörden zustimmen – sowieso am 19.2.72 entlassen) und nur im Notfall zu uns überwiesen werden.»[63]

Wenn Lena F. diese Eintragungen heute liest, ist sie erstaunt, wie wenig erkannt wurde, dass ihr Wunsch nach Aufmerksamkeit dazu beitrug, sich mit den Drogen auch ein wenig wichtig zu machen.

Zwei Jahre später wird von der Jugendstrafkammer Basel entschieden, dass Lena aus der Versorgung in Hindelbank entlassen wird. Dabei wird auch die schon genannte Flucht nach Deutschland und ein weiterer Fluchtversuch erwähnt, und dass sich Lena renitent und überaus verstimmbar zeigte.

«Die Leitung der Anstalten in Hindelbank äusserte sich in ihrem Führungsbericht [...] ablehnend zum Entlassungsgesuch [...], da die bisherigen Erfahrungen zeigten, dass die versuchte Nacherziehung bis jetzt ohne Erfolg sei. Hingegen ist der Psychiater Dr. F. der Auffassung, dass Lena F., nachdem sie schon während relativ langer Zeit in Hindelbank versorgt ist, nun einmal Zeit finden müsse, sich in der Freiheit wieder einzuleben, wofür ihm die vorgesehene Platzierung bei der Tante in Meiringen sehr günstig zu sein scheine.

Da Lena F. nun mehr als ein Jahr in Hindelbank verbracht hat, hält die Jugendstrafkammer ebenfalls dafür, dass ihr mit der bedingten Entlassung eine Chance gewährt werden soll, umsomehr als für die weitere Zukunft insofern gute Voraussetzungen bestehen, dass Lena bei ihrer Tante, welche als Schwester in einer Klinik in Meirin-

[63] PUK 9 (?.12.197[0]), S. 1

gen tätig ist und auch dort wohnt, Aufnahme finden kann. Sie hat offenbar eine gute Beziehung zu dieser Tante und ist somit nicht einfach sich selbst überlassen. Überdies ist Lena inzwischen auch volljährig geworden. Es sei jedoch nicht verschwiegen, dass der Wiedereintritt in die Freiheit zahlreiche Schwierigkeiten mit sich bringen wird; deshalb sei Lena dringend geraten, sich vertrauensvoll an ihre Tante und das Aufsichtsorgan zu wenden und sich dann auch an deren Ratschläge zu halten. Zweifellos wird die Arbeit in Meiringen gewisse Anforderungen an Lena stellen, wobei zu hoffen ist, dass sie einsieht, wie wenig sinnvoll es ist, sich diesen in einer momentanen Verstimmung durch Flucht zu entziehen und dass sie statt dessen das Gefühl der Befriedigung erfahren kann, welches die Überwindung einer momentanen Laune verleiht. Abschliessend sei Lena darauf aufmerksam gemacht, dass sie vorderhand lediglich bedingt entlassen wird, d.h. dass sie nötigenfalls in eine Anstalt zurückversetzt werden kann. Lässt sich jedoch nach Ablauf der Probezeit die Bewährung feststellen, erfolgt die endgültige Entlassung.»

Schattenkind

In einem Brief schaut Lena F. noch einmal zurück.

«Am 19.2.1952 als Kuckuckskind geboren.
Mein Stiefvater merkte bald nach der Heirat,
dass er aufs schändlichste betrogen worden war.
Damit waren meine Zukunftsweichen gestellt.
Dieses Geheimnis wurde,
auch innerhalb der Verwandtschaft,
gehütet gleich einem heiligen Gral.
Der gebündelte Hass jedoch
meiner beiden Elternteile richtete sich gegen mich.

Meine Rechte auf
seelische und körperliche Unversehrtheit
wurden ausgeblendet.
Sexueller Missbrauch sowie körperliche Verletzungen,
ausführendes Organ, mein Stiefvater, waren die Folge.
Ich wurde zum Schattenkind,
wie so treffend von Mariella Mehr beschrieben,
namenlos das Kind.
Ein stilles, schüchternes, verängstigtes Wesen.
Ausserhalb dieser Tragödie verhielten sich
meine Eltern beispiellos ehrenhaft, fleissig arbeitend,
nach aussen freundlich mit aufgezogener Frömmigkeit,
frei von finanziellen Schulden, somit
kein Makel an ihrem Lebenslauf.
Diese Kulisse sowie gute Inszenierungen
seitens meiner Eltern waren den Behörden später
Grund genug, meine Eltern zu schützen
und nicht das Kind.
Bis zu diesem Punkt der leidvollen Geschichte
trifft die Behörde noch keine Schuld
um das schändliche Verhalten meiner Eltern.
Doch mit fünfzehn Jahren änderte das Kind sein Verhalten.
Es begann zu rebellieren.
Das Kind blieb nicht mehr furchtsam im Dunkeln.
Flucht, den Demütigungen entrinnen.
Ein einsames Unterfangen.
Der Preis, noch mehr Einsamkeit.
Die Gegenwart ein leerer Raum,
Zukunft nur Fragmente.
Weder Hoffnung noch Glaube.
Angst, mir selbst zu begegnen.
Erfand mich selbst.
Verletzte mich selbst.
Dies Kind irrte nun umher.

Von der Polizei wiederholt aufgegriffen,
abermals zu den Peinigern transportiert.
Kein Lichtblick, keine Hoffnung,
wiederum Flucht vor diesen Masken,
vor Unrecht, Macht und Ohnmacht.
Rastloser Schmerz
Jeglicher Hoffnung beraubt,
behördlich versorgt entsorgt.
Lange Monate im Heim.
Trostlos, gefangen in einer surrealen Welt.
Mutlosigkeit und dennoch wiederum Flucht.
Lautlos sterben Suizidversuch.
Wie ein Knabe gekleidet, wortkarg und leise
werde ich viele Jahre später lesen,
sei ich in die Klinik eingewiesen worden.
Mädchen sein, wie konnte ich mich davon wärmen.
Wunden, die nicht sichtbar sind.

Sechzehn Jahre jung, in einem jämmerlichen Zustand.
Eingesperrt in einer hermetisch verschlossenen Abteilung,
einem frostig sterilen Zimmer.
Vergitterte Fenster.
Alltäglich, schändlich vom Arzt betäubt (Spritzen).
Tagsüber trübsinnig sitzend im Gang,
in einem düsteren Bereich.
Geistig schwerkranke Menschen umgaben mich.
Gerade diese Geschöpfe liessen mich
Zuneigung, Mitgefühl und Wärme erfahren,
wie ich es bis anhin nicht erleben durfte.

Flucht, Kinderseele auf Wanderschaft.
Am Ende des Pfades Suizidversuch.
Im Netz der weissen Spinnen, ruhig gestellt, machtlos
entwürdigend ans Bett gefesselt.

Ins Gegängnis transportiert! Entsorgt!
Hinter Mauern verschlang die Angst meine Seele.
Schmerz und Trauer waren kaum zu bändigen.
Wut, Einsamkeit, Verlassenheit wurden meine
ständigen Begleiter.
Warum wurde dem Kuckuckskind
das Bussgewand übergestreift?
Weshalb meine Eltern kaum durchleuchtet?
Der Seele Nahrung geben, mit der Kraft des Aufbegehrens.
Zelle in Flammen. Busse.
Dunkelzelle, Holzpritsche, Kessel, Bibel.
Die allumfassende Lösung – wieder Medikamente.
Psychischer, physischer Zustand wie lautloser Treibsand.
Glückselige Ruhe.

Entlassung aus dem Gefängnis.
Entlastung in weiter Ferne.
Keine Hymne an die Freiheit.
Wie funktioniert die Freiheit?
Was bedeutet Leben?
Welcher Pfad verspricht Vertrauen, Ordnung, Sicherheit?
Ich kroch ins Leben, das Aufrichten dauerte lange Zeit.

Nachtrag:
2003 Zusammenbruch.
Auf Grund meiner Panik vor Spitälern
verzichtete man auf eine Hospitalisierung.
Folglich sofortige ambulante Gesprächstherapie.
7 Jahre, zwei Mal pro Woche!
Wie es mir heute geht?
Ich habe gelernt, das Kind zu lieben.

Ein Gedicht – geschrieben in dunkler Zeit!

Ich vermag meine Seele
weder zu zähmen noch zu stillen
Sie offenbart sich in dunkler Nacht
Fleht nach Nahrung
Grämt sich in Sehnsucht und Trauer
Zerrt mich in dunklen Morast

Unbewachte Seele
wann wirst du zu blühen beginnen
Deine Trauer liebevoll zum Schweigen bringen
Deine Sehnsucht in Erfüllung betten
Schmerz in Nebel hüllen
Wut dem Frieden opfern

Seele – Blütenzweig im Wind
Du sehnst dich nach Anmut
leise wiegend den Frieden
ohne bittere Not
Kein Wandern mehr in dunkler Nacht
Wie ein müdes Kind soll dich der Schlaf empfangen.»

Rahel Walser

Perspektive – Integration – Coaching

Ambulante Begleitung straffällig gewordener Jugendlicher

Manches deutet darauf hin, dass Jugendkriminalität zunimmt. Die Zahl der Jugendstrafurteile steigt in der Schweiz laut Bundesamt für Statistik seit Mitte des 20. Jahrhunderts ständig an.[1] Auch eine Studie des Kriminologischen Institutes der Universität Zürich kommt zum Schluss, dass die Jugend tendenziell krimineller und gewalttätiger wird.[2] Geahndet werden vor allem Diebstahl und Verkehrsdelikte, zunehmend auch Betäubungsmittelkonsum und Gewaltstraftaten.[3]

Die Ursachen für diese kontrovers diskutierte Entwicklung scheinen zahlreich, und so sind auch die Erklärungsansätze unterschiedlich: Auslösende Faktoren können Sozialisationserfahrungen sein, mangelnde elterliche Aufsicht, schulische Probleme, soziale Benachteiligung oder der kulturelle Hintergrund.[4] Entsprechend vielfältig sind die Präventions- und Betreuungsmodelle. Während die einen auf eine Stärkung der Persönlichkeit abzielen, fokussieren andere auf die geschlechterspezifische Sensibilisierung oder setzen beim sozialen Ausgleich an.[5]

---

[1] Vgl. Bundesamt für Statistik 2007, S. 5.

[2] Vgl. Walser/Killias 2009.

[3] Vgl. Bundesamt für Statistik 2007, S. 5.

[4] Vgl. Eidgenössisches Justiz- und Polizeidepartement 2007.

[5] Vgl. Steiner/Schmassmann/Mäder 2005, S. 17-18.

Die Massnahmen von Sanktion, Betreuung und Hilfe sind in der Schweiz von Kanton zu Kanton unterschiedlich strukturiert. Generell lässt sich dabei eine Verschiebung weg von eingriffsintensiven ausserfamiliären Platzierungen hin zu ambulanten Mitteln feststellen.[6]

Ein Modell der ambulanten Betreuung steht im Fokus dieses Beitrags: Das PIC-Modell. PIC steht für Perspektive – Integration – Coaching. Das Schweizer Unternehmen Rehafirst AG bietet diese Dienstleistung an. Es handelt sich dabei um eine dreieinhalb Monate dauernde Jugendlichenbegleitung, welche auf die soziale (Re-)Integration gesellschaftlich auffällig gewordener Jugendlicher fokussiert.

Entsprechend soll es im Folgenden nicht um die Ursachen der Jugendkriminalität gehen, sondern um die Frage, wie straffällig gewordenen Jugendlichen geholfen werden und welche Angebote PIC diesbezüglich machen kann.[7]

Gesellschaftliche Perspektive

Jugendliche der modernen westlichen Gesellschaft wachsen heute in einer «postmodernen Risikogesellschaft»[8] auf. Das Schlagwort «Risikogesellschaft» wurde vom Soziologen Ulrich Beck geprägt.[9] Dessen Ausgangslage ist die Annahme, dass tradierte Normen und Muster der Lebensführung mit vielerlei Alternativen konkurrieren müssen und von ihnen abgelöst werden. Die individuelle Lebensführung könne sich immer weniger an klassenspezifischen Lebenslaufmustern ausrichten. Herkunftsklassen und -milieus büssen an Integrationskraft und Handlungsorientie-

---

[6] Vgl. Bundesamt für Statistik 2007, S. 5.

[7] Der Text beschreibt das PIC-Modell im Jahr 2010. Aktuellste Informationen sind unter www.youthfirst.ch abrufbar.

[8] Preglau, S. 1.

[9] Vgl. Beck 1986.

ehung und Entsolidarisierung gesellschaftlicher Primärbezüge wie Familie, Nachbarschaft oder Gemeinwesen.[9] Stattdessen sei in der individualisierten Gesellschaft jeder Einzelne gezwungen, sich selbst als Handlungszentrum, quasi als Planungsbüro für seinen eigenen Lebenslauf zu sehen und seine Fähigkeiten und Kompetenzen umzusetzen. Gelingt ihm dies nicht, ist die Konsequenz eine permanente Benachteiligung.[10] Durch die Fokussierung auf den individuellen Lebensentwurf werden soziale Abweichungen, wie etwa Armut oder (Jugend-)Kriminalität, nicht als gesellschaftliches, sondern als persönliches, also selbstverschuldetes, Problem betrachtet. Die Bewältigung der Unübersichtlichkeiten und Instabilitäten der Postmoderne stellen für die Jugendlichen eine entscheidende Herausforderung der Gegenwart dar.[11]

Gleichzeitig bestehen – insbesondere für Jugendliche, welche sich in einer Lebensphase des Umbruchs befinden – vielfältige Wahloptionen. Diese Wahloptionen sind jedoch nicht gleichzusetzen mit verwirklichbaren Chancen. Dieses Spannungsverhältnis zwischen Optionsvielfalt und Orientierungsverlust bringt der Terminus «Multioptionsgesellschaft» auf den Punkt. Der Soziologe Peter Gross, welcher diese Bezeichnung prägte, beschreibt, dass die «allerorts beklagte moderne Orientierungslosigkeit und Ratlosigkeit»[12] daher komme, dass der moderne Mensch zwar einerseits über viele Handlungs- und Wahlmöglichkeiten verfügt, jedoch gleichzeitig keine Gewissheiten, Traditionen oder Selbstverständlichkeiten hat, die ihm bei der Auswahl helfen. Vor diesem Hintergrund lässt sich aufzei-

[9] Vgl. Preglau undat, S. 3.

[10] Vgl. Beck 2007, S. 217.

[11] Siehe hierzu etwa Gintzel 1996, Preglau undat., Hitzler/Honer/Pfadenhauer 2008, Keupp 2006.

[12] Gross 1995, S. 1.

gen, dass die moderne Lebensführung geprägt wird von einerseits der Freisetzung aus Zwängen und Limitierungen und andererseits von dem Verlust an Sicherheit und Orientierung.[13] Gross beschreibt weiter, dass sich parallel zu der Steigerung der Optionen auch ein Zwang zur Verbesserung und ein enormer Steigerungs*wille* entwickelt haben.[14] Der Mensch fühlt sich zu immer neuen Optionen, also zu immer neuen Fortschritten, angetrieben und gezwungen – er gerät unter Realisierungsdruck[15]: «die Ich-Jagd der Multioptionsgesellschaft»[16].

Was bedeuten nun diese gesellschaftlichen Entwicklungen und Strukturen für die Gestaltung einer effizienten und wirkungsvollen Jugendhilfe?

Jugendhilfe heute

Jugendhilfe sollte Jugendliche dabei unterstützen, eigenverantwortlich zu handeln, individuelle Entscheidungen zu treffen, eine Lebensperspektive zu entwerfen und selbstständig ihren Weg gehen zu können.[17] Es gilt also, Jugendlichen dabei zu helfen, sich in der modernen entstrukturierten und individualisierten Gesellschaft orientieren und bewegen zu können und sie im Umgang mit sozialer und kultureller Überkomplexität zu begleiten und zu entlasten. Sie müssen bei der Bewältigung der Unübersichtlichkeiten und Instabilitäten unterstützt werden. Zentral ist hierbei ein funktionierendes soziales Netzwerk, welches Jugendliche stützt und trägt. Ist ein Jugendlicher in ein soziales Netzwerk integriert, so kann er sich bei Bedarf an seine

[13] Vgl. Gintzel 1996, S. 133.

[14] Vgl. Gross 1995, S. 2.

[15] Vgl. Abels 2007, S. 94

[16] Steiner/Schmassmann/Mäder 2005, S: 16.

[17] Vgl. Schröer 2002, S: 1043.

Netzwerkpartner, beispielsweise Familienmitglieder, wenden und um Hilfe bitten. Es geht somit um die Stärkung des sozialen Kapitals der jungen Menschen. Auch der Bundesrat plädiert in diesem Kontext als Massnahme gegen Jugendgewalt für Aufbau von tragfähigen sozialen Beziehungen.[18]

Das Beziehungsnetz lässt sich als Ressource nutzen. Insbesondere kriminelle Jugendliche benötigen aufgrund ihrer erhöhten psychosozialen Belastung ein funktionsfähiges soziales Unterstützungssystem,[19] haben jedoch gerade aufgrund ihrer sozio-kulturellen Positionierung Defizite in diesem Bereich.

Die Jugendhilfe sollte dazu beitragen, dass Jugendliche innerhalb eines funktionierenden sozialen Netzwerkes Unterstützung anfordern können und lernen, sowohl ihre eigenen Ressourcen als auch jene der Netzwerkpartner zu aktivieren. Auch muss sie zur individuellen Kompetenzentwicklung anleiten und den Jugendliche Hilfe zur Selbsthilfe lernen. Jungen Menschen müssen lernen, sich in der Gesellschaft anhand ihrer eigenen Ressourcen und Kompetenzen zu positionieren und zu funktionieren.

Wenn eine Jugendhilfe zur Selbsthilfe anleiten kann, können Jugendliche nach Abschluss der Massnahme bzw. der Betreuung ein autonomes und deliktfreies Leben führen. PIC versucht dieser Anforderung gerecht zu werden.

PIC in Theorie und Praxis

Im Zuge der Suche nach innovativen Konzepten der Jugendhilfe sorgte ein Konzept, welches in den Niederlanden Erfolge verzeichnet hatte,[20] für Aufmerksamkeit: INSTAP.

---

[18] Vgl. Bundesrat 2008, S. 7.

[19] Vgl. Möbius/Klawe 2003, S. 39.

[20] Vgl. Klawe 2010, S. 1.

INSTAP, das bedeutet Einstieg, wurde Ende der 1980er-Jahre in den Niederlanden von Jan van Susteren als neues Modell für die Arbeit mit delinquenten oder obdachlosen Kindern und Jugendlichen entwickelt.[21] Erstmals wurde in der Jugendhilfe ein zeitlich auf drei Monate befristetes ambulantes Hilfsangebot eingeführt, dessen Fokus auf die (Re-)Integration straf- oder auffällig gewordener Jugendlicher in soziale Netzwerke liegt und *nicht* auf der Betreuung durch professionelle Institutionen.

Grundgedanke der heute noch praktizierten Jugendarbeit ist die Annahme, dass auffälliges Verhalten aus unzureichender Integration junger Menschen in ein stabiles soziales Umfeld resultiert.[22] Entsprechend zielt INSTAP auf die Aktivierung von Ressourcen im sozialen Umfeld der Jugendlichen zur Lösung anstehender Probleme. Am Ende der ambulanten Betreuung sollten die Jugendlichen in der Lage sein, ohne weitere Unterstützung der Jugendhilfe ihr Leben zu gestalten. INSTAP strebt eine «Zusammenführung von Ressourcen verschiedener Institutionen des jeweiligen Sozialraumes mit individuellen Ressourcen des Jugendlichen, seinem Netzwerk positiver Beziehungen»[23] an.[24] Der Verbleib von Jugendlichen in der Jugendhilfe soll dadurch so kurz wie möglich gestaltet werden.[25] INSTAP baut damit auf Elemente des bestehenden Empowerment-Ansatzes, der Netzwerkstrategien und systematischer Beratungsansätze auf.[26] Innovativ sind dabei die Kombination dieser verschiedenen Elemente in ei-

---

[21] Vgl. Jugendamt Nürnberg 2009

[22] Vgl. Möbius/Klawe 2003, S. 31.

[23] Projektinformation Institut des Rauhen Hauses für Soziale Praxis GmbH, S. 5.

[24] Vgl. Jugendamt Nürnberg 2009

[25] Vgl. Möbius/Klawe 2003, S. 18.

[26] Vgl. Koch/Klawe/Möbius 2003, S. 1.

nem Konzept sowie die zeitliche Befristung der Massnahme.[27]

Aufgrund der positiven Ergebnisse in den Niederlanden – Erfolgsquoten von 50 bis 70 Prozent wurden gezählt[28] – wurde das INSTAP Modell auch in Deutschland und in der Schweiz unter Berücksichtigung der lokalen Gegebenheiten als AIB (Ambulante Intensive Betreuung) bzw. als das hier erläuterte PIC umgesetzt.

PIC wird in der Schweiz seit dem 1. Januar 2007 wie erwähnt von der Rehafirst AG bzw. von dessen Abteilung Youthfirst angeboten. Die Rehafirst AG ist ein Dienstleistungsunternehmen, welches Menschen hilft, die von Invalidität, Erwerbslosigkeit oder problematischen beruflichen Perspektiven bedroht oder betroffen sind, sich beruflich, gesundheitlich und sozial zu (re-)integrieren.

a) Grundsätze

Bei PIC geht es vor diesem Hintergrund also um die Entdeckung noch ungenutzter Stärken und die Förderung der individuellen Potenziale der Selbstgestaltung. Die Jugendlichen erarbeiten und formulieren gemeinsam mit den PIC-Mitarbeitenden konkrete Ziele für verschiedene Lebensbereiche, etwa Deliktfreiheit während und nach der Schutzmassnahme oder Klärung der beruflichen oder schulischen Perspektive.

Dazu werden die Jugendlichen unterstützt, ihre Ressourcen, Kompetenzen und potentiellen sozialen Netzwerke zu aktivieren. Es soll ein «Problemlöse-Netzwerk»[29] aufgebaut werden, welches den Jugendlichen langfristig

[27] Vgl. Möbius/Klawe 2003, S. 18-19

[28] Vgl Jugendamt Nürnberg 2009

[29] Merkblatt I Youthfirst.

stabilisiert und trägt.[30] Die gezielte Zusammenarbeit mit semiprofessionellen und institutionellen Netzwerkpartnern sowie deren Verknüpfung mit privaten Netzwerkpartnern aus dem Umfeld der Jugendlichen – sogenannte VIPs (Very Important Persons) – bilden das Kernelement. Die Jugendlichen lernen, um Unterstützung zu bitten, ohne sich dadurch in Abhängigkeit oder Bevormundung zu begeben.

Die Lebenswelt des Jugendlichen steht im Zentrum der Arbeit. Die PIC-Betreuer begeben sich – im Sinne einer aufsuchenden Sozialarbeit – in Umfeld und Alltag der Jugendlichen hinein und arbeiten sozusagen vor Ort mit ihnen, sei dies in einem Café, am Arbeitsplatz, in einem Jugendtreff oder bei der Person zu Hause. Auch zeitliche Flexibilität ist wichtig. Einem PIC-Betreuer stehen bei voller Auslastung durchschnittlich circa 12 Stunden pro Jugendlicher und Woche zur Verfügung, jedoch ist ganzjährlich eine 24-Stunden-Erreichbarkeit via Pikett-Dienst gewährleistet. Unter der Woche ist der jeweilige PIC-Betreuer 24 Stunden lang via Handy erreichbar. Während Wochenenden und Ferien ersetzt ein Stellvertreter alle PIC-Betreuer. Generell läuft der Kontakt zu den Jugendlichen via Mobiltelefonie (SMS und Telefonate). Diese Art der Kontaktpflege entspricht den jugendlichen Kommunikationsgewohnheiten und gewährt ein hohes Mass an Erreichbarkeit, wenn auch durchaus Probleme auftreten können (z.B. mangelnde Gesprächsguthaben).

Wenn Jugendliche während der PIC-Betreuung Abmachungen oder Termine nicht einhalten, wird versucht, tendenziell nicht autoritär aufzutreten. Die Freiwilligkeit des Jugendlichen ist Ausgangslage der Betreuung. Stattdessen wird hartnäckig und immer in Anwendung einer lösungsorientierten Gesprächsführung herauszufinden versucht, warum der Jugendliche den Termin oder die Abmachung

---

[30] Vgl. Merkblatt I Youthfirst.

nicht einhalten konnte bzw. wollte. Die lösungsorientierte Gesprächsführung als Prinzip fokussiert auf Dinge, die im Leben des Jugendlichen gelingen oder gut gelaufen sind. Defizitäre oder negative Erlebnisse werden nur am Rande thematisiert.[31] Die Lösung, und nicht das Problem, steht im Fokus.[32]

b) Zielgruppe

Zielgruppe des PIC-Angebots sind 16- bis 21-jährige Jugendliche mit Wohnsitz in der Deutschschweiz, welche in verschiedenen Lebensbereichen, zum Beispiel Familie oder Arbeit, schwerwiegende Probleme haben und über mangelnde Stabilität im sozialen Umfeld verfügen.[33] Dazu gehören Jugendliche, welche über keinen Schulabschluss verfügen, von anhaltenden Streitigkeiten in der Familie betroffen sind, eine unklare Wohnsituation, keine oder eine ungenügende Tagesstruktur oder Schulden haben. Voraussetzung ist, dass ein genügendes Mass an Kontakt- und Bündnisfähigkeit, Veränderungsmotivation und bestimmte positive Ansatzpunkte wie etwa Autonomiebestreben, Eigenantrieb bei der Verbesserung der Lebenssituation, positive Erlebnisse in mindestens einem Lebensbereich (z.B. Sport, Schule, Hobby) vorhanden sind.

Nicht geeignet ist PIC hingegen für Jugendliche, welche ein hohes Fremd- oder Selbstgefährdungspotential aufweisen oder eine offensichtlich starke Bindungsstörung haben.[34] Dies, da eine Mindestkontaktzeit des Jugendlichen mit dem PIC-Betreuer von 12 Stunden pro Woche gegeben sein muss. Nur so kann sich eine Entwicklung voran-

---

[31] Vgl. Merkblatt I Youthfirst. 2010

[32] Vgl. Zentrum für lösungsorientierte Beratung

[33] Vgl. Merkblatt II Youthfirst. 2010

[34] Vgl. Merkblatt I Youthfirst. 2010

getrieben werden. Eine Bindungsstörung auf Seite des Jugendlichen würde in einer unkonstanten Zusammenarbeit resultieren und somit die Erreichung der PIC-Ziele verunmöglichen.

Jugendliche, die sich für die PIC-Betreuung eignen, werden von der zuständigen Jugendanwaltschaft zugewiesen. Diese können unverbindlich mit der PIC-Leitung Kontakt aufnehmen und die Situation des Jugendlichen, welcher für die Betreuung in Betracht gezogen wird, besprechen. Die PIC-Betreuung wird im Rahmen einer persönlichen Betreuung nach Art. 13 JStG oder einer zivilrechtlichen Kinderschutzmassnahme angeordnet. Fallverantwortung sowie Risikoanalyse liegen bei der zuweisenden Stelle. Kosten der PIC-Betreuung der ersten Aufträge betragen mehrwertsteuerbefreit CHF 33'000, die Leistung umfasst 220 bis 250 Arbeitsstunden. Die Kostengutsprache erfolgt durch die zuweisenden Stellen der öffentlichen Hand (u.a. Jugendanwaltschaften, Vormundschaftsbehörden/Jugendsekretariate, Sozialämter).[35]

Beim Entscheid für PIC wird telefonisch mit dem PIC-Team die Fallübergabe besprochen und ein Übergabegespräch terminiert. Dieses ungefähr 15 Minuten lange Übergabegespräch bildet den Startschuss für die PIC-Intervention.

c) Verlauf

PIC ist als Drei-Phasen-Modell konzipiert und besteht aus Kontaktphase, Intensivphase und Kontrollphase. Vorlauf dieser drei Etappen bildet die Übergabephase.

---

[35] Vgl. Youthfirst Merkblatt 1. 2010.

d) Übergabephase

Die Übergabephase beinhaltet Anmeldung und Übergabesitzung. In der *Übergabesitzung* wird dem Jugendlichen das PIC-Modell vorgestellt und aufgezeigt, dass die Begehung neuer Straftaten gemeldet wird, zum Abbruch von PIC führen kann und die Anordnung einer anderen (allenfalls stationären) Massnahme geprüft würde. Im *Erstgespräch* werden anschliessend die Erwartungen des Jugendlichen bezüglich der Zusammenarbeit geklärt. Gemeinsam definieren die PIC-Betreuer und der Jugendliche anschliessend Zielsetzungen. Es wird ein Vertrag abgeschlossen, welcher als Guideline für die kommenden 3,5 Monate fungiert. Regelmässige Treffen an von dem Jugendlichen gewünschten Orten werden vereinbart. Zudem versucht das PIC-Team, bereits erste Informationen über das Familiensystem und das soziale Netzwerk des Jugendlichen zu sammeln. Ist der Jugendliche jünger als 18 Jahre alt, so muss zudem ein Treffen mit den Eltern vereinbart werden. Dies, da die Frage der Vollmacht geklärt werden muss. Ist der Jugendliche älter als 18 Jahre, so ist das Gespräch mit den Eltern fakultativ.[36]

e) Kontaktphase

Das Erstgespräch bildet den Auftakt zur zweiwöchigen Kontaktphase. Ziele dieser Etappe sind das Kennenlernen des Jugendlichen, seiner Lebensumstände sowie seines aktuellen sozialen Netzwerkes. Dafür wird eine Problem-, Ressourcen- und Netzwerkanalyse gemacht – eine «Auslegeordnung»[37] der momentanen Lebenssituation. Es geht darum, herauszufinden wer und was im Leben des Jugendlichen eine wichtige Rolle spielt. Ein schriftlicher

---

[36] Vgl. Youthfirst Merkblatt 1. 2010.

[37] Vgl. Youthfirst Merkblatt 1 2010

Vertrag zwischen dem Jugendlichen und dem PIC-Betreuer soll erstellt werden, in welchem konkrete und realistische Ziele definiert sind. Die Ziele werden je Lebensbereich (Schule, Familie etc.) aufgelistet. Dem Verfassen und Unterzeichnen des Vertrags gehen mehrere Treffen voraus, in welchen Themenblätter verschiedenen Lebensbereichen ausgearbeitet werden.

Hat der Jugendliche den schriftlichen Vertrag unterzeichnet, wird eine Kopie an die Jugendanwaltschaft geschickt. Es beginnt die 12-wöchige Intensivphase.[38]

f) Intensivphase

In der 12 Wochen dauernden Intensivphase geht es darum, durch Gespräche, zielgerichtete Handlungen und soziale Lernfelder (zum Beispiel Bewerbungstraining) Lösungen zu entwickeln. Zentrales Element ist die Aktivierung des Netzwerkes des Jugendlichen. Es findet eine Kontaktaufnahme mit relevanten Netzwerkpartnern statt. Eine sogenannte *Netzwerkkarte* wird erstellt. VIPs werden aufgesucht und Aufgaben und Rollen verteilt. Die Zusammenarbeit mit individuellen und (semi-)professionellen Netzwerkpartnern wird aktiv gesucht. Allenfalls müssen neue VIPS gefunden werden oder bestehende Rollen und Aufgaben erneuert und verändert werden.

Zum Aufgabenbereich des PIC-Betreuers gehört zudem, sicherzustellen, dass sich die VIPs ihrer Aufgaben und Funktion bewusst sind und ihre Kompetenzen weder unter- noch überschreiten. Gegen Ende der 12 Wochen findet ein Auswertungsgespräch mit dem Jugendlichen, der Auftraggeberin und PIC statt. Zudem wird ein kurzer schriftlicher Abschlussbericht verfasst, welcher eine Zielüberprüfung

---

[38] Vgl. Youthfirst Merkblatt 1 2010

beinhaltet. Dieser Abschlussbericht wird an die Jugendanwaltschaft weitergegeben.

g) Kontrollphase

Auf die Intensivphase folgt die Kontrollphase. Innerhalb der nächsten 52 Wochen nimmt der PIC-Betreuer fünfmal mit dem Jugendlichen Kontakt auf: nach 4, 8, 16, 32 und 52 Wochen. Wenn nötig trifft sich der PIC-Mitarbeiter auch mit den Netzwerkpartnern des Jugendlichen. Es geht darum zu überprüfen, ob das während der Intensivphase entwickelte Problemlöse-Netzwerk stabil und tragfähig ist. Bei Bedarf sind kleinere Interventionen möglich.

Herausforderungen

Das PIC-Modell bietet viele schon genannte Vorteile. Das ambulante Angebot wird gerade auch von Jugendlichen geschätzt, da es ihnen Freiheit und zugleich Rahmenbedingungen ermöglicht. Hinzu kommen aber auch einige Herausforderungen.

1. Betreuungsdauer

Die PIC-Betreuungsphase von dreieinhalb Monaten ist im Verglich zu anderen (ambulanten) Massnahmen relativ kurz. Zwar folgt auf die Intensivphase eine 52-wöchige Kontrollphase, in welcher die Entwicklung des Jugendlichen beobachtet wird, die eigentliche Zusammenarbeit endet jedoch nach 14 Wochen. Die durchschnittliche Dauer anderer ambulanter Hilfeformen liegt bei circa 250 bis 350 Tagen.[39] Entsprechend wird hinterfragt, ob sich in dem

[39] Vgl. Behörde für Schule, Jugend und Berufsbildung 1999

vergleichsweise kurzen Zeitraum von dreieinhalb Monaten wirksame Massnahmen oder Zielsetzungen verwirklichen lassen. Auch Gespräche mit Betroffenen Jugendlichen weisen darauf hin, dass die PIC-Zeit knapp bemessen ist.

Eine interne Evaluation sowie Studien aus Deutschland zeigen jedoch, dass in dem begrenzten Zeitfenster durchaus effiziente Massnahmen umgesetzt werden können. So beschrieben beispielsweise Mitarbeiter, welche an der Implementierung von AIB in Deutschland beteiligt waren, dass sich innerhalb der Zeit die anstehenden Probleme der Jugendlichen soweit bearbeiten liessen, dass diese sich nach Beendigung von AIB in einer Lebenssituation befinden, in der sie ohne weitere Hilfen zur Erziehung ihr Leben bewerkstelligen können. Die meisten Jugendlichen hielten zudem in den Kontrollphasen weitgehend die gewonnene Stabilität in den verschiedenen als problematisch benannten Lebensbereichen.

Jugendliche, die schon lange in problembeladenen Lebensumständen gelebt haben, könnten Schwierigkeiten haben, innerhalb eines derart kurzen Zeitraums sämtliche Problemfelder in den Griff zu bekommen. Die Kontrollphasen helfen hier. Zwar haben PIC-Betreuer und Jugendliche da nur noch wenig Kontakt, die Möglichkeit der Betreuung und Unterstützung bleibt aber. Das in der Intensivphase aktivierte Netzwerk wird auf seine Stabilität überprüft. Der PIC-Betreuer ist weiterhin telefonisch erreichbar und das aufgebaute Vertrauensverhältnis bleibt bestehen, was bei Bedarf nötige Hilfe erleichtert.

2. Begrenzte Zielgruppe

Die Zielgruppe von PIC ist eher begrenzt. Da PIC als Unternehmen begrenzte Kapazitäten hat, kommen 16- bis 21-jährige Jugendliche mit Wohnsitz in der Deutschschweiz in

Frage, welche in verschiedenen Lebensbereichen wie zum Beispiel Familie oder Arbeit schwerwiegende Probleme haben und über mangelnde Stabilität im sozialen Umfeld verfügen.

Auf grundsätzlicher Ebene muss ein gewisses Mass an Belastungen gegeben sein, damit eine PIC-Betreuung überhaupt Sinn macht. Jedoch darf das Ausmass der Problemfelder auch nicht zu gross oder intensiv sein. Jugendliche, die beispielsweise eine massive Drogenabhängigkeit aufzeigen, kommen für eine PIC-Betreuung nicht in Frage. Auch starke psychische Störungen oder Bindungsängste stellen ein Hindernis für die PIC-Betreuung dar. Jugendliche, die beispielsweise unter Angst- oder Wahnvorstellungen leiden, sind nicht dazu in der Lage, sich auf ein pragmatisches Vorgehen sowie realitätsorientierte Lösungsansätze zu konzentrieren.

Allgemein werden Jugendliche, bei welchen eine solche Krankheit bekannt ist, gar nicht erst an eine ambulante Jugendhilfe weiter geleitet. Jugendliche, die hingegen unter Depressionen oder Bindungsstörungen leiden, werden nicht im Voraus aussortiert. Ist ein regelmässiger Kontakt sowie der Aufbau einer Vertrauensbeziehung jedoch nicht möglich, so kann die PIC-Betreuung nicht erfolgreich verlaufen. Ein ausreichendes Mass an Motivation der Jugendlichen ist notwendig. Zu berücksichtigen ist dabei aber, dass auch anfangs unmotivierte und passive Jugendliche im Verlauf der PIC-Betreuung die Bereitschaft zum Mitmachen entwickelt können.

3. «Profit-Orientierung»

Als privates Unternehmen befindet sich die Rehafirst AG in einer Marktsituation und ist darauf angewiesen, wirtschaftlich zu arbeiten. Man mag befürchten, dass das Unternehmen kein Interesse an zügigen Therapieerfolgen hat, um länger zu verdienen. Um dies zu verhindern, wir bei PIC wird im Vorfeld jeder Betreuung ein fixes Kostendach festgelegt und die Anzahl Arbeitsstunden definiert. Zudem hat das Unternehmen, eben gerade weil es sich in einer Marktsituation befindet, ein grosses Interesse daran, möglichst Jugendliche erfolgreich zu therapieren. Und letztendlich haben auch die staatlichen Behörden als Auftraggeber die Möglichkeit, die Qualität der Arbeit zu kontrollieren.

Fazit

Diese milieunahe und pragmatische Form der Jugendhilfe grenzt sich von Konzepten der stationären Betreuungen oder einer repressiven Pädagogik ab. Die unternehmerische Eigenständigkeit und die Erfolgsorientierung gewährleistet ein gewisses Mass an Qualitätssicherung und Effizienz. Wichtig ist, das Modell als komplementär zu bestehenden Angeboten zu verstehen, in dem Sinne, als dass das Angebot nicht für alle Jugendlichen in Frage kommt. Von Relevanz dürfte dabei die Kooperation mit stationären Einrichtungen oder anderen ambulanten Angeboten sein. Somit könnten aktuelle Problemfelder des PIC-Modells – die zeitliche Begrenzung und die enge Zielgruppe – entschärft werden. Grundsätzlich sind die Erfahrungen des INSTAP-, AIB oder PIC-Modells in den verschiedenen Ländern ermutigend und machen deutlich, dass die konsequente Orientierung an Sozialraum und Lebenswelt, die Flexibilisierung der Hilfeleistungen sowie die Fokussierung auf die Aktivierung eigener Ressourcen und Kompetenzen als Vorlage für eine Weiterentwicklung der Jugendhilfe dienen kann.

Literatur

Abels, Heinz (2007): Sich dem «Mehrgott» verweigern – Zu Peter Gross' «Multioptionsgesellschaft», in: Schimank/Volkmann: Soziologische Gegenwartsdiagnosen I, VS Verlag für Sozialwissenschaften, Wiesbaden, 2. Auflage.

Beck, Ulrich (1986): Risikogesellschaft. Auf dem Weg in eine andere Moderne, Frankfurt am Main: Suhrkamp, 19. Auflage, 2007.

Behörde für Schule, Jugend und Berufsbildung (BSJB) (Hg.) (1999): Redlich, Alexander, Hanno Winckelmann, Universität Hamburg: Evaluation der ambulanten Hilfen zur Erziehung, Hamburg.

Bericht des Bundesrates (2009): Jugend und Gewalt – Wirksame Prävention in den Bereichen Familie, Schule, Sozialraum und Medien, 20. Mai 2009.

Bundesrat (2008): Strategie für eine Schweizerische Kinder- und Jugendpolitik. Bericht des Bundesrates vom 27. August 2008 in Erfüllung der Postulate Janiak (00.3469) vom 27. September 2000, Wyss (00.3400) vom 23. Juni 2000 und Wyss (01.3350) vom 21. Juni 2001, BSV, Bern.

Gintzel, Ullrich/ Schone, Reinhold (Hg.) (1996): Jahrbuch der Sozialem Arbeit 1997, VOTUM, Münster.

Gross, Peter (1995): Die Multioptionsgesellschaft. Eine Systematik der Fragen, in: actio catholica – Zeitschrift für Akademiker, Heft 4/, S. 1-4.

Institut des Rauhen Hauses für Soziale Praxis GmbH (Hrsg.) (1998): Transfer der niederländischen INSTAP-Methode in das deutsche Jugendhilfesystem –Projektinformation.

Keupp, Heiner (1987): Soziale Netzwerke, Campus, Frankfurt am Main.

Möbius, Thomas/Klawe, Willy (Hg.) (2003): AIB – Am-

bulante Intensive Betreuung. Handbuch für eine innovative Praxis in der Jugendhilfe, Beltz, Weinheim u.a.
SCHRÖER, Wolfgang (2002): Handbuch Kinder- und Jugendhilfe, Juventa, Weinheim.
STEINER, Olivier/Schmassmann, Hector/Mäder, Ueli (2005): Lebensweltliche Gewalterfahrungen Jugendlicher. Eine Empirische Studie über delinquente Jugendliche, gesowip, Basel.

Quellen aus dem Internet

BUNDESAMT FÜR STATISTIK (2007): Zur Entwicklung der Jugendkriminalität. Jugendstrafurteile von 1946 bis 2004, Neuchâtel.
EIDGENÖSSISCHES JUSTIZ- UND POLIZEIDEPARTEMENT (2007): Medienmitteilung Massnahmenpaket gegen die Jugendgewalt, 29.06.2007. http://www.ejpd.admin.ch/ejpd/de/home/dokumentation/mi/2007/2007-06-29.html (Stand: 26.7.2011)
JUGENDAMT NÜRNBERG (undat.): Projektbericht Ambulante Intensive Begleitung http://www.jugendamt.nuernberg.de/downloads/aib_projektbericht.pdf
KLAWE, Willy (2010): Ambulante Intensive Begleitung (AIB) – Ein Ansatz für eine innovative Praxis in der Jugendhilfe, in: SGB VIII – Online Handbuch.
http://www.sgbviii.de/S119.html (Stand: 12.5.2010)
PREGLAU, Max (undat.): Kindheit und Jugend im Übergang von der «modernen Industriegesellschaft» zur «postmodernen Risikogesellschaft».
Download: paedagogik.sos-kinderdorf.at/?download=Max%20Preglaulang.pdf (Stand: 26.7.2011)
SF1 TAGESSCHAU, 24.8.2009

http://videoportal.sf.tv/video?id=b3b590d4-cca9-48f7-b7e7-e92ebdf8d62f [Stand: 24.7.2011]

Walser, Simone/Killias, Martin (2009): Jugenddelinquenz im Kanton St.Gallen, Bericht zuhanden des Bildungsdepartements und des Sicherheits- und Justizdepartements des Kantons St. Gallen, Universität Zürich.
http://www.rwi.uzh.ch/lehreforschung/alphabetisch/killias/forschung/JugenddelinquenzSG.pdf [Stand: 24.7.2011]

Youthfirst Merkblatt 1 (2010).
http://www.youthfirst.ch/images/PIC-Merkblatt-I.pdf. (Letzter Zugriff: 29.4.2010)

Youthfirst Merkblatt II (2010).
http://www.youthfirst.ch/images/PIC-Merkblatt-II.pdf (Stand: 29.4.2010)

Zentrum für lösungsorientierte Beratung (undat.): Grundlagen der Lösungsorientierten Gesprächsführung, Basisdokumentation.
http://www.zlb-winterthur.ch/publikationen/zlb-basisdokumentation.pdf

Raphael Bucher und Roberto Brunazzi

Fürsorgerischer Freiheitsentzug

Am Beispiel eines Drehtürpatienten

Peter L.[1] wurde 1981 in der Ostschweiz geboren und lebte dort zunächst unauffällig. Bis zu seinem zwanzigsten Lebensjahr hatte er eine Lehre als Reprograf und die Rekrutenschule erfolgreich abgeschlossen. 1999 wurde Peter L. aktenkundig. Seinem Strafregister lässt sich entnehmen, dass er erstmals wegen «grober Verletzung der Verkehrsregeln» und 2001 wegen «Fahren in angetrunkenem Zustand» gebüsst wurde. Darauf folgten weitere Delikte wegen wiederholten Hausfriedensbruchs und Sachbeschädigungen. 2001 musste er zum ersten Mal stationär in einer psychiatrischen Klinik behandelt werden. Bis ins Jahr 2010 wurden es zwischen 12 und 20 Aufenthalten. (Peter L. selbst spricht von 20 Aufenthalten, in der Verhandlung wurden ca. ein Dutzend genannt.) An die erste Einweisung erinnert sich Peter L. folgendermassen: An einer Technoparty in Zürich habe man ihm etwas in sein Getränk geschüttet. Danach sei er mehrere Tage in Zürich umhergeirrt, bis er schliesslich «irgendwie» bei seiner Grossmutter gelandet sei, von wo aus ihn seine Schwester in die Notaufnahme in Zürich gebracht habe. Er wurde in eine Psychiatrische Klinik vermittelt, in der er stationär medikamentös behandelt wurde. Peter L. kann sich aufgrund der Medikation gemäss eigener Aussage nicht mehr an Details seiner

[1] Die folgenden Daten sind eine Zusammensetzung aus Peter L.s eigenen Aussagen und Polizei-Akten. Weder die vorliegenden Akten, noch die persönlichen Aussagen der Person ermöglichen eine genaue Rekonstruktion der Vorgänge bis zum Tag der Verhandlung.

ersten Einweisung erinnern, dafür umso genauer an die zweite. Hierbei machte sich seine Mutter Sorgen um den Zustand ihres Sohnes, welcher dank einer IV-Rente von 3000 Franken und Ergänzungsleistungen alleine in einer Zweieinhalb-Zimmer Wohnung leben kann. Aus nicht weiter rekonstruierbaren Gründen, rief seine Mutter die Polizei, während sich Peter L. ein Bad einlaufen liess, um dabei «einen zu rauchen».

Die herbeigerufene Polizei holte ihn aus dem Bad und brachte ihn in eine psychiatrische Klinik. Hier wurde er erstmals medikamentös zwangsbehandelt und möglicherweise sogar fixiert (Peter L. selbst spricht von mindestens drei Fixationen in den vergangenen neun Jahren, konkretisieren kann er die Zeitpunkte jedoch nicht). Nach diesen Ereignissen wird Peter L. zu einem sogenannten Drehtürpatienten: Wiederholt wird er stationär oder ambulant eingewiesen, meist per fürsorglichen Freiheitsentzug (nachfolgend: FFE) durch die Polizei nach Sachbeschädigungen oder Hausfriedensbruch, teilweise nachweisbar unter Alkoholeinfluss.

Zur aktuellen Einweisung kam es, weil Peter L. die verschriebenen Medikamente abholen wollte, diese aber bei der angegangenen Abgabestelle nicht bekam. Daraufhin suchte er seine Psychiaterin auf, welcher er gemäss polizeilichen Aussagen aggressiv entgegentrat. Diese rief die Polizei, welche ihn sofort per FFE in eine Klinik im Raum Zürich einlieferte. Von hier aus kontaktierte Peter L. den Verein PsychEx, von dem er über einen Bekannten hörte. PsychEx ist ein Psychiatrie-krititscher Verein, der sich für die Rechte von (vermeintlich) psychisch Kranken einsetzt. Er ermöglicht z.B. Personen, welche eine pychiatrische Zwangsbehandlung erfahren, rechtlichen Beistand.[2] Inner-

[2] www.psychex.ch

halb einer Woche wurde für Peter L. ein Verhandlungsprozedere festgelegt, dessen Verlauf wir hier erläutern.

Verhandlung

Mittag, es dauert nun noch etwa 90 Minuten bis zum Verhandlungsbeginn. In einem Aufenthaltsraum für Patienten der Anstalt treffen wir auf Peter L.. Er wurde am 13. Januar 2010 nach dem erwähnten Vorfall per FFE eingewiesen.

Die Anwälte E. S. und R. B. von PsychEx instruieren Peter L. nach der Begrüssung: Er müsse niemandem gegenüber eine Aussage machen und lediglich ihre Fragen antworten.

Peter L. wirkt eher apathisch und ruhig. Die Anwälte fragen ihn deshalb, wieviel «Chemie» er intus habe. «Clopexol und etwas Valium.» Als der begutachtende Arzt zu uns kommt, begrüssen die Anwälte diesen knapp und fordern, bei der Abklärung dabei sein zu dürfen. Der Arzt lehnt dies ab. Nach etwa zwei Minuten kommen sie zurück. Die Anwälte gratulieren Peter L. zu dessen Schweigen. Für den Arzt bedeutet dies, dass er lediglich aufgrund der Krankenakten verfahren kann. In der Cafeteria setzten wir uns an einen Tisch. Peter L. wird wieder instruiert, nichts zu sagen und nur auf die Fragen seiner Anwälte zu antworten.

Noch immer wirkt Peter L. dumpf, teilnahmslos und er spricht langsam. «Erzählen Sie mir doch nochmals, was Sie mir am Telefon erzählt haben.» Peter L. hat Mühe dieser Aufforderung von Anwalt E.S. zu folgen: «Ich musste lernen, verschlagen zu werden, nun muss ich mich wehren. Ich schlage lieber etwas kaputt, statt jemanden zu verletzen».

Die beiden Anwälte beraten sich nun. Peter L. geht in einen Nebenraum um eine Zigarette zu rauchen. Sie sind sich einig, dass der Klient zu Recht die Aussage verweigerte, da er unter starken Sedativa stehe – ein faires Verhandeln wäre damit nicht mehr möglich.

Anwalt R. B. beginnt mit seinen Notizen für die nahende Verhandlung: «Es ist festzustellen, dass im Sinne der EMRK Art. 13 die Medikation des Klägers vor der Verhandlung ein Verstoss gegen EMRK Art. 5, Ziff. 4 in Verbindung mit EMRK Art. 6, Ziff. 1 darstellt. Daher ist eine Aussage bei Gutachter und Richter zu verweigern, da der Eindruck vor dem Richter verfälscht würde.»

Im weiteren Gespräch wirkt der Patient verwirrt. Er erzählt, dass er schon zum zwanzigsten Mal in einer Klinik war und «ich habe das nie recht gefunden».

Es werden die finanziellen Verhältnisse des Klienten geklärt. Dies ist vor allem unter dem Gesichtspunkt des unentgeltlichen Rechtsbeistandes nötig. Aufgrund vorheriger Vergehen, Schadenersatzforderungen und Gerichtskosten hat Peter L. Schulden über Fr. 30'000.- angehäuft und lebt momentan von IV und Ergänzungsleistungen – Verhältnisse, die einen unentgeltlichen Rechtsbeistand rechtfertigen.

Eine psychiatrische Klinik sei ein Herrschaftsmittel, so Anwalt S., welches als Heilanstalt getarnt eine generalpräventive Wirkung entfalte. Sobald «irgendetwas sei», würde Peter L. sofort eingewiesen. Dieses Vorgehen könne er überhaupt nicht verstehen, halte Peter L. sich doch an die ihm auferlegten Hausverbote und die anderen Auflagen.

Peter L. nennt eine Frau D., welche zu ihm hält. «Sie ist die einzige, die mich versteht. Wenn ich mal in Rage bin, dann lässt sie mich einfach drei Minuten in Ruhe, bis wieder alles in Ordnung ist», erzählt er. Dies gibt ihm Sicherheit, fährt er fort, denn weil ihm die Wohnung gekündigt wurde, kann er nun nach der Entlassung bei ihr unterkommen, da sie ihm bereitwillig ein Zimmer zur Verfügung gestellt hat. Bei der Person handelt es sich vermutlich um eine Pflegerin. Ein stabiles soziales Umfeld des Patienten hat eine grosse Bedeutung für die Verhandlung, da es eher für eine Entlassung des Patienten sprechen würde. Es wäre somit von Vorteil, wenn Frau D. an der Verhandlung anwesend wäre und die Absicht, Peter L. aufzunehmen, vor dem Richter bekräftigte.

Anwalt S. meint, dass die Taten, wie sie Peter L. verübte, immer zu einer Entlassung des Patienten führen sollten, da sie für die Gesellschaft und das Wohl des Insassen keine Bedrohung darstellten. Zudem habe der Patient nie seine Akten gesehen. Auch dieser Umstand sei eine grobe Verletzung der in der EMRK garantierten Rechte. Da er nach EMRK Art. 6, Ziff. 1 keine Akteneinsicht hatte, sei kein faires Verfahren möglich.

13.30, die Verhandlung beginnt pünktlich. Der Richter gibt als erstes das Wort dem Arzt, welcher Peter L. vor der Verhandlung begutachten wollte. Der Arzt stellt eine Schizophrenie bei dem Patienten fest. Eine bei diesem Krankheitsbild oft anzutreffende Verwahrlosung sei jedoch nicht vorhanden. Zudem sei der Patient Cannabisabhängig. Der Patient sei bereits ein Dutzend Mal eingewiesen worden, mehrheitlich durch einen FFE. Zuletzt habe er Polizisten mit Steinen beworfen und eine schwangere Frau umgestossen. Aus diesem Grund sei er wegen Fremdgefährdung eingewiesen worden. Nach dieser Einweisung habe er sich psychotisch und äusserst aggressiv verhalten, weshalb ihm Beruhigungsmittel verordnet wurden, was man ihm momentan auch ansehe. Im aktuellen Zustand liege keine Selbst- oder Fremdgefährdung vor, sein Zustand erfordere aber dennoch Behandlung, da von einer erhöhten Rückfallgefahr auszugehen sei. Eine Verbesserung des Patientenzustandes sei abzuwarten, eine Depotmedikation unter Umständen möglich. Zur Zeit befinde sich der Patient aber in wesentlich schlechterem Zustand, als noch zu anderen Zeitpunkten. Vor allem an der Krankheits- und

Behandlungseinsicht habe sich in der Vergangenheit kaum eine Verbesserung feststellen lassen. Im Falle einer Entlassung des Patienten, würde dieser innerhalb kurzer Zeit die Medikation selbstständig absetzen. Ein Patient mit der Erkrankung Peter L.s habe nur in den seltensten Fällen eine Krankheitseinsicht, die Krankheits-Uneinsicht könne damit als Teil der Erkrankung verstanden werden. Auch aus diesem Grund halte er eine weitere stationäre Behandlung des Patienten für angebracht. Zudem sei das verabreichte Medikament auch nicht zur Behandlung nicht-stationär behandelter Patienten geeignet. Für den Patienten atypisch sei dessen Verhalten vor der Verhandlung gewesen.

Im Anschluss an die Ausführungen des Arztes stellt Anwalt R.B. diesem verschiedene Fragen zu den Wahngedanken und zum sozialen Umfeld, sowie der Ausbildung seines Klienten. Keine dieser Fragen konnte der Arzt beantworten, da er vor der Verhandlung nicht mit dem Patienten reden konnte.

Darauf stellt auch Anwalt E.S. verschiedene Fragen. Die Verhandlung wird an dieser Stelle zum ersten Mal hitziger und lauter. Er stellt auch die Frage, ob man noch zwischen Symptomen der Einweisung und einer möglichen Krankheit unterscheiden könne – «Nichts kann ausgeschlossen werden», lautet die prompte Antwort des Arztes. Zu der Frage, ob sich etwas nach den bisherigen Aufenthalten gebessert hat, schweigt der Arzt.

Nach diesem Intermezzo ergreift der Oberarzt das Wort. Er kennt Peter L. besser und kann daher ebenfalls herbeigezogen werden. Er sagt, dass das Ziel der Behandlung nicht die Sedierung des Patienten sei, sondern zusammen mit diesem und dessen Einverständnis eine Besserung der Krankheit erreicht werden soll. Grundsätzlich zeige sich der Patient kooperativ und man arbeite auf das gemeinsame Ziel hin, ihn schnellstmöglich zu entlassen. Auch, dass er nicht mehr per FFE eingewiesen werde, sei ein Ziel der Behandlung. Eine Erkrankung, wie diejenige Peter L.s sei aber äusserst schwer zu behandeln, da eventuell eine lebenslange Begleitung nötig wäre. In frühestens drei Wochen könne der Patient entlassen werden und autonom Leben.

Es werden nun weitere Fragen bezüglich der Behandlung und dem sozialen Umfeld des Patienten gestellt. Auch der Oberarzt weiss darüber nicht Bescheid. Er wird darauf gefragt, ob er einen Zusammenhang zwischen den Einweisungen und den massiven Sachbeschädigungen (über CHF 10'000 Schadenkosten), die der Patient – als er nicht stationär behandelt wurde – angerichtet hat, feststellen kann. Der Oberarzt antwortet, dass eventuell ein Zusammenhang bestehe, die Sachbeschädigung aber in einem psychotischen Zustand begangen wurden.

Die Verhandlung wird nun auf Wunsch von den Anwälten S. und B. für einige Minuten unterbrochen. Der Klient wird instruiert, gegenüber dem Richter notwendige Aussagen zu machen. Der Richter stellt dem Kläger einige Fragen zu dessen familiären Verhältnissen. Peter L. bestätigt sowohl mit seiner Mutter als auch seiner Schwester in Kontakt zu sein. Der Richter fragt ihn nun, ob er wisse wohin er nach einer Entlassung gehen könne. Peter L. bestätigt, dass er ein Zimmer bei einer Freundin bekommen würde, was aber lediglich eine Übergangslösung darstelle. Den Namen der Freundin will er nicht preisgeben.

Später in der Verhandlung zählen die Verteidiger EMRK-Artikel auf, welche mit der nicht gewährleisteten Akteneinsicht des Patienten, dessen Medikation und der fehlenden Verhältnismässigkeit der «Sanktion» verletzt worden seien, weshalb eine sofortige Entlassung anzuordnen sei. Der Richter verlegt das Urteil auf den nächsten Tag, da die einzelnen Beschwerdepunkte eingehend geprüft werden müssen.

Am folgenden Tag wird uns mitgeteilt, dass die Beschwerde vorerst ohne Begründung zurückgewiesen wird. Der Patient bleibt weiterhin stationär in der Klinik, eine allfällige Urteilsbegründung liegt uns nicht vor. Bei Peter L. liegt die Diagnose einer Krankheit aus dem «Formenkreis der Schizophrenie» vor, wobei diese Erkrankung sein Aggressionspotential steigere und er somit zu einer Gefahr für sich und auch für andere werden könnte, was einen fürsorglichen Freiheitsentzug und medikamentöse Behandlung rechtfertigt.

Aufgrund des 1981 in Kraft getretenen Art. 397a aus dem ZGB darf «eine mündige oder entmündigte Person wegen Geisteskrankheit, Geistesschwäche, Trunksucht, anderen Suchterkrankungen oder schwerer Verwahrlosung in einer geeigneten Anstalt untergebracht oder zurückbehalten werden, wenn ihr die nötige persönliche Fürsorge nicht anders erwiesen werden kann» [3], oder wenn die betroffene Person eine Gefahr für sich oder andere darstellt. Zwar hat jeder Eingewiesene das Recht auf die richterliche Beurteilung seines Falls, die Chancen, dass eine als psychisch krank diagnostizierte Person aber ohne Hilfe entlassen wird, scheinen gering.[4]

---

[3] Art. 397a ZGB

[4] *Hinweis der Herausgeber:* Zurzeit läuft die Revision des Vormundschaftsrechts. Das Bundesamt für Justiz schreibt: «Die Revision des Vormundschaftsrechts ist die letzte Etappe der Gesetzgebungsarbeiten zum Familienrecht. Ziel ist es, das Selbstbestimmungsrecht schwacher, hilfsbedürftiger Personen zu wahren und zu fördern, gleichzeitig aber auch die erforderliche Unterstützung sicherzustellen und gesellschaftliche Stigmatisierungen zu vermeiden. Die neuen gesetzlichen Massnahmen sollen entsprechend dem Grundsatz der Verhältnismässigkeit und die individuellen Bedürfnisse und Möglichkeiten der betroffenen Personen zugeschnitten werden.» Quelle: Eidg. Justiz- und Polizeidepartement, www.ejpd.admin.ch. Stand: 22. August 2012.

Che Wagner

Emilie Wagner

Aus dem Leben eines Verdingkindes

Die Erscheinung meiner Grossmutter weckte in mir als Jugendlicher Mitleid und Erfurcht zugleich. Von aussen betrachtet war sie alt, gebrechlich und konnte sich ohne ihre zwei Stöcke kaum vorwärts bewegen. In ihrem Inneren offenbarte sich aber ein unerschütterlicher Glaube, es selber schaffen zu müssen. Erst später wurde mir bewusster, welche Geschichte sie in sich trägt.

Nachdem meine Grossmutter Emilie Wagner starb, gaben mir meine Mutter B. Wagner und meine Tante M. Wagner ihre Autobiographie. Sie eröffnete mir einen Blick aus der Perspektive der 54-jährigen Grossmutter zurück auf ihr Leben als Verdingkind und spätere Zeiten.

In meiner Betrachtung versuche ich, strukturelle Elemente der Biographie Emilie Wagners zu untersuchen, um *«soziale Mechanismen»*[1] offen zu legen. Zudem geht es darum, die Lebensgeschichte von *«einer dialektischen Wechselbeziehung zwischen Lebensgeschichte und Geschichte»* anzugehen.[2] So zeigt sich, dass sowohl strukturelle Elemente auf den Einzelnen-, wie auch der Einzelne auf die soziale Wirklichkeit einwirken können. Die Frage ist nicht nur, welche Art(en) der Disziplinierung Emilie erlebt hat, sondern auch: Wie ist sie mit dieser Bürde aus ihrer Jugendzeit umgegangen und wie haben sich diese Erlebnisse in ihrem Leben ausgewirkt? Um mehr über das Leben von Emilie Wagner erfahren zu können, führte ich je ein leitfadenge-

---

[1] Bourdieu 1990, S. 76/77.

[2] Fischer-Rosenthal U. Rosenthal 1997, S. 128 oben.

stütztes aber offenes Interview mit ihren Töchtern B. und M. Wagner.[3]

Auf dem Weg zum Waisenkind

Emilie Wagner, mit Mädchenname Aschwanden, wurde am 2. Juni 1926 in Silenen im Kanton Uri geboren. Ihre Mutter Emilie starb mit 28 Jahren. Damals war Emilie Wagner zwei Jahre alt. Der Vater Karl stand daraufhin mit ihr und den drei anderen Geschwistern Karl, Richard und Trudy alleine da. *«Das war ein hartes Schicksal für die Familie»*, stellt Emilie Wagner 1980 in ihrer handgeschriebenen Autobiographie, «Lebenslauf», wie sie es nennt, nüchtern fest. Ihre Schrift ist ungeübt. Die kurzen Sätze sind in unstetiger Druckschrift in ein durch Vordruck verziertes Notiz- oder Tagebuch geschrieben. Buchstabe für Buchstabe, könnte man meinen, mit zahlreichen (in den Zitaten korrigierten) orthographischen und grammatikalischen Fehlern.

Der Vater heiratete zwei Jahre später eine Freundin der verstorbenen Mutter. Es bildete sich so eine neue Familie, die nach Emmen im Kanton Luzern zog. Aber die Verhältnisse waren in der ersten Schulzeit Emilies schwierig. In der Schule am neuen Wohnort war Emilie oft krank und fehlte. Wegen körperlicher Schwäche schickte man sie für zwei Jahre auf die Göscheneralp zu Verwandten in die Kur. Danach fand sie in Emmen keinen richtigen Anschluss mehr, weil sie in Göschenen ein anderes Schulsystem besucht hatte. Auf der Göscheneralp fand eine für Emilie wichtige Begegnung mit einem katholischen Pater statt, der *«sich ihrer annahm»* und so eine Verbindung zu Kirche und Glauben schuf.[4] Dies bleibt in der Autobiographie jedoch unerwähnt.

[3] Ebd. 139ff.; Haumann/Mäder 2008, S. 280.

[4] Wagner, M., 5:40.

Die neue Stiefmutter bekam zusammen mit dem leiblichen Vater weitere vier Kinder. Schon zu dieser Zeit musste Emilie «*wacker mithelfen*», im Wald das Holz sammeln oder Gartenarbeit leisten. Den Vater beschreibt sie als «*fleissigen Arbeiter*», der Natur und Tiere liebte. Das Verhältnis zu ihm war gut – er tritt als ihre zentrale Identifikationsperson auf.

Schatten und Licht

Als Emilie elf war, ertrank ihr Vater Karl beim Herausziehen von Holzstämmen in der Reuss, ein Arbeitsunfall. Es war wohl das einschneidendste Geschehnis ihres Lebens. Von da an musste Emilie merken, «*dass ich zu Hause nicht erwünscht bin*». Der Tod des Vaters und der Verlust der einzigen Vertrauensperson war ein Schock. «*Oft ging ich zu meines Vaters Grab, weinte und betete.*» Der Glaube diente ihr als Trost.

Nach der 5. Klasse nahm man sie aus der Schule und schickte sie für ein halbes Jahr in die Militärschneiderei «Im Emmenbaum». Dort musste sie von halb sieben Uhr morgens bis sieben Uhr abends arbeiten und bekam dafür eine Suppe und ein Stück Brot.

Im November 1939, mit 13 Jahren, wurde Emilie zu Bauersleuten geschickt, bei denen sie jeweils von fünf Uhr morgens bis 22 Uhr abends arbeiten musste. Der Lohn betrug 15 Franken monatlich. Davon musste Emelie 13 Franken zuhause abgeben, die restlichen zwei Franken durfte sie behalten. Der Bauernmeister war zufrieden. Aber sie war den sexuellen Übergriffen seines Vaters ausgeliefert. Als sie dies der Bauernfamilie erzählte, glaubte man ihr nicht. So flüchtete sie nach vier Monaten harter Arbeit nach Hause.

Dort nahm sie die Stiefmutter unfreundlich auf und schimpfte, sie könne von niemandem gebraucht werden.

Als eine Bekannte das traurige Mädchen sah, besorgte diese ihr eine gute Stelle bei ihrer Schwester.

In der neuen Familie Bättig in Eschenbach (LU) wurde das scheue Mädchen behandelt *«wie eine eigene Tochter»*. Die beiden anderen Kinder der Familie bereiteten Emilie viel Freude. Das dritte Kind, das schon bald folgen sollte, war für sie *«wie ein Sonnenschein»*. Doch die Pächterfamilie musste bald nach Römerswil weiterziehen und konnte Emilie nicht behalten. Trotzdem spielte die Familie auch später noch eine wichtige Rolle. Sie bot Emilie eine Grundlage der Geborgenheit und Sicherheit, die sie sonst nirgends bekam.

Disziplinierung

Am 1. Mai 1943 wurde Emilie nach Littau verdingt. Bei der jungen Bauernfamilie mit fünf kleinen Mädchen im Alter von eins bis sechs Jahren, konnte *sie «manchmal nichts rechtes machen»*. Zwar war die Mutter von Zeit zu Zeit eine Hilfe, doch *«von Freizeit keine Rede, nur arbeiten»*. Den Winter über war das Wasser morgens gefroren, sodass sich Emilie nicht waschen konnte. Mit knapp 17 Jahren war Emilie oft krank und litt unter Blasenentzündungen, Furunkeln und Kopfschmerzen. Fünf Jahre später, als 22-jährige, musste Emilie in einer Holz- und Kohlehandlung die Säcke schleppen, einen Monat lang 20 Stunden pro Tag. Auch in der Zeit dazwischen musste sie körperlich hart arbeiten: Feldarbeit, Gewichte tragen, pausenlos im Haushalt helfen. Emilie wird ihr ganzes Leben noch darunter leiden müssen, solcher körperlichen «Disziplinierung» ausgeliefert gewesen zu sein. Die medizinische Behandlung war nicht annähernd adäquat. Die beiden Töchter M. und B. Wagner sagen, dass ihre Mutter das ganze Leben *«viel krank gewe-*

sen» sei und keine starke Konstitution gehabt habe.[5] Die körperliche Überforderung in der Jugend beinträchtigte sie später bis in den Alltag mit ihren Kindern hinein.[6]

Dann übernahm der neue Ehemann der Stiefmutter, W. Achermann, die Stelle des Vormundes. Trotz den vorherig geschilderten Erlebnissen beschreibt Emilie die Zeit vor dem Wechsel so: *«So lange Herr Müller Vormund gewesen ist, ging es gut.»* Achermann habe nur im Sinn gehabt, die zwei Waisengeschwister Emilie und Trudy zu unterdrücken, wie Emilie schreibt. Am 1. April 1944 wurde das 17-jährige Mädchen zu Bauersleuten nach Littau geschickt, die sie *«schikanierten und dressierten bis auf das Blut»*.

Als sie dort vom Bauer mit der Peitsche gezwungen wurde, den «Güllenschlauch» auf Hochdruck zusammenzuschrauben, spritzte sie ihren Meister voll. Als Herr Bättig vorbeikam, der dies zufällig beobachtete, empfahl er ihr zu flüchten und bei seiner Familie Hilfe zu holen. Solche Anekdoten, die eine Revolte oder *«den Drang nach Freiheit»* (M. Wagner) in einer Zeit der rigorosen sozialen Disziplinierung aufzeigen, soll sie später auch ihren Kindern öfters erzählt haben.[7]

Hierarchische Strukturen waren für Emilie Alltag. Die zahlreich in der Autobiographie vertretenen *«(Bauern-) Meister»* stellten für Emilie übergeordnete Autoritätspersonen dar. Die Frage, wohin Emilie verdingt werden sollte, wurde von der Vormundschaftsbehörde bzw. deren zuständigen Vormund Müller und später Achermann geklärt. Emilie hat folglich nie richtig gewusst, wie es ist, das Leben selbst (mit) zu bestimmen. Sie lebte, oder «erleidete» gewissermassen, ein fremdbestimmtes Schicksal. Der Glaube an das eigene Schicksal und dessen unausweichlichen Voll-

---

[5] Wagner, M., 27:10; Wagner, B., 13:30.

[6] Wagner, M., 12:30.

[7] Wagner, M., 35:00; Wagner, B., 26:30.

zug wird von B. Wagner auch am Beispiel von Emilie Wagners Interpretation ihres späteren Lebens mit den sechs Kindern erwähnt.[8] Ihre Mutter beschreibt B. als jemanden, die ihr «*Leben nicht wirklich selbstbewusst gestalten*» konnte und die sich mit dem «*durchkämpft*», was ihr «*widerfährt*» oder was sie «*erleidet*».[9]

Selbstmordgedanken

Als sie aus Littau von den Bauern geflüchtet war, lief Emilie morgens um 5 Uhr der Reuss bei Emmen entlang und dachte an Selbstmord. Sie suchte die Stelle auf, an der ihr Vater vor acht Jahren ertrunken war. Am Vorabend hatte sie zwei Abschiedsbriefe verfasst, einen für die gehasste Bauernfamilie, einen zweiten behielt sie auf sich. Doch eine «*innere Stimme*» hielt sie vom Selbstmord zurück, sodass sie zur Familie Bättig ging. Die Mutter sah das zitternde Mädchen mit dem Brief, tröstete sie und sorgte dafür, dass sie für drei Wochen da bleiben konnte. Auch schirmte Frau Bättig sie von den Vormundschaftsbehörden ab.

An diesem Schlüsselmoment der Autobiographie fällt wieder eine Nähe zu einem transzendent-religiösen Element auf, die ihr neue Kraft schenkt und sie zum «Aufraffen» bringt. In der Autobiographie dankt sie dem «*heiligen Antonius und ihren Eltern, dass sie ihr Gottvertrauen und ihr Gebet gehört haben*».

Ihren körperlichen Zustand nach dem Selbstmordversuch beschreibt sie als «*gesundheitlich ganz schlecht*» und «*mit den Nerven ganz kaputt*». Die nervlichen Probleme und die Ohnmacht sollten sie ihr ganzes Leben noch verfolgen. So beschreibt M. Wagner ihre Mutter als grundsätzlich vital und lebensfreudig, aber erkannte immer auch eine

[8] Wagner, B., 13:58.

[9] Zit. aus Wagner, B., 14:19-14:31.

«andere Seite»: «Sie war eigentlich überfordert gewesen mit den sechs Kindern. Nüchtern gesagt.»[10] Auch B. Wagner beschreibt ihre Mutter als *«ständig überfordert»*. [11]

Behörden

Am 1. Mai 1946, mit 19 Jahren, reiste die junge Frau Emilie Wagner nach Hellbühl, wo sie drei Jahre für den Haushalt und den Garten einer Familie verdingt wurde. Dort bekam sie für ihre Arbeit 50 Franken. Als die Frau über Jahre den Lohn nicht erhöhte, informierte sich Emilie auf dem Arbeitsamt in Luzern. Dort erfuhr sie, dass ihr eigentlich 120 bis 140 Franken zugestanden hätten, zu dieser Zeit verdiente Emilie jedoch 60 Franken. Als die Frau trotzdem nicht mehr Lohn auszahlen wollte, fühlte sie sich berechtigt zu gehen – und ging.

Ihr Stiefvater und Vormund Achermann wird in der Autobiographie mit keinem Wort erwähnt, auch nicht die Stiefmutter und die restliche Familie. Familiären Schutz oder Geborgenheit hat Emilie nur bei Familie Bättig erlebt. Ihre Brüder waren schon länger in die Westschweiz und danach in die Vereinigten Staaten oder Brasilien geflohen. Ihre Schwester wurde anderenorts verdingt, auch hier war kein Kontakt möglich.

Der Kontakt zu den Vormundschaftsbehörden war im Falle von Herrn Müller anscheinend gar nicht vorhanden und später mit ihrem Stiefvater Achermann sehr problematisch. Emilie scheint es sogar, dass ihr mehrjähriger Vormund Achermann sie absichtlich an die Kohlenhandlung verdingt hat, in der sie Unzumutbares erleiden musste, wie später noch erzählt wird.

---

[10] Wagner, M., 12:10.

[11] Wagner, B., 4:07.

Auch die Regierung des Kantons wusste von der Problematik der Vormundschaft. Das Gemeindedepartement des Kantons Luzern schreibt, dass leider noch nicht alle «Waisenvögte», die Beauftragten der Gemeinde zu Armutsfragen, die Einsicht gewonnen haben, *«in welcher Weise sie das fürsorglich Notwendige vorkehren und trotzdem die finanziellen Interessen der Ortsbürgergemeinde wahren können».*[12] In den Berichten der Kantonsregierung, deren Gemeindedepartement als Überwacher der Armen- und Waisenpraxis in den Gemeinden fungiert, stösst man an mancher Stelle auf den Verweis, dass sich die Waisenvögte der Gemeinden über Vorschriften des Kantons hinwegsetzten. Man treffe *«mitunter auf ganz grobe Verstösse, die teils auf Unkenntnis, teils auf Gleichgültigkeit zurückzuführen sind».*[13] Dies gibt uns Einblick in das stark kleinräumige Machtgefüge der Gemeinden, die das Geschäft der Fürsorge und auch der Versorgung von Verdingkindern grösstenteils nach eigenem Gutdünken abwickelten. Das proklamierte Bestreben des Kantons, möglichst alle Waisen- und Armenkinder privat zu versorgen,[14] weist auf einen finanziellen Pragmatismus hin und erinnert an das Ziel, die Menschen *«nutzbar»* zu machen und Körper als Werkzeuge zur Arbeit einzusetzen, wo sie gebraucht werden.[15]

Mit 22 Jahren kam Emilie also nach Hergiswil am See und wurde dort, in einer Grossfamilie mit sechs Kindern, wie der *«reinste Knecht»* behandelt. Während der harten Arbeit beim Kohlenhändler wurde sie geschlagen und bespuckt. Manchmal war sie von 4 Uhr bis 24 Uhr im Einsatz.

---

[12] StaLU 1934/35, S. 34.

[13] StaLU 1938/39, S. 87.

[14] StaLU 1946/47, S. 8.

[15] Foucault 1994, S. 220.

Dies hatte unter Anderem körperliche Langzeitschäden zur Folge.[16]

Nach einem Monat wechselte sie zu einer anderen Bauernfamilie im gleichen Ort, wo auch ihre Schwester Trudy war. Diese hatte es an diesem Ort gut, doch Emilie musste merken, dass sie *«das fünfte Rad»* war. Sie wurde für ihre Arbeit nicht gelobt, sondern getadelt. Mit 24 Jahren lernte sie ihren zukünftigen Mann bei einer Freundin kennen. Als sie sich brieflich mit ihm austauschte, behielt die Hausherrin die Briefe zurück. Daraufhin kündigte sie und suchte eine Arbeit in Olten.

Nach der Verdingung

In Trimbach (bei Olten) fand Emilie eine Stelle als Haushälterin bei einer vierköpfigen Familie. Sie besorgte Haus, Familie und Garten und war glücklich mit der gut bezahlten Arbeit. Auch Vertrauen wurde ihr dort von der Meisterfrau entgegen gebracht. Als die Frau drei Monate auf Reisen ging, wurden Emilie 3000 Franken für den Unterhalt in die Hand gegeben und sie sorgte sich in dieser Zeit für alles. Besonders der Garten schien ihr in dieser Zeit Freude zu bereiten, denn sie beschreibt es als *«ein Vergnügen, im Garten für die schönen Blumen und Pflanzen zu arbeiten»*. Dies ist eine Freude, die auch im weiteren Verlauf ihres Lebens geblieben ist.

Als der Stiefvater und die Stiefmutter in Münchenstein bei Basel ein Dreifamilienhaus kauften, bedienten sie sich am Erbgut der vier Waisengeschwister. Emilie konnte mit Hilfe eines Notars 1000 Franken als Darlehen ausleihen, das ihr innerhalb von drei Jahren von ihrem Stiefvater zurückgezahlt werden sollte. Das junge Paar zog in eine der Wohnungen in Münchenstein bei Basel und heiratete im

[16] Vgl. S. 5 dieses Beitrags.

benachbarten Dornach. Nach der beschwerlichen Geburt des ersten, als kränklich beschriebenen Mädchens im Spital (1951) und einem weiteren, kräftigen Jungen (1952), wollte der Stiefvater die Familie aus der Wohnung werfen, da sie den Mietzins nicht gezahlt hatten. Er wiederum hatte sein Darlehen bei Emilie nicht zurückgezahlt. Emilie und ihre Familie befand sich in einer Notsituation, da sie schnellstmöglich eine Arbeit für den Ehemann Joseph und eine Wohnung finden mussten. Zwei Monate später entdeckten sie eine Wohnung in Oberbuchsitten und eine Arbeitsstelle in Olten. Vier weitere schwere Geburten standen Emilie bevor, das letzte Kind B. brachte sie mit 42 Jahren zur Welt. In Oberbuchsitten und später am Stadtrand von Olten zeigte sich erneut die Freude an der Natur und der Umgebung. Im Alter wurde Emilie von ihren stets präsenten körperlichen Beschwerden eingeholt und starb schliesslich mit 77 Jahren.

Sicht der Kinder

B. berichtet, wie ihre Mutter Emilie mit etwas über 40 zwei Operationen am Rücken und eine an den Bandscheiben hatte.[17] Als Erwachsene benötigte sie immer wieder akute Kuraufenthalte. «*Sie hat einfach immer etwas zu tun gehabt,*» erzählt B. und erwähnt auch, dass ihre Mutter eigentlich kaum Zeit hatte für ihre Kinder, da sie neben dem Haushalt noch in der Firma, in der ihr Ehemann angestellt war, geputzt hat.[18] Dies trug zur erwähnten Überforderung bei und schlug sich auch im Umgang mit ihren Kindern nieder. M. erinnert sich an eine Situation, in der ihre Mutter dem kleinen Mädchen eröffnete, «*sie gehe jetzt weg*». Sie

[17] Wagner, B., 38:45.

[18] Wagner, B., 4:54.

ging dann auch und kam erst später wieder zurück.[19] Die für M. beängstigende Begebenheit ist ihr noch heute eine prägende Erinnerung.

B. beschreibt, dass ihre Mutter in manchen Momenten derart überfordert war, *«dass sie gar nicht mehr ansprechbar gewesen»* sei. Sie habe dann nur noch Befehle ausgeteilt.[20] Das machte es schwierig, überhaupt eine Beziehung aufzubauen.[21] B. erzählt, dass ihre Mutter oft mit Situationen überfordert war, kann sich aber kaum an *«schwache Momente»* erinnern. Sie sei dann schnell verschwunden, *«im Spital oder so».*[22] Emelies Leben war geprägt von einer starken Fassade gegen Aussen, einem *«Panzer»,* um nicht zu *«zerbrechen».*[23]

Doch nicht nur die äusseren Umstände der finanziellen oder familiären Lage machten Emilie zu schaffen. Auch die innere Verarbeitung der traumatischen Erlebnisse war schwierig. Sie stiessen ihr im familiären Rahmen immer wieder hoch. Emilie habe bei Tisch öfters *«gewisse Episoden [...] einfach so erzählt, weil sie das Bedürfnis hatte»* [24] und so gemäss der Interpretation von B. versucht, mit den wiederholenden Erzählungen die Erlebnisse aufzuarbeiten. Die Nachkommen bezeichnen sich in der Rückschau jedoch als unfähig, solche Erzählungen selbst einzuordnen und zu verarbeiten. Die schweren Erlebnisse wurden von Emilie auch als moralische Drohung oder Vergleichsszenario eingesetzt, wenn die Kinder nicht folgten. Dazu meint die Tochter M. heute, dass *«man als Kind nicht hören [will], wie hart es die Mutter gehabt*

---

[19] Wagner, M., 43:35.

[20] Wagner, B., 7:45 und 8:10.

[21] Ebd., 8:40.

[22] Ebd., 12:01.

[23] Wagner, B., 34:50.

[24] Wagner, B., 26:30.

hat!» [25] und stellt noch heute die damit verbundene Schuldfrage: *«bin ich Schuld, dass es ihr so schlecht gegangen ist? – eigentlich nicht, oder?»* [26]

Im katholischen Glauben fand Emilie Halt, den ihr niemand wegnehmen konnte. Mit dem Glauben versuchete Emilie auch, eine Erklärung für das Geschehene zu finden. Ihre Vergangenheit sieht sie als Auseinandersetzung zwischen guten und bösen Mächten. Den Sinn des Lebens sah sie darin, die «guten Stimmen» zu hören und ihnen zu folgen. Am Glauben an das Gute und daran, das alles sich bessern könne, hat Emilie festgehalten.

Obwohl die Töchter es mit ihrer Mutter nicht einfach hatten, beschreibt M. ihre eigene Kindheit alles in allem als gut.[27] Auch B. bekennt: *«[A]uf der anderen Seite hat sie probiert, wie es von ihren Voraussetzungen möglich gewesen ist, dass sie nicht daran zerbricht.»*

Die Biographie von Emilie Wagner hat gezeigt, wie sich erlebte Begebenheiten und Normen in der Kindheit und Jugend auf das Verhalten im späteren Leben und über Generationen auswirken können. Die stark disziplinären Verhältnisse hatten bei Emilie Wagner zur Folge, dass sie sich als eine das Leben Erleidende interpretierte. Um die traumatischen Erlebnisse aushalten zu können, war es für sie notwendig, diesen mit Hilfe religiöser Elemente Sinn beizumessen. Und den Ereignissen des eigenen Lebens Sinn zu geben heisst immer auch, sich seines Lebens wieder zu bemächtigen, um es zu einem gewissen Grad wieder selbst gestalten zu können und es nicht einfach zu erleiden.

---

[25] Wagner, M., 1:30 bzw. 24:30.

[26] Ebd., 18:40.

[27] Ebd., 7:26.

Quellen

WAGNER, Emilie: Autobiographie, 1980 verfasst.
WAGNER, M.: Interview, 24. Juni 2010
WAGNER, B.: Interview, 27. Juni 2010
STAATSARCHIV LUZERN: Bibliothek J.a.21. Regierungsrat des Kantons Luzern: Sammlung der Verordnungen, Beschlüsse und Weisungen des Regierungsrates des Kantons Luzern, 1848-1974.

Literatur

BOURDIEU, Pierre (1990): Die biographische Illusion, in: BIOS Jg. 1990, Heft 1. S. 75-81.
BOURDIEU, Pierre (1997): Verstehen, in: BOURDIEU, Pierre et al.: Das Elend der Welt. Zeugnisse und Diagnosen alltäglichen Leidens an der Gesellschaft, Deutsche Ausgabe: SCHULTHEISS, F. und PINTO, L. (Hg.): Bd. 9 Klassische und zeitgenössische Texte der französischsprachigen Humanwissenschaften, Konstanz, UVK, S. 779-802.
FOUCAULT, Michel (1976): Überwachen und Strafen. Die Geburt des Gefängnisses, Frankfurt a. M., Suhrkamp.
HAUMANN, Heiko (2006): Geschichte, Lebenswelt, Sinn. Über die Interpretation von Selbstzeugnissen, in: HILMER, Brigitte, ANGEHRN, Emil, LOHMANN, Georg und WESCHE, Tilo (Hg.): Anfang und Grenzen des Sinns. Weilerwist, Velbrück, S. 42-54.
HAUMANN, Heiko (2005): Herrmann Diamanski: Ein deutsches Schicksal zwischen Auschwitz und Staatssicherheitsdienst. Perspektiven der Erinnerung, in: KLEIN Birgit E. und MÜLLER, Christiane E.: Memoria – Wege jüdischen Erinnerns. Festschrift für Michael Brocke zum 65. Geburtstag, Berlin, Metropol.

Haumann, Heiko und Mäder Ueli (2008): Erinnern und erzählen. Historisch-sozialwissenschaftliche Zugänge zu lebensgeschichtlichen Interviews, in: Leuenberger, Marco und Seglias, Loretta (Hg.): Versorgt und vergessen. Ehemalige Verdingkinder erzählen. Zürich, Rotpunktverlag.

Leuenberger, Marco und Seglias, Loretta (Hg.) (2008): Versorgt und vergessen. Ehemalige Verdingkinder erzählen. Zürich, Rotpunktverlag.

Liebau, Eckart (1990): Laufbahn oder Biographie? Eine Bourdieu-Lekture, in: BIOS Jg. 1990, Heft 1. S. 83-89.

Niethammer, Lutz (1990): Kommentar zu Pierre Bourdieu: Die Biographische Illusion, in: BIOS Jg. 1990, Heft 1. S. 91-93.

Rosenthal, Gabriele (1994): Die erzählte Lebensgeschichte als historisch-soziale Realität. Methodologische Implikationen für die Analyse biographischer Texte, in: Berliner Geschichtswerkstatt (Hg.): Alltagskultur, Subjektivität und Geschichte. Zur Theorie und Praxis von Alltagsgeschichte, Münster, Westfälisches Dampfboot, S. 125-138.

Rosenthal, Gabriele und Fischer-Rosenthal, Wolfram (2004): Analyse narrativ-biographischer Interviews, in: Flick, Uwe, von Kardorff, Ernst und Steinke, Ines (Hg.): Qualitative Forschung. Ein Handbuch, Reinbek bei Hamburg, Rowohlt.

Rosenthal, Gabriele und Fischer-Rosenthal, Wolfram (1997): Narrationsanalyse biographischer Selbstpräsentationen, in: Hitzler, Roland und Honer, Anne (Hg.): Sozialwissenschaftliche Hermeneutik. Opladen, Leske und Budrich, S. 133-164.

Simone Rudin und Ueli Mäder

Verdingkinder in der Schweiz

Soziale und rechtliche Aspekte

Bis weit in die zweite Hälfte des 20. Jahrhunderts hinein wurden in der Schweiz Zehntausende schulpflichtige Kinder fremd platziert und als billige Arbeitskräfte in der Landwirtschaft als Verding- oder Kostkinder eingesetzt. Es handelte sich vorwiegend um Kinder, die elternlos waren, unehelich geboren wurden und aus armen oder zerrütteten Familien stammten. Wir gehen hier erstens auf aktuelle Studien zum Thema ein, konzentrieren uns zweitens auf den Wandel rechtlicher Grundlagen im zentralen Kanton Bern. Und drittens diskutieren wir, wie unterschiedliche Rahmenbedingungen und Haltungen individuelle Bewältigungsstrategien von Verdingkindern beeinflussten.

Wir führten eine Nationalfondsstudie über «Verdingkinder, Schwabengänger, Spazzacamini und andere Formen der Fremdplatzierung und Kinderarbeit in der Schweiz im 19. und 20. Jahrhundert» durch. Die Untersuchung dauerte vom April 2005 bis März 2008. Verantwortlich waren der Historiker Heiko Haumann und Soziologe Ueli Mäder. Marco Leuenberger und Loretta Seglias übernahmen als wissenschaftliche Mitarbeitende die Durchführung. Sie koordinierten auch die Publikation über das Projekt.[1] Im Vordergrund standen 270 qualitative Gespräche mit ehemaligen Verdingkindern. Wir zeichneten die Interviews digital auf und transkribierten sie wortgetreu. So entstand ein umfangreicher Quellenkorpus zum Schweizer Verdingkinderwesen. Er dokumentiert einen wichtigen Zeitabschnitt

[1] Leuenberger/Seglias 2008.

der Schweizer Sozialgeschichte aus der Sicht von Betroffenen. Die gesammelten Daten sind im Basler Institut für Soziologie archiviert. Ab 2012 werden sie (unter Einhaltung der Datenschutzbestimmungen) einem grösseren Kreis von Forschenden sowie weiteren Interessierten über das Schweizerische Sozialarchiv zugänglich sein. In weiteren Studien werten wir derzeit die Daten und Interviews aus. Als zusätzliche Grundlage dienen uns umfassende Recherchen im Kanton Bern, der uns seine Archive öffnete. Die Berner Regierung beauftragte das Institut für Soziologie und das Historische Seminar der Universität Basel, die Dokumente zu sichten und aufzuarbeiten. Die erfassten Daten bilden die Grundlage für drei laufende Dissertationen von Marco Leuenberger, Lea Mani und Loretta Seglias.

Unsere abgeschlossene Nationalfondsstudie konzentriert sich auf ehemalige Verdingkinder, die in Pflegefamilien platziert waren. Meist wurden sie als billige Arbeitskräfte in Pflegefamilien gegeben. Sie waren Teil des Gesindes und mussten oftmals mindere und sehr schwere Arbeit leisten. Auch waren sie der Willkür ihrer Arbeitgebenden ausgesetzt. Durch die Zugehörigkeit zum Gesinde gehörten die Verdingkinder zur untersten sozialen Schicht. Die Gefahr von Machtmissbräuchen und Ausbeutung war für sie besonders gross. Viele ehemalige Verdingkinder berichten von physischen, sexuellen und psychischen Missbräuchen. Als billige Arbeitskräfte konnten viele keine höhere Bildung in Anspruch nehmen. Von den 270 Interviewten besuchten 40 Prozent lediglich die Primarschule. Ebenfalls 40 Prozent konnte eine Anlehre oder Berufslehre abschliessen. Viele ehemalige Verdingkinder berichten, dass ihnen die Sekundarschule oder ihre Wunschlehre mit der Begründung verwehrt blieb, sie würden zur Arbeit benötigt. Nach Abschluss der Schulzeit blieben viele für die weitere Mitarbeit auf dem Bauernhof. Die An- und Berufslehren sowie weiter führende Ausbildungen konnten sie öfters erst auf dem zweiten Bildungsweg verwirklichen. Dies nach mehrjährigen Unterbrüchen und mit eigenen Mitteln finanziert. Nach der eigenen Behandlung an den unterschiedlichen Plätzen befragt, befanden die 270 ehemaligen Verdingkinder 35 Plätze als sehr gut, 102 als gut, 70 als in Ordnung, 122 als schlecht und 66 als sehr schlecht. Diese persönliche Einschätzung dokumentiert das eigene Empfinden am jeweiligen Verdingort. Dabei halten sich die guten und schlechten Plätze in etwa die Waage, wobei etliche Plätze nicht beurteilt wurden. Einige ehemalige Verdingkinder berichten auch, dass sie es an ihren Pflegeorten besser hatten als zu Hause. Der Kanton Bern nahm am meisten Verdingkinder auf. Dies hängt vorwiegend mit seiner Grösse und der ländlichen bzw. landwirtschaftlichen Struktur zusammen. Wichtig waren auch die rechtlichen Grundlagen, die dieses Geschäft mit der Armut ermöglichten.

Rechtliche Grundlagen

Im Folgenden gehen wir auf verschiedene normative Regelungen ein, die einen Einfluss auf das Verdingkinderwesen des Kantons Bern im Zeitraum zwischen 1912 und 1978 hatten. Wir betrachten dabei das Armen- und Niederlassungsgesetz von 1897, das Schweizerische Zivilgesetzbuch von 1907, das Einführungsgesetz zum Schweizerischen Zivilgesetzbuch von 1911, das Gesetz über die Armenpolizei und die Enthaltungs- und Arbeitsanstalten von 1912, das Tuberkulosegesetz von 1928, die Pflegekinderverordnung von 1944, zwei Kreisschreiben aus den Jahren 1945 und 1956, das Fürsorgegesetz von 1961 sowie die Verordnung über die Aufnahme von Pflegekindern von 1977.

Zunächst ist das Gesetz über das Armen- und Niederlassungswesen von 1897 (ANG) zu erwähnen. Die kantonalen

Armengesetze bildeten die Hauptquellen des Armenrechts, da die Gesetzgebung im Bereich des Armenwesens fast gänzlich in den Kompetenzbereich der Kantone fiel. Das Armen- und Niederlassungsgesetz von 1897 war deshalb für das Verdingkinderwesen des Kantons Bern von besonders grosser Bedeutung, weil es die Kindswegnahme im genannten Kanton regelte. Bis zur Einführung des Schweizerischen Zivilgesetzbuches im Jahre 1912, reichte die finanzielle Not der Eltern als Grund für eine behördliche Kindswegnahme aus. Dies zeigt, dass die Fremdplatzierung eines Kindes damals ein rein armenrechtlichen Eingriff darstellte. Alle Armenwesen der Kantone beruhten früher auf dem Heimatprinzip. Damit war gemeint, dass eine Gemeinde gegenüber ihren heimatzugehörigen Armen unterstützungspflichtig war, selbst dann, wenn deren Wohnsitz ausserhalb der Gemeinde lag.[2] Die steigende Mobilität der Bevölkerung und insbesondere die Zuwanderung in die grösseren Städte stellten ein Problem für das heimatliche Unterstützungsprinzip dar. Die Schwierigkeiten des Prinzips zeichneten sich hauptsächlich in den Auswirkungen der auswärtigen Armenpflege ab, da die Hilfeleistungen der entfernten Heimatgemeinde oft erst spät eintrafen. Aufgrund dessen sahen sich die grösseren urbanen Zentren, wie die Stadt Bern, dazu gezwungen, zum Wohnortsprinzip zu wechseln. Zugewanderte konnten sich dann an so genannte ‚Einwohnerarmenpfleger' wenden. Ortsbürger hingegen blieben weiterhin von der Heimatgemeinde unterstützt. Ein Zusammenschluss einiger Kantone zu einem Konkordat betreffend die wohnörtliche Unterstützung regelte den Anteil, den die Heimatgemeinde für Bedürftige an ihren Wohnort auszurichten hatte. Im Kanton Bern wurde das Wohnortsprinzip bereits 1857, gesamtschweizerisch jedoch erst 1976

[2] Vgl. Briner, S. 13.

eingeführt.[3] Das ANG legte den Kreis der Unterstützungsberechtigten im Kanton Bern fest und unterschied zwischen drei Gruppen von Armen: die dauernd Unterstützten, die vorübergehend Unterstützten und die auswärtigen Armen.

Zum Etat der dauernd Unterstützten zählte Art. 2 Ziff. 1 lit. a und b ANG arme Waisen oder sonst allein gelassene Kinder sowie Erwachsene, die aufgrund ihrer leiblichen Verfassung arbeitsunfähig oder gänzlich ohne Vermögen waren. In jeder Einwohnergemeinde wurde nur einmal im Jahr der Beschluss über die Etatzugehörigkeit gefällt.[4] Wer auf den Etat der dauernd Unterstützten aufgenommen wurde, fand selten einen Weg zurück. Wenn eine Familie verarmte, wurden nicht die ganze Familie, sondern nur diejenigen Mitglieder dauernd unterstützt, die das ‚Familienhaupt' nicht mehr zu finanzieren vermochte. Dies war in den meisten Fällen der Nachwuchs.[5] Den dauernd unterstützungsberechtigten Kindern wurde beispielsweise mit Kleidung, Unterhalt, ärztlicher Behandlung und Schul- oder Berufsbildung weitergeholfen. Einen grossen Wert wurde in allen Armengesetzen auch auf die religiöse Erziehung gelegt. Das kindliche Wohl wurde dabei hauptsächlich anhand von materiellen Gesichtspunkten gemessen.[6]

Der Etat der vorübergehend Unterstützten, auch Spendarme oder Dürftige genannt, war, im Gegensatz zur dauernden Unterstützung, beweglich. Dazu gehörten gemäss Art. 2 Ziff. 2 lit. a und b ANG Erwachsene, deren Einkommen zeitweise zu niedrig war, um ihren Lebensunterhalt

---

[3] Vgl. Sutter/Matter/Schnegg, S. 5.

[4] Vgl. Art. 10 ANG, Flückiger 1942, S. 3.

[5] Vgl. ebd., S. 3.

[6] Vgl. Schmid 1914, S. 83f.

finanzieren zu können sowie Kinder, die nicht dauernd unterstützt werden mussten.[7]

Der auswärtigen Armenpflege standen drei Mittel zur Verfügung. Die Heimatgemeinde konnte entweder die Unterstützungsleistungen an die Wohngemeinde schicken, die Unterstützungsbedürftigen heimrufen oder, wenn weder Mittel noch der Heimruf von Seiten der heimatlichen Gemeinde erfolgte, die auswärts wohnenden Bedürftigen von der Wohngemeinde ausweisen lassen und heimschaffen. Die Heimschaffung aufgrund einer Ausweisung war die härteste Massnahme, die einer Person – insbesondere Kindern – widerfahren konnte. Die Interessen der Kinder wurden dabei in keiner Weise berücksichtigt.

Ein Anspruch auf Unterstützung konnte weder im Kanton Bern aus dem ANG noch in einem anderen Kanton aus dem jeweiligen Armengesetz abgeleitet werden.[8] Für die Unterstützung wurden auf erster Stufe die Verwandten einer hilfsbedürftigen Person verpflichtet, wobei mit der Einführung des ZGB die Verwandtenhilfspflicht durch die kantonalen Armengesetze noch weiter ausgedehnt werden konnte. Versagte die Verwandtenunterstützung, musste die Armenpflege, im Fall des Kantons Bern, die der Einwohnergemeinde, einschreiten. Wobei dies nicht ausschliesslich innerhalb der Wohnsitzgemeinde vorkam, sondern auch auswärtige Bedürftige betreut werden mussten. Auf dritter Stufe konnte der Staat, zwar nicht direkt, da kein einziger Kanton eine Staatsarmenpflege vorsah, jedoch indirekt verpflichtet werden, indem er den bürgerlichen Armenkassen, oder in Bern den Einwohnerarmenpflegen, bedeutende Beiträge zusicherte.[9] Was Art und Umfang der Unterstützung der Armen betrifft, kannten alle kantonalen

[7] Vgl. Flückiger 1942, S. 3.

[8] Vgl. Schmid 1914, S. 83.

[9] Vgl. Ebd., S. 88f.

Armengesetze dieselben drei Hauptmodalitäten. Dabei war die Rede von offener und geschlossener Unterstützung sowie von der Familienpflege.

Die Form der offenen Unterstützung war für die Armenbehörde die weitaus grösste Herausforderung, da es aufgrund der hohen Missbrauchsgefahr einer ständigen Kontrolle durch die Beamten bedurfte. Die Angst war gross, dass diese Art des Beistands einen demoralisierenden Effekt auf die Empfänger und deren direktes Umfeld haben und sich so eine arbeitsscheue Bevölkerung entwickeln könnte. Der Gesetzgeber sah deshalb vor, dass nur das zum Lebensunterhalt Allernotwendigste gegeben sowie geldwerte Leistungen ganz ausgeschlossen wurden.[10] Viele Kantone – wie auch der Kanton Bern – legten grossen Wert auf die Lehrunterstützung Jugendlicher, um die Wichtigkeit einer arbeitstüchtigen Gesellschaft hervorzuheben. Deutlich mehr in die Freiheit der auf Unterstützung angewiesenen Personen griff die geschlossene Unterstützung ein, die jedoch im Vergleich zur offenen Form einen deutlich kleineren Aufwand sowie Kosten für die Armenverwaltung bedeutete. Deshalb ist es nicht verwunderlich, dass das Hauptinstrument der geschlossenen Armenpflege das Armenhaus war. Denn die betrieblichen Unkosten einer derartigen Institution konnten – zum Leidwesen der Insassen – sehr gering gehalten werden und die administrativen Tätigkeiten hielten sich in Grenzen.[11] Für die auswärtige Armenpflege war das Armenhaus ebenfalls von grosser Bedeutung, da mit dem Heimruf die Heimatgemeinde den ausserhalb lebenden Bürger die Offerte nahe legte: «Wir geben nichts nach auswärts, die Leute sollen heim kommen, das Armenhaus steht ihnen offen.»[12] Fakt war jedoch, dass

[10] Vgl. ebd., S. 89.

[11] Vgl. ebd., S. 90.

[12] Ebd., S. 91.

viele dem Heimruf nicht freiwillig Folge leisteten und polizeilich heimgeschafft werden mussten. Durch die Entwicklungen, die aus den Bemühungen der Armenpfleger- und Armendirektorenkonferenz heraus entstanden sind, nahm die Praxis des Armenhauses stetig ab.

Nicht nur Erwachsene, sondern auch Kinder wurden immer wieder in derartigen Institutionen untergebracht. Obwohl oftmals eine Trennung der verschiedenen Altersgruppen vorgesehen war, kam es in der Praxis dennoch vor, dass Kinder und Jugendliche mit Erwachsenen auf engem Raum zusammenleben mussten. In gewissen Kantonen sah man aus diesem Grund Waisenhäuser für die Versorgung armer Kinder vor. Der Zweck solcher Anstalten anfangs des 20. Jahrhunderts bestand vor allem in der Abschreckung und Bestrafung nichtkonformen Verhaltens. Die neueren Entwicklungen im Bereich der Armenpflege richteten sich jedoch mehr nach den Bedürfnissen der Allgemeinheit, woraufhin Spezialanstalten errichtet wurden, welche primär die Besserung und Heilung der geistigen und körperlichen Verfassung einer Person zum Ziel hatten. Die restriktive Armenpflege verlor immer mehr an Einfluss und hatte letztlich lediglich die Aufgabe, die Kost- und Verpflegungsgelder von armen Insassen oder Pflegekindern zu zahlen.[13]

Unter die, in der zweiten Hälfte des 18. Jahrhunderts vor allem in ländlichen Gebieten verbreitete, Familienversorgung, fielen hauptsächlich Minderjährige, die nicht in eine Spezialanstalt versorgt werden konnten.[14] Dazu muss gesagt werden, dass diese Art der Versorgung für das Armenwesen eine sehr kostengünstige Lösung war, da – bspw. im

[13] Vgl. ebd., S. 91f.

[14] Vgl. ebd., S. 92.

Vergleich zur Waisenhausversorgung – Kinder sehr günstig untergebracht werden konnten.[15]

Spezielle Beamte – im Kanton Bern ordnete das ANG in Art. 68 und 69 diese Aufgabe den so genannten Armeninspektoren zu – waren dafür zuständig, geeignete Pflegefamilien zu suchen und später dann zu überwachen. Leider gab es immer wieder Fälle, die deutlich machten, dass die Inspektoren mit der grossen Anzahl der zu betreuenden Kinder überfordert waren und ihre Pflichten deshalb vernachlässigten. Das Schicksal der Verding-/ Pflegekinder lag sodann einzig in den Händen der Pflegeeltern.[16] Doch nicht nur Minderjährige, auch ältere, alleinstehende Erwachsene wurden in ländlichen Familien so genannt verkostgeldet. Neben dem finanziellen Aufwand, der eine Anstaltseinweisung mit sich führte, war der Mangel an freien Plätzen ein weiterer Grund dafür, dass der Familienpflege der Vorzug gegeben wurde. Eine Sonderform der Versorgung von Kindern an Pflegefamilien war bis Mitte des 19. Jahrhunderts die Ab- oder Mindeststeigerung. An Markttagen oder sonstigen öffentlichen Anlässen wurden die so genannten Kostkinder als billige Arbeitskräfte von der Gemeinde versteigert und dem Mindestfordernden zugesprochen. Obwohl die, von Jeremias Gotthelf als Viehversteigerung ähnliche und als unmenschlich bezeichnete Praxis schon im frühen 19. Jahrhundert viel Kritik erntete, vermochte sie sich dennoch lange zu halten.[17]

Mitte des 20. Jahrhunderts wurde die Auflösung der Familie aus rein armenrechtlichen Gründen nur noch im Luzerner Armengesetz erlaubt. Die Wegnahme von Kindern aus verarmten Familien konnte in der Regel ausschliesslich durch das Einverständnis der Eltern geschehen. Mit der

---

[15] Vgl. Tanner, S.187.

[16] Vgl. Schmid, S. 92f.

[17] Vgl. Schmid, S. 93, vgl. Tanner, S.187.

Einführung des neuen Zivilgesetzbuches wurden die Voraussetzungen umschrieben, die eine derart strickte Massnahme zu rechtfertigen vermochten.[18]

Schweizerisches Zivilgesetzbuch von 1907 (ZGB)

Der Entwurf des ZGB war ein Versuch den gesellschaftlichen Veränderungen, die in Folge der Industrialisierung in der Schweiz Einzug hielten, Rechnung zu tragen. Die Erwartungen an das neue Gesetz waren deshalb sehr hoch. Der im ZGB aufgenommene Kinderschutzgedanke fiel mit der zu Beginn des 20. Jahrhunderts entstandenen bürgerlichen Kinder- und Jugendfürsorgebewegung zusammen. Für die schweizerische Sozialpolitik waren vor allem die Entwicklungen in Deutschland und England massgebend. Die Arbeiterfürsorge wurde allmählich von der traditionellen Armenfürsorge abgetrennt und soziale Sicherungssysteme entstanden. Erster Erfolg des Arbeiterschutzes zeigte sich bereits im eidgenössischen Fabrikgesetz von 1877. Sozialpolitische Vorstösse gerieten während des Ersten Weltkriegs zunehmend ins Stocken. Erst die 1948 in Kraft getretene Alters- und Hinterbliebenenversicherung, die ursprünglich als Notlinderung für die Armen konzipiert wurde, setzte erneut moderne sozialversicherungstechnische Grundsätze nach britischem Vorbild um.[19] Ähnlich stagnierend verlief die Sozialpolitik gegenüber Minderjährigen. Nachdem das Fabrikgesetz eine Regelung gegen Kinderarbeit schuf, wurde ansonsten nicht mehr viel bewegt. Ausserdem kontrollierten die kantonalen Behörden weder den regelmässigen Schulbesuch, noch die Einhaltung der erlaubten täglichen Arbeitszeit für Kinder. Die Kinderfürsorgebestrebungen hatten sich schliesslich bis Ende des

---

[18] Vgl. ebd., S. 93.

[19] Vgl. Ramsauer, S. 21-25.

19. Jahrhunderts darauf beschränkt, Eltern dazu anzuhalten, Kindern den obligatorischen Schulbesuch zu ermöglichen.[20]

Beim Betrachten der Vorgeschichte der Kinderschutzbestimmungen wird deutlich, wie sehr sich der behördliche Gestaltungsspielraum seit den ersten Entwürfen des Gesetzes – im Jahre 1896 – bis zu seinem in Kraft treten 1912 veränderte und vor allem ausweitete. In den Entwürfen Ende des 19. Jahrhunderts waren es noch die Eltern, die als handlungsrelevante Partei auftraten. Auf elterliches Fehlverhalten konnten die Behörden lediglich mit Ermahnungen reagieren. Die Kompetenz der staatlichen Instanzen war derweil noch nicht so weit ausgebaut, wie in der definitiven Fassung von 1907. Die Vormundschaftsbehörde wurde 1901, auf Antrag einer Expertenkommission hin, vor den Eltern als versorgungsberechtigte Instanz genannt. Eine weitere inhaltliche Verschiebung fand in Art. 284 statt. Nachdem anfangs das Kind im Mittelpunkt der Aufmerksamkeit stand, war seit 1907 das elterliche Verhalten von Interesse. Die familiäre Privatsphäre wurde durch die staatliche Überwachung der elterlichen Gewalt unterlaufen. «Mit der Degradierung und der Überwachung der Eltern hatte sich eine neue Form der sozialpolitischen Intervention in den Privatbereich etabliert, wie sie noch vor 1900 undenkbar gewesen wäre. Die definitive Version des ZGB etablierte als normatives Leitbild eine neue Familienkonzeption.»[21]

Wie gross der Einfluss des neuen Verständnisses von Familie war, zeigt sich bei der genaueren Betrachtung des Familienrechts im ZGB. In den Art. 283 bis 285 wurde der Vormundschaftsbehörde die Kompetenz erteilt, bei Schwierigkeiten in die Eltern-Kind-Beziehung kompensie-

[20] Vgl. ebd., S. 29.

[21] Ebd., S. 41.

rend einzugreifen, um die Familie materiell ab-zu-sichern. Denn ein intaktes Familienleben galt als Voraussetzung für den Selbsterhalt des Bürgertums, ausserdem wurde der bürgerlich geprägte Familienterminus zum Gegenbegriff der in Art. 285 erwähnten ,Verwahrlosung'.[22] Seit der Einführung des ANG bis zum in Kraft treten des ZGB hatte sich ein Paradigmenwechsel, nicht nur im Hinblick auf die Familie, sondern auch hinsichtlich des Kindeswohl, vollzogen. Die vermögensrechtlichen Bestimmungen wurden zu persönlichkeitsbezogenen Schutzmassnahmen, was ganz der Ideologie der Pädagogik des ausgehenden 19. Jahrhunderts entsprach: «Erstens wurde die Kindererziehung im Bürgertum generell wichtiger mit der Rezeption der wissenschaftlichen Pädagogik. Zweitens hatten sozialreformerische Kreise geglaubt, mit der Erziehung der Minderjährigen aus der Unterschicht ein wirksames Mittel zur Bekämpfung des Pauperismus gefunden zu haben.»[23]

Mit dem in Kraft treten des ZGB 1912 wurden Aufgaben, die zuvor noch in den Kompetenzbereich der Armenbehörde fielen, zu einem Bestandteil des Vormundschaftswesens. Begründet wurden die restriktiven Massnahmen nun nicht mehr auf der Ebene der herrschenden Moralvorstellung, sondern auf medizinisch-psychiatrischer Ebene. «Wer vorher als armengenössig galt, wurde jetzt als ,trunksüchtig', ,lasterhaft', ,geisteskrank' oder ,verwahrlost' eingestuft.»[24]

Besonders lobend wurde in der Literatur immer wieder die allgemeine und offene Formulierung der zivilrechtlichen Bestimmungen betont, da der behördliche Handlungsraum dadurch sehr weit und vielseitig gestaltet werden konnte. Man sah darin einen Vorteil für die Kinder, da der Eingriff in bestehende Familienverhältnisse

---

[22] Vgl. ebd., S. 41.

[23] Ebd., S. 42, vgl. Tanner, S. 188.

[24] Ebd., S. 58.

zum Wohle des Kindes schneller und einfacher vollzogen werden konnten.[25] Vor allem die objektive Bedeutung des Kriteriums der ‚Pflichtwidrigkeit', welches in Art. 283 aufgeführt wurde, konnte zu einer stark objektivierten Auslegung führen. Kritische Stimmen sahen aber gerade in der Objektivität dieser Norm einen Nachteil, da es dadurch zu Schwierigkeiten in der praktischen Anwendung kommen könnte. Denn seit der Einführung des ZGB stiegen die Zahlen der Obhutsentzüge gesamtschweizerisch drastisch an. Die damaligen Gesetzgeber schienen alles Erdenkliche getan zu haben, was ihren Vorstellungen nach von Vorteil für die Kinder gewesen ist. Leider lässt die Praxis aber auch vermuten, dass das Wohlfahrtsprinzip ebenfalls als Instrument zur Legitimierung des behördlichen Handelns benutzt wurde. So geschah Vieles mit der Begründung ‚zum Wohle des Kindes', ob aber wirklich auch immer ein sozialer Gedanke mit dabei war, ist fraglich.

Viele Lehrmeinungen stimmen dahingehend überein, dass durch eine Gesetzesrevision der Art. 283ff. ZGB die Fürsorgepraxis der Schweiz nicht verbessert werden könnte, da die Problematik nicht in den Normen selbst, sondern in derer Handhabung liege. Insbesondere sei die Umsetzung auf kommunaler Ebene die grösste Schwachstelle, da in den Gemeinden oft Laienbehörden agierten, die teilweise mit der Umsetzung der Rechtsordnung grosse Mühe hatten und sich ausserdem von persönlichen Beziehungen beeinflussen liessen. In Art. 26 des Einführungsgesetzes zum ZGB wurden die Zuständigkeiten der Vormundschafts- sowie der Armenbehörde geklärt. Massnahmen zu treffen, die sich auf unterstützte Kinder oder auf Kinder aus unterstützungsbedürftigen Familien bezogen, wurden der Armenbehörde vorbehalten. Dies wurde ebenfalls in einem Bundesgerichtsent-

[25] Vgl. ebd., S. 40.

scheid[26] aus dem Jahr 1944 bestätigt: «Die Vormundschaft über einen Unmündigen schliesst es nicht aus, dass er von der zuständigen Verwaltungsbehörde aus polizeilichen Gründen, namentlich aus solchen der Armenpolizei in einer Anstalt versorgt wird. Eine solche Massnahme bedarf nicht der Zustimmung des Vormundes oder der Vormundschaftsbehörde und ist auch zulässig gegenüber einem Bürger des Kantons, der in einem anderen Kanton wohnt.»[27] Gegen diesen Vorbehalt konnte eingewendet werden, dass er lediglich anhand von materiellen Gesichtspunkten differenzierte und das Wesentliche – die psychischen und physischen Bedürfnisse der Kinder – ausser Acht liess. Die grösste Veränderung, die dieses Einführungsgesetz tatsächlich mit sich brachte, war, dass erstmals alle Pflegekinder innerhalb einer Gemeinde unter behördliche Aufsicht gestellt wurden und damit zum ersten Mal ein rechtlicher Schutz auch für privat platzierte Kinder aufgestellt wurde. Dies zeigt, dass das Bedürfnis, das Wohl jeden Kindes zu fördern, vorhanden war und auch auf dem Rechtsweg umgesetzt werden sollte.

Gesetze betr. Armenpolizei (1.12.1912) und Tuberkulose (13.6.1928)

Die Armenpolizei war, wie bereits erwähnt, die ausführende Hand des Armenwesens und war Ausdruck deren repressiven Armutspolitik. Der Kanton Bern erliess 1912 ein Gesetz, welches der Armenpolizei noch mehr Macht verlieh und ihren Handlungsspielraum vergrösserte. Doch für die Verding- und Pflegekinder, die in Bern untergebracht waren, waren einige Bestimmungen von grosser Bedeutung, da beispielsweise physische Misshandlungen an

[26] BGE 70 I 149-153

[27] BGE 70 I 149

ihnen von Amtes wegen geahndet werden konnten. Zum Beispiel legte Art. 34 fest, dass schlechte Verpflegung oder Ausbeutung sowie unpassende Schlafräume von verkostgeldeten oder sonst anvertrauten Personen mit einer Busse oder mit Gefängnis bestraft werden konnte. Aber auch in Art. 36 Abs. 1 wurden Strafen beim Missbrauch der Disziplinargewalt gegenüber Kindern, die armenrechtlich oder privat in Familien oder Erziehungsanstalten platziert wurden, angedroht. Zur Durchsetzbarkeit dieser Bestimmung liegen noch keine Untersuchungen vor, weshalb bis jetzt noch fraglich ist, ob sie tatsächlich ihren angestrebten Zweck erfüllte.

Bis zum Jahre 1928 tauchte der Begriff ‚Pflegekind' in der Rechtsordnung des Bundes kein einziges Mal auf. Erst im eidgenössischen Tuberkulosegesetz wurden Pflegekinder erstmals explizit erwähnt, da sie, bevor sie in einer fremden Familie untergebracht wurden, auf eine Tuberkuloseinfektion hin untersucht werden mussten. Aber auch die Pflegefamilie musste tuberkulosefrei sein und sich deshalb im Vornherein einer ärztlichen Untersuchung unterziehen. Im Protokoll der Kreis-Armeninspektoren-Konferenz des Emmentals vom 8. September 1938 zeigt sich aber die Problematik der Umsetzbarkeit dieser Bestimmung: «Dass alle Pfleger sich ärztlich bescheinigen lassen müssen, dass sie tuberkulosefrei seien, das ist praktisch nicht durchführbar. Wenn der Pfleger zuerst zum Arzt muss, dann geht der Pflegeplatz verloren.»[28] Anhand dieses Beispiels kann man sich vorstellen, dass Pflege- und Kostkinder oftmals nur aufgenommen wurden, weil sich die Pflegeeltern an ihnen bereichern wollten und das versprochene Kostgeld nicht für die Bedürfnisse der Kinder, sondern für sich selbst ausgaben. Auch dies war ein weiterer Faktor, der zu Missständen im Verding-/Pflegekinderwesen führte. Die erste

[28] StAB, Akten des Fürsorgeinspektorates, BB 13.1, Band 178, S. 12.

rechtliche Besserstellung innerhalb der Schweizerischen Rechtsordnung erfuhren Pflegekinder tatsächlich erst mit der Einführung des Schweizerischen Strafgesetzbuches 1942. Von diesem Zeitpunkt an konnten nämlich Delikte an Pflegekindern geahndet werden, wodurch sie auf Bundesebene erstmals unter strafrechtlichen Schutz gestellt wurden.

Verordnungen betreffend Pflegekinder vom 21. Juli 1944 (PfV)

Am 1. Januar 1945 trat die Verordnung über die Aufsicht der Pflegekinder im Kanton Bern in Kraft. Das Ziel dabei war die «lückenlose und einheitliche Erfassung aller Pflegekinder».[29] Grund für die Ausarbeitung dieser kantonalen Regelung waren die Praxis der 30er Jahre als auch die öffentlich gewordenen bedauerlichen Vorkommnisse, die nach strengeren Massnahmen zum Schutze der Kinder in fremden Familien sowie nach mehr Verantwortungsbewusstsein aller Beteiligten verlangten.[30] In der Verordnung wurde ein Kriterienkatalog festgelegt, den die werdenden Pflegeeltern für den Erhalt einer Bewilligung erfüllen mussten sowie die Pflichten, an die sie als Aufsichtspersonen gebunden waren. Zudem wurden die behördlichen Zuständigkeiten wie auch die Ausübung der Aufsicht über die Kinder geregelt.[31] Nur diejenigen Pflegeeltern, die eine behördliche Bewilligung erhielten, durften ein Kind aufnehmen. Voraussetzungen waren dabei hauptsächlich objektive, nicht auf die Persönlichkeit bezogene Gesichtspunkte,

---

[29] Kreisschreiben von 1945

[30] Vgl. Kreisschreiben von 1945

[31] Auszug aus der Verordnung betreffend die Aufsicht über die Pflegekinder vom 21. Juli 1944

wie die finanzielle Situation oder ein tadelloser Leumund. Die Pflegefamilie durfte keine Krankheiten aufweisen und musste dem Kind ein eigenes Bett zur Verfügung stellen. Diese Kriterien wurden vor allem hinsichtlich der sich immer weiter ausdehnenden Tuberkulose aufgestellt. Auch auf gute Erziehung und Ernährung sowie Behandlung des anvertrauten Kindes sollten die Pflegeeltern Acht geben. In bestimmten Fällen konnte jedoch von einer Bewilligung abgesehen werden, nämlich, wenn ein Aufsichtsbeamter persönliche Kenntnis über Familien- und Wohnverhältnisse der Bewerber hatte.[32] Dieser Umstand konnte dazu führen, dass Missbräuche an Pflegekinder nicht verhindert werden konnten, wie dieser Ausschnitt aus den Akten des Fürsorgeinspektorates von 1935 zeigt: «Immer häufiger werden die Klagen, dass Pflegekinder, namentlich in landwirtschaftlichen Betrieben, überarbeitet werden, was meistens eine Folge der Krise ist. Schulkinder sollen aber nicht Knechte oder Mägde ersetzen. Eine Norm für die Arbeitszeit der Kinder aufzustellen, ist schwierig, sie kann auf keinen Fall in Stunden angegeben werden. [...] Ein Kind wird zu sehr zu Arbeit herangezogen, wenn seine Gesundheit darunter leidet.»[33]

Die Aufsicht über die Pflegekinder wurde der Vormundschaftsbehörde unterstellt, wobei die Oberaufsicht über das Pflegekinderwesen das kantonale Jugendamt hatte. Wie auch bereits in Art. 26 des EG zum Zivilgesetzbuch, wurde in der PfV die Befugnis und die Aufgabe der Armenbehörde für die von ihnen versorgten Kinder ausdrücklich vorbehalten. In vielen Gemeinden führte dies zu zahlreichen Kompetenzkonflikten, weshalb allgemeine Richtlinien für die Überwachung vormundschaftsrechtlich sowie armenrechtlich versorgter Kinder aufgestellt wurden. Laut

---

[32] Vgl. Kreisschreiben von 1945

[33] StAB, Akten des Fürsorgeinspektorates, BB 13.1, Band 175, S. 13.

Art. 12 PfV sollte ein Pflegekind mindestens einmal jährlich besucht werden. Bei ihrem Eintreffen sollten die Aufsichtsbehörden vor allem ein Augenmerk auf die Kriterien wie beispielsweise das Aussehen, Gesundheit, Erziehung, Ernährung, Bekleidung und Schlafraum des Kindes legen, aber auch den regelmässigen Schul- und Kirchenbesuch überprüfen. Dies zeigt, dass eine deutliche Abkehr von der armenrechtlichen Praxis in der Rechtsordnung stattgefunden hat und man mehr auf die kindlichen Bedürfnisse, die nach dem damaligen bürgerlichen Verständnis vor allem grossen Wert auf Reinlichkeit und Tüchtigkeit legten, eingehen wollte. In der Literatur wurde an der PfV hauptsächlich deren praktische Durchsetzbarkeit bemängelt, da viele Familien Kinder weggaben oder aufnahmen, ohne eine behördliche Stelle darüber in Kenntnis zu setzen: «Es gibt Ortschaften mit Schulen, in denen mehr als die Hälfte Pflegekinder sind, von denen aber nur ein kleiner Teil der Aufsicht des Armeninspektors untersteht.»[34] In denjenigen Fällen waren die zuständigen Behörden nicht in der Lage, ihre Aufsichtspflicht wahrzunehmen.

Ein weiteres Kreisschreiben an die Regierungsstatthalter, Vormundschaftsbehörden, Gemeindeschreiber, Pflegekinderinspektoren und Aufsichtsbeamten der Gemeinden vom 25. Mai 1945 ging auf die einzelnen Bestimmungen der Pflegekinderverordnung ein und richtete sich damit an deren Adressaten, wie die Gemeinden und Vormundschaftsbehörde: «Über die wichtigsten Bestimmungen der Verordnung, namentlich die Pflichten der Pflegeeltern, wurde die Bevölkerung durch eine erstmalige Publikation in den Amtsanzeigern unterrichtet. Als amtliche Mitteilung soll sie später kurz gefasst periodisch wiederholt werden, um die Ausübung der Pflegekinderaufsicht zu erleichtern und die Pflegeeltern an ihre Aufgaben zu erinnern. Von der Art

[34] StAB, Akten des Fürsorgeinspektorates, BB 13.1, Band 184, S. 13.

und Weise, ob und wie diese Vorschriften praktisch befolgt und überwacht werden, hängt viel vom Schicksal der Pflegekinder ab. Daraus ergibt sich ohne weiteres, wie wichtig es ist, diese Bestimmungen den Pflegefamilien in der Ausübung der Aufsicht und durch allgemeine Aufklärung nahe zu bringen.»[35] Dieses Schreiben geht auf die Problematik ein, dass Pflegeeltern zu wenig über den richtigen Umgang mit ihren Schützlingen informiert und sich ihrer Verantwortung nicht bewusst waren. Die Vorschriften, die zum Schutze der Kinder aufgestellt wurden, können erst dann ihre volle Wirkung zeigen, wenn einer tadellosen Umsetzung nichts im Wege stünde. Deshalb müssten die festgehaltenen Normen auch in die Tat umgesetzt werden sowohl auf Seiten der Pflegefamilien, als auch auf Seiten der Behörden. Dies zeigt, dass grosse Mängel im Bereich des Pflegekinderwesens in der Unkenntnis betreffend normativer Regelungen sowie in deren Ausführung zu finden waren.

Ein Kreisschreiben an die Vormundschaftsbehörden und Pflegekinderinspektoren als Aufsichtsorgane in der Pflegekinderfürsorge des Kantons Bern vom 26. April 1956 appellierte an das Verantwortungsbewusstsein der Vormundschaftsbehörden und der Pflegekinderinspektoren und forderte alle Gemeinden auf, ihre Pflegekinderfürsorge zu überprüfen und die Mängel, die meist in der Organisation sowie in der Durchführung lagen, zu beheben: «Es steht fest, dass die Pflegekinder heute mit den bestehenden Vorschriften wirksam geschützt werden können. Dagegen sind Sinn und Geist der Bestimmungen vielerorts trotz aller bisheriger Anstrengungen noch zu wenig erfasst und praktisch noch ungenügend verwirklicht.»[36] Es lässt sich herauslesen, dass auch nach über zehn Jahren, seit die Berner Pflegekinderverordnung in Kraft getreten war, das

[35] Kreisschreiben von 1945

[36] Kreisschreiben von 1956.

Pflegekinderwesen des Kantons noch einige Schwachstellen aufwies, insbesondere in der Durchsetzbarkeit der zivilrechtlichen Kinderschutzbestimmungen der Art. 283ff.. Ein weiterer Punkt war die Doppelfunktion der Vormundschaftsbehörde, die offenbar immer wieder zu Konflikten führte: «Allgemein wird noch zu wenig klar unterschieden, welche Aufgaben die Vormundschaftsbehörde einerseits als *Versorger* und andererseits *als örtliche Aufsichtsbehörde* im Pflegekinderschutz zu erfüllen hat. Nicht selten werden notwenige und dringliche Massnahmen verzögert oder völlig unterlassen, weil die beidseitigen Pflichten bei Beginn des Pflegeverhältnisses nicht genau abgegrenzt wurden und die Zusammenarbeit von Versorger und örtlicher Aufsicht nicht einsetzte.»[37] Die Justizdirektion schlug deshalb in ihrem Kreisschreiben vor, eine Einzelperson mit der Überwachung der Pflegekinder in ihrer Gemeinde zu beauftragen. Ein Vorteil davon wäre auch, dass sich so ein Vertrauensverhältnis zum Kind als auch zu den Pflegeeltern aufbauen würde und die Familienverhältnisse somit besser und genauer beurteilt werden könnten. Diskutiert wurde sodann auch die Höhe der Kostgelder, die im Kanton Bern deutlich niedriger war, als in vielen anderen Kantonen: «Während die einen dem Kostgeld zur Beurteilung der Güte eines Pflegeplatzes keine Bedeutung beimessen, weil sich tatsächlich ‚Liebe nicht kaufen lässt', sehen die andern darin ein wirksames Mittel, vermehrte Angebote von erziehungstüchtigen Familien zu erhalten, denen ohne eine ausreichende finanzielle Beihilfe die Aufnahme eines Pflegekindes nicht möglich wäre.»[38]

Wie bereits erwähnt, waren Pflegefamilien teilweise nicht ausschliesslich daran interessiert, aus Güte ein hilfloses Kind aufzunehmen, sondern versuchten sich durch das

---

[37] Ebd.

[38] Ebd.

Kostgeld zu bereichern. Viele Verdingkinder wussten zum Teil gar nicht, dass für ihren Unterhalt ein Entgelt entrichtet wurde, weil die Pflegeeltern sie im Glauben liessen, dass sie arbeiten mussten, um ihre ‚Schulden' abzubezahlen. Es kann und soll nicht behauptet werden, dass der wirtschaftliche Gedanke bei der Aufnahme eines Kindes stets den fürsorglichen überwog, aber einige Familien sahen darin ein rentables Geschäft. Dies macht auch ein Auszug aus dem Protokoll der Emmentaler Bezirksarmeninspektoren-Konferenz von 1932 deutlich: «Auffallend sei es, wie die Landwirte nach Pflegekindern aus der Stadt eine Begierde hätten. Das geschehe wohl deshalb, weil von der Stadt die grösseren Kostgelder bezahlt werden als von den Landgemeinden [...] Es kommt viel vor, dass die Pflegekinder als reine Arbeiter betrachtet werden; für das übrige Wohl kümmert sich niemand.»[39] Neben der Höhe des Kostgeldes wurde auch die Höhe des Taschengeldes diskutiert. Dabei kam die Frage auf, ob ältere Pflegekinder – deren Arbeitsleistung auf einem Bauern- oder in einem sonstigen Betrieb von grosser Wichtigkeit sein konnte – ein regelmässiges Taschengeld erhalten sollten: «Dies ist nach heutiger Auffassung zu bejahen, auch wenn sich dafür keine festen Normen aufstellen lassen. Gleich wie jedes andere Kind soll auch das Pflegekind für gute Leistungen gelegentlich eine Anerkennung erfahren.»[40] Hier kommt die gesellschaftliche Wahrnehmung von Pflegekindern deutlich zum Ausdruck. Die Leistung dieser Kinder wurde offensichtlich nicht im selben Masse anerkannt wie die Arbeit der leiblichen Kinder, obwohl Pflegekinder oft mehr und härter arbeiten mussten. Die fehlende Anerkennung scheint einen Normalzustand zu beschreiben, mit dem Kinder in fremden Familien leben und umgehen mussten.

---

[39] StAB, Akten des Fürsorgeinspektorates, BB 13.1, Band 172, S. 13.

[40] Kreisschreiben von 1956.

Gesetz über das Fürsorgewesen vom 3. Dezember 1961 (FüG)

Das neue Fürsorgegesetz sollte – im Gegensatz zum ANG – den geltenden gesellschaftlichen Verhältnissen angepasst werden und «die gesamte öffentliche Fürsorge für Minderbemittelte und Bedürftige ordnen.»[41] Aufgrund dessen sollte es nicht Gesetz über das Armenwesen, sondern Gesetz über das Fürsorgewesen heissen. Die Tragweite des FüG sollte grösser sein, als diejenige seines Vorgängers und nicht nur für die bestehenden, sondern auch für die zukünftigen staatlichen und kommunalen Fürsorgeeinrichtungen gelten.[42] Wie bereits im ANG, blieb auch im FüG die öffentliche Armenpflege eine gemeinschaftliche Aufgabe der Gemeinden und des Staates. Diese teilten sich die amtliche Armenfürsorge. Obwohl Art. 45 Abs. 4 aBV den Kantonen mit wohnörtlicher Armenpflege unter gewissen Bedingungen erlaubte, die Niederlassungsfreiheit unterstützungsbedürftiger Kantonsbürger einzuschränken, verzichtete das FüG darauf. Die Entwerfer des FüG sahen, dass der Schwachpunkt des Gesetzes in dessen Ausführung lag. Vermeiden könnte man dies nur, «wenn die Mitglieder und Beamten der Fürsorgebehörden mit den Grundsätzen und Methoden der Fürsorge vertraut sind und sie gewissenhaft befolgen.»[43] Das Fürsorgegesetz legte deshalb grossen Wert auf eine professionelle Ausbildung sowie stetige Weiterbildung derjenigen, die für die Umsetzung des Gesetzes verantwortlich waren. Grundsätzlich kann gesagt werden, dass die kantonalen Fürsorgegesetze der 50er und 60er Jahre «nur mehr punktuell repressive Züge auf und

[41] Direktion des Fürsorgewesens, Vortrag an den Regierungsrat zuhanden des Grossen Rates betreffend ein Gesetz über das Fürsorgewesen, S. 12.

[42] Vgl. ebd., S. 12.

[43] Ebd., S. 14.

kennen trotz ihres Schwerpunkts auf materielle Hilfeleistungen auch immaterielle Hilfe wie persönliche Beratung und Betreuung».[44]

Verordnung über die Aufnahme von Pflegekindern vom 19. Oktober 1977 (PAVO)

Im Jahre 1978 war es nun endlich soweit, dass die Aufnahme von Pflegekindern ausführlich auf Bundesebene geregelt wurde. Die Grundlage dafür lieferte 1976 die Einführung des neuen Kindsrechtes im ZGB, welches zusammen mit der PAVO zwei Jahre später in Kraft trat.[45] In Art. 1 Abs 1 der PAVO wurde – in Anlehnung an 316 ZGB – eine Bewilligungspflicht für die Aufnahme wie auch eine Aufsichtspflicht für anvertraute Kinder statuiert. Ausserdem sollten von da an zukünftige Pflegeeltern nicht nur auf ihre Verhältnisse hin überprüft, sondern auch ihre charakterlichen wie auch ihre erzieherischen Fähigkeiten bewertet werden. Die öffentlich gewordenen Berichte über verheerende Zustände in einigen Anstalten führten dazu, dass der Bund sich dazu verpflichtet fühlte im Bereich der Heimpflege ebenfalls neue und ausführlichere Bestimmungen zu erlassen. Neu wurden zudem in Art. 2 die Zuständigkeiten ausdrücklich geregelt. Als Bewilligung und Aufsicht übende Instanz wurde die Vormundschaftsbehörde erklärt und der Vorbehalt, den die Armen-/Fürsorgebehörde früher hatte, abgeschafft. Die PAVO gab den Kantonen in Art. 3 die Möglichkeit, weitere ausführende Bestimmungen zum Schutze der Pflegekinder aufzustellen. Wie sich jedoch in der Zukunft herausgestellt hat, nahmen nur wenige Kantone von diesem Recht tatsächlich Gebrauch. Der Kanton Bern hatte als einer der ersten und wenigen Kantone in

---

[44] Meier, S. 18.

[45] Vgl. Hegnauer.

Ergänzung zu der Verordnung des Bundesrates von 1977 weitere Bestimmungen – in Form der Pflegekinderverordnung von 1979 – erlassen. Leider ist die Verordnung des Bundesrates so unverbindlich formuliert, dass einige Kantone heute noch an der konkreten Umsetzung scheitern. Ausserdem ist diese 30-jährige Norm nicht mehr den gesellschaftlichen Verhältnissen entsprechend. Eine Totalrevision der Verordnung ist jedoch in Aussicht und man kann nur hoffen, dass dies zu einer deutlichen Verbesserung des Pflegekinderwesens führt.

Bewältigungsstrategien

Viele ehemalige Verdingkinder schwiegen jahrelang über ihre (nicht nur) misslichen Erfahrungen. Sie hielten eigene Aufzeichnungen unter Verschluss. «Mein Mann wollte, dass ich ihn und die Kinder von alten, belastenden Geschichten verschone», erzählt eine achtzigjährige Frau. Behörden reagierten teilweise ähnlich und versiegelten ihre Archive. Vorhandene Dokumente zeigen, wie einzelne (Kirch-)Gemeinden und soziale Einrichtungen arme Kinder als Arbeitskräfte in die Fremde schickten, wie Kinder in Kostfamilien schimmeliges Brot aus Schweinetrögen holen und in dunkeln Kammern essen mussten, wie sie geschlagen und sexuell missbraucht wurden.

«Ja, das waren harte Zeiten, oder? Aber es ist halt im Leben so. Manchmal muss man durchbeissen, oder? Und ich habe mich durchgebissen, oder? Ich habe nicht aufgegeben», berichtet Rudolf W. (geb. 1939). Seine Aussage deutet an, dass Anpassung auch eine widerständige Form sein kann, sich zu behaupten. Schicksalhafte Ergebenheit drückt Paul S. (geb. 1916) aus. Er sagt: «Das musste man einfach durchmachen, da gibt es gar Nichts zu hadern. Das war einfach so, nicht? Es hatte ja keine andere Möglichkeit gegeben, nicht? Dazumal. Es gab keine andere Möglichkeit, als zu einem Bauer zu gehen. Was hättest du wollen, nicht?» Weil er sich selbst ohnmächtig fühlte, getraute sich Paul Pf. (geb. 1945) zu drohen: «Dann ging ich mit 16 Jahren zum Vormund runter und sagte ihm: Wenn du mich nicht frei lässt, passiert etwas. Ich habe nichts zu verlieren.» Paul Pf. fühlte sich isoliert und alleine gelassen: «Niemand kam, um zu fragen, wie es dir geht. Von der Gemeinde kam nichts, einfach nichts. Dass das überhaupt möglich war, oder? Du kannst dich nicht wehren als Kind. Da glaubt dir auch niemand, wenn du etwas sagst, oder?»

Agnes M. (1924) berichtet von Flucht und Repression: «Als ich grösser wurde, habe ich mich schon gewehrt. Ich lief einfach weg. Aber nachher kriegte ich umso mehr Schläge, oder?» Jean-P.E. (1937) ergänzt: «Die Frau ist an der Nähmaschine gesessen und ich sass daneben. Nachher hat ihr Mann mich gerufen, ich soll herunterkommen, er wolle mich noch verprügeln, bevor ich (zu einem andern Pflegeplatz) gehe. Da sagt sie mir, geh doch, dann hast du es hinter dir.» Roger H. (1952) ist heute Taxichauffeur. Er erzählt von seiner Wut und von seinen Rachegefühlen: «Sie (die leibliche Mutter) ist einmal am Aeschenplatz vor mir über den Fussgängerstreifen gegangen und dann gehen einem schon Gedanken durch den Kopf, ich könnte jetzt Gas geben. Weil diese Frau hat mir viel in meinem Leben kaputt gemacht.» R.H. wuchs in verschiedenen Heimen auf, weil sein Vater Alkoholiker war und die Mutter die Kinder nicht haben wollte. Seine Wut verkehrt sich meistens bald wieder in Resignation: «Ich habe keine Erwartung. Gar nichts, nein. Was kann ich schon für eine haben.»

Marianne Gronememeyer[46] geht auf die Dynamik von Resignation und Empörung ein. Sie analysiert ein Projekt von Lorenzo di Milani. Der Pater gründete in der Toscana

---

[46] Gronemeyer 1976.

die «Scuola di Barbiana» für Kinder von Landarbeitern, die in der offiziellen Schule «versagten». Er schaffte die Noten ab, nahm die Langsamsten zum Massstab für das Tempo, setzte die älteren Schüler als Lehrer ein und orientierte den Unterricht an dem, was die Kinder interessierte. Das führte dazu, dass nunmehr alle die Abschlussprüfung bestanden, bei der vorher die meisten durchfielen. Gronemeyer folgert: Die Empörung blieb solange machtlos gegen die Resignation, bis eine produktive Handlungsalternative vorlag. Von sich aus unternahmen die Eltern und Kinder wenig. Die Überzeugung von der eigenen Unzulänglichkeit lähmte sie. Es brauchte einen Impuls von aussen. Soziale Benachteiligungen werden oft über lange Zeit hingenommen. Sie motivieren nicht von sich aus zu Veränderungen. Der Mangel verstellt manchmal den Blick. Betroffene interpretieren Defizite als persönliches Versagen, nicht als Unrecht. Wichtig ist die Vermittlung des Bewusstseins, dass eine missliche Situation kein Schicksal, sondern veränderbar ist. Der Hinweis auf gemeinsame Betroffenheiten entlastet von persönlichen Schuldgefühlen, die bei sozial Benachteiligten unter Bedingungen der Vereinzelung besonders ausgeprägt sind. Arme empfinden ihre Ohnmacht als individuelle Schwäche. So lassen sich gesellschaftliche Probleme einfacher auf jene abwälzen, die unauffällig bleiben (wollen). Wenn sie die Lage akzeptieren, laufen sie weniger Gefahr, bei einem weiteren Versuch der Veränderung nochmals zu scheitern. Wer sich mit dem Vorhandenen abfindet, schützt sich gegen weitere Enttäuschungen. Die Angst führt zum Rückzug. Der Pakt mit dem Verzicht macht ihn aushaltbar. Dagegen helfen Erfahrungen gelungener Lebenspraxis. Das Zutrauen in eigene Kompetenzen erfordert kleine Schritte. Grosse Ziele sind in Teilziele zu zerlegen, die sich in absehbarer Frist erreichen lassen. Die Erfahrung motiviert, dass Veränderungen möglich sind. Sie lenkt den Blick vom scheinbar Unabdingbaren zum Möglichen. Die innerlich blockierende «Du solltest-Anforderung» verwandelt sich in eine «Ich kann etwas-Haltung». Sie knüpft an vorhandene Interessen und Fertigkeiten an.

Literatur

BALDEGGER, Werner (1970): Vormundschaftsrecht und Jugendfürsorge. Dissertation der Universität Freiburg (Schweiz), S. 24-48; S. 60-80; S. 85-93.

BRINER, Luise(1925): Die Armenpflege des Kindes in der Schweiz. Dissertation der Universität Bern.

Direktion des Fürsorgewesens (1960): Vortrag an den Regierungsrat zuhanden des Grossen Rates betreffend ein Gesetz über das Fürsorgewesen, Bern. Gemeindearchiv Lützelflüh, Abteilung Ia Teil 2. Akten bis zur Einführung des neuen Archivplanes. 6.0.0. Historischer Bereich. (zit. Vortrag)

FLÜCKIGER, Paul (1942): Bernisches Armen- und Niederlassungswesen: Die wichtigsten Gebiete nach der Praxis systematisch dargestellt. Bern, S. 1-31; S. 54f.; S. 80-87; S. 102-108.

GRONEMEYER, Marianne (1976): Motivation zum politischen Handeln, Hamburg, Hoffmann und Campe.

HEGNAUER, Cyril: Kindesrecht. http://www.hls-dhs-dss.ch/textes/d/D27304.php [Stand 18.01.2010]

LEUENBERGER, Marco und SEGLIAS, Loretta (Hg.) (2008): Versorgt und vergessen, Zürich, Rotpunktverlag.

MEIER KRESSIG, Marcel: Armutspolitik im Wandel der Zeit. http://www.socialia.ch/Armutspolitik.pdf [Stand: 22.12.2009].

RAMSAUER, Nadja (1999): «Verwahrlost»: Kindswegnahme und die Entstehung der Jugendfürsorge im schweizerischen Sozialstaat 1900-1945, Dissertation der Universität Zürich, S. 21-64; S. 71-80; S. 97-110; S. 126-160; S. 219-229; S. 243-251; S. 264-277.

Schmid, Carl A. (1914): Das gesetzliche Armenwesen in der Schweiz: Das Armenwesen des Bundes, sämtlicher Kantone und der schweizerischen Grossstädte, Zürich, S. 15-60; S. 77-96; S. 261-289; S. 327-354; S. 362.

Sutter, Gaby, Matter, Sonja und Schnegg, Brigitte (2008): Expertengremien für Fürsorge und Sozialarbeit, in: Interdisziplinäres Zentrum für Geschlechterforschung (Hg.): Fürsorge und Sozialarbeit in der Stadt Bern 1900 bis 1960: Zwischen Integration und Ausschluss, Bern. http://www.izfg.unibe.ch/unibe/rektorat/izfg/content/e3785/e4047/e4058-/Broschuere_NFP51_ger.pdf [Stand 18.01.2010]

Tanner, Hannes (1998): Die ausserfamiliäre Erziehung, in: Hugger, Paul (Hg.): Kind sein in der Schweiz, Zürich, Offizin Verlag, S. 185-195.

Peter Aebersold

Todesstrafe in Basel und in der Schweiz

Eine historische Perspektive

Am 24.8.2010 kündigte ein nicht parteigebundenes Komitee an, eine Volksinitiative zur Wiedereinführung der Todesstrafe in der Schweiz zu starten. Die Bundeskanzlei hatte im Rahmen der obligatorischen Vorprüfung das Volksbegehren bereits als zulässig erklärt. Die politischen Parteien lehnten die Initiative ab. Einzig die SVP zeigte Sympathien für die Idee, das Stimmvolk darüber entscheiden zu lassen. Die Ankündigung des Vorstosses warf in Europa hohe Wellen, er beschäftigte auch die internationale Presse von den USA über Saudi-Arabien bis nach Angola. Allerdings wurde die Initiative schon nach kurzer Zeit wieder zurückgezogen. Die Initianten hatten mit der Ankündigung bloss auf den nach ihrer Ansicht bestehenden Missstand hinweisen wollen, dass die Schweizer Kuscheljustiz auf der Täter- statt auf der Opferseite stehe. Bereits 1985 war eine Volksinitiative zur Einführung der Todesstrafe für Drogenhändler gestartet worden, doch kam damals die erforderliche Unterschriftenzahl nicht zustande.

Auch wenn zur Todesstrafe vorerst keine Volksabstimmung stattfindet, ist nicht auszuschliessen, dass der Vorschlag in absehbarer Zeit erneut aufgegriffen wird. Denn die kriminalpolitische Grosswetterlage ist seit den 90er-Jahren des 20. Jahrhunderts geprägt durch die Verlagerung von der Täter- zur Opferperspektive, durch ein Sicherheitsdenken, das zunehmend zu einem symbolischen Strafrecht tendiert, und durch ein Staatsverständnis, das sozialstaatliche und rechtsstaatliche Errungenschaften zu Gunsten eines defensiven Interventionsstaats zurückdrängt. Forderungen nach einer Verschärfung des Strafrechts bis hin zur Ersetzung des Schuldprinzips durch das Talionsprinzip[1] haben Konjunktur und schlagen sich in zahllosen im Parlament hängigen Vorstössen nieder. Zwar hat nicht die Kriminalität zugenommen, wohl aber deren Wahrnehmung und die entsprechende Angst. Dies schlägt sich in einem Bedrohungsklima nieder, in dem Kriminalitätsfurcht stellvertretend für andere, schwerer fassbare Bedrohungen steht und sich in Volksbefragungen gegen alle Vernunft durchsetzen kann. Die Beispiele der Verwahrungsinitiative und der Unverjährbarkeitsinitiative haben gezeigt, dass radikale kriminalpolitische Forderungen an der Urne selbst dann erfolgreich sein können, wenn sie von allen politischen Gremien und fast allen Parteien abgelehnt werden.

Vor diesem Hintergrund ist es angebracht, die Geschichte der Todesstrafe und ihrer Abschaffung aufzuarbeiten. Das Thema soll besonders aus der Optik der Region Basel beleuchtet werden. Nicht angesprochen werden in diesem Beitrag die ethischen, rechtlichen und kriminalpolitischen Argumente, die gegen die Todesstrafe sprechen.[2]

Todesstrafe als Volksbelustigung

In der alten Eidgenossenschaft war die Todesstrafe die wichtigste Strafart für schwere Verbrechen. Alle Kantone führten immer wieder Hinrichtungen durch. Die Gerichte urteilten ohne geschriebenes Strafrecht nach Landgebrauch (Gewohnheitsrecht) und nach «bestem Wissen und Gewissen». Vom 17. Jahrhundert an lehnte man sich speziell in Basel an die «Carolina» genannte Peinliche Hals-

[1] Prinzip der Vergeltung

[2] Vgl. Boulanger/Heyes/Hanfling: Zur Aktualität der Todesstrafe, 2.Aufl., Berlin 2002

gerichtsordnung von Kaiser Karl V. aus dem Jahre 1532 an.[3] Diese sah nicht nur bei Tötung, Raub, Diebstahl und Homosexualität die Todesstrafe vor, sondern verschärfte diese bei vielen Straftatbeständen durch besonders grausame Hinrichtungsarten. Widernatürliche Unzucht sollte z.B. mit Verbrennen, die Kindstötung durch lebendiges Begraben oder Ertränken bestraft werden. Häufigste Hinrichtungsart war der Galgen, der sich ausserhalb der Städte an einem von weitem sichtbaren Ort befand. Die Hinrichtung wurde in einem eindrücklichen Ritual öffentlich vollzogen und zog viel Volk an.[4]

In Basel war das «Vogtei» genannte Hochgericht zunächst in der Hoheit des Bischofs, ehe es König Rudolf 1275 ans Reich zog. Im Jahre 1386 erwarb die Stadt im Anschluss an die Schlacht von Sempach die Vogtei und vollzog nach dem im Jahr zuvor erworbenen Schultheissenamt (Zivilgericht) einen weiteren Schritt zur städtischen Selbständigkeit.[5] Der vom Rat ernannte Vogt entschied bis 1672 über Leben und Tod. Danach ging die Kompetenz an den Rat über, der als Legislative, Exekutive und Hochgericht amtete.

Seit dem 14. Jahrhundert stand der Galgen auf dem Gellert. Im 15. Jahrhundert kam noch die «Kopfabhaini» genannte Richtstätte vor dem Steinentor dazu. Bei politischen Verbrechen wurde die Strafe seit jeher am Marktplatz vollzogen. Auf der Landschaft gab es Richtstätten an verschiedenen Orten, z.B. in Sissach (Glünggis-Bühl) und Münchenstein (Heiligholz). «Zu den Hinrichtungen drängte sich Jung und Alt, Arme und Reiche, Weiber und Kinder, wie zu einer Volksbelustigung. Auf ihre Anwesen-

[3] Pahud de Mortanges, René: Schweizer Rechtsgeschichte, Zürich 2007, S.122

[4] Ebd., S.128

[5] Hagemann, Hans-Rudolf: Basler Rechtsleben im Mittelalter, Basel 1981, S.151

heit legte die Obrigkeit geradezu Wert, da nach ihrer Ansicht jedermann ein abschreckendes Exempel mitnehmen sollte.»[6]

Dass die Basler in der Anwendung des Strafrechts besonders streng waren, wird durch einen prominenten Zeitzeugen bestätigt: Der Humanist und spätere Papst Enea Silvio de Piccolomini, der später Basel das Privileg zur Führung einer Universität verlieh (gegründet 1460), hielt sich während des Konzils als Sekretär des Kardinals Domenico Capranica einige Jahre in Basel auf und schrieb 1438 in seiner Stadtbeschreibung über die Basler[7]: «Doch sind sie unerbittlich und streng, Fanatiker der Gerechtigkeit. Entsetzlich gehen sie mit den Verurteilten um. Die einen enden mit zerschlagenen Knochen auf dem Rad, andere werden im Rhein ertränkt, andern hacken sie die Gliedmassen vom lebendigen Leib, manche sperren sie hinter dicke Mauern und lassen ihnen nichts ausser einen Happen Brot und ein paar Tropfen Wasser reichen, bis sie verhungern oder verdursten. ... Als Henker nehmen sie einen, der sich dazu anbietet und nur von diesem Metier lebt. Der Mann gefällt mir nicht, wohl aber die Stadt.» Der Henker war zugleich Wasenmeister und wohnte bis 1838 auf dem Kohlenberg.

Verdrängung durch die Freiheitsstrafe

Im 17. Jahrhundert wurden die grausamen Tötungsarten zurückgedrängt. Die Todesstrafe wurde nun hauptsächlich durch das Schwert vollzogen. Im 18.Jahhundert ging auch die Zahl der Hinrichtungen zurück, zumindest in den städtisch beherrschten Kantonen. Während es z.B. im Kanton Zürich während des 17. Jahrhunderts noch 327 Hinrichtungen gegeben hatte, waren es im folgenden Jahrhundert

[6] Metzger, Karl, zitiert nach Hagemann, a.a.O., S.207

[7] Widmer, Berthe: Enea Silvio Piccolomini, Basel 1960, S.368 f.

nur noch 145. Dennoch sind aus dieser Zeit in der Schweiz noch keine Schriften bekannt, die zur Abschaffung der Todesstrafe aufgerufen hätten.

Als erster grundsätzlicher Kritiker der Todesstrafe gilt der Italiener Cesare Beccaria. Sein 1764 erschienenes Buch «Dei delitti e delle pene» formulierte das kriminalpolitische Credo der Aufklärung und wurde zum einflussreichsten Werk der ganzen Strafrechtsgeschichte.[8] Auslöser war die Hinrichtung eines Unschuldigen, des Toulouser Kaufmanns Jean Calas.

Vom 18. Jahrhundert an, und dann vor allem im 19. Jahrhundert, wurde die Todesstrafe zunehmend durch die lebenslange Freiheitsstrafe ersetzt. Die Vorgeschichte der Freiheitsstrafe hatte wesentlich früher begonnen: Pioniere dieser Entwicklung waren die 1555 in England eröffnete Anstalt Bridewell und das 1595 gegründete Amsterdamer Zuchthaus. Seit dem 18.Jahrhundert gab es überall in der Schweiz sogenannte «Schallenwerke» oder «Schellenwerke», in denen Gefangene an Wagen angekettet öffentliche Arbeiten verrichteten. Der Name stammt wie beim Wort «Handschelle» von den Glöcklein, mit denen die Fesseln versehen waren, damit ihre Träger kontrollierbar blieben. Allerdings dienten die Schellenwerke anfangs weniger zur Bestrafung von Verbrechern, sondern mehr zur Bekämpfung von Landstreicherei und Bettelei (in Basel gab es bis 1844 zu diesem Zweck den Bettelvogt). Das Basler Schellenhaus bestand seit 1764 im Predigerkloster.

Die erste einheitliche Strafrechtsordnung führte in der Schweiz die von Napeleon aufgezwungene Helvetik ein (1798-1803). Das Peinliche Helvetische Gesetzbuch von 1799, mehr oder weniger eine Übersetzung des franzö-

[8] Das Buch von Cesare Beccaria liegt mit einer Einführung versehen in einer neuen Übersetzung vor: Von den Verbrechen und von den Strafen, Berlin 2005

sischen Code pénal von 1791, drohte die Todesstrafe nur noch für politische Verbrechen an.[9] Zudem beseitigte es die zuvor praktizierten grausamen Hinrichtungsmethoden und ersetzte sie durch das Enthaupten mit der Guillotine. Abgeschafft wurden zudem alle Körperstrafen.

In der auf die Helvetik folgenden Restauration kehrten die meisten Kantone in ihren weiterhin kantonal geregelten Ordnungen zu ihrem früheren Recht zurück, nicht zuletzt deshalb, weil für den Vollzug der Freiheitsstrafe vorerst geeignete Anstalten fehlten. «Die Todesstrafe breitete sich noch einmal aus» (Stratenwerth[10]). Allerdings blieb die Guillotine als vorherrschende Hinrichtungsart. In einzelnen Kantonen konnten die Verurteilten zwischen Guillotine und Schwert wählen. Als letzter Verurteilter mit dem Schwert enthauptet wurde Niklaus Emmenegger 1867 in Luzern.

Erste Abschaffung

In der Schweiz wurde die Abschaffung der Todesstrafe und die Ersetzung durch die Zuchthausstrafe erstmals 1807 von Pfarrer Andreas Tschudi aus Glarus gefordert.[11] In den folgenden Jahren gewann die durch die Aufklärung genährte Kritik an der Todesstrafe vor allem in den Städten an Boden. In den 30er-Jahren wurden erste parlamentarische Vorstösse in den Kantonen Neuenburg und Zürich eingereicht. In Basel verhinderte der seit 1829 als Criminalgerichts-Präsident amtierende Nicolaus Bernoulli weitere Todesurteile, obwohl die Todesstrafe in Basel-Stadt erst 1872 formell abgeschafft wurde. Er hatte bei der letzten in

---

[9] Günter Stratenwerth, Juristische Erwägungen zur Todesstrafe, S.38

[10] Ebd., S.38

[11] Stefan Suter, Guillotine oder Zuchthaus? Basel 1997, S.24

Basel ausgesprochenen Todesstrafe 1819 als Verteidiger des Hauptangeklagten mitgewirkt.

Die letzte Hinrichtung fand in Basel am 4.8.1819 statt. Am Erdbeergraben vor dem Steinentor wurden Ferdinand Deisler, Xavery Herrmann und Josef Studer enthauptet. Ein weiteres Mitglied der vierköpfigen Räuberbande war zu einer lebenslangen Kettenstrafe verurteilt worden. Der Hinrichtung wohnten 20'000 Schaulustige bei, mehr als Basel damals Einwohner hatte. Die letzte Hinrichtung im Kanton Basel-Land fand am 15.10.1851 statt. Enthauptet wurde Hyazint Bayer, der wegen eines Raubmords verurteilt worden war.

Als erster Kanton verbot der Kanton Freiburg die Todesstrafe 1848, doch führte er sie 1868 wieder ein. Der erste Kanton, der die Todesstrafe im Gesetz endgültig abschaffte, war Neuenburg 1864. Bald darauf folgten Zürich 1869, Tessin und Genf 1871, Basel-Stadt 1872, Basel-Land 1873 und Solothurn 1874. Mit der ersten Bundesverfassung von 1848 wurde die Todesstrafe zumindest für politische Vergehen in der ganzen Schweiz beseitigt.

Auch in den Kantonen, die die Todesstrafe weiter anwendeten, führte die zunehmende Kritik zu einem drastischen Rückgang der Todesurteile und der Hinrichtungen. Von 1851 bis 1873 wurden in der ganzen Schweiz nur noch 38 Verurteilte hingerichtet, mit 14 am meisten im Kanton Bern. In der gleichen Zeit wurden die ersten panoptischen Strafanstalten nach amerikanischen Vorbildern gebaut und eröffnet. Als einzige ist die 1864 eröffnete Justizvollzugsanstalt Lenzburg noch heute in Betrieb.

Ein berühmter zum Tod Verurteilter, von Nold Halder[12] literarisch beschrieben und vom Liedermacher Mani Matter[13]

---

[12] Nold Halder, Leben und Sterben des berüchtigten Gauners Bernhart Matter, Aarau 1947

[13] Mani Matter, Bärnhard Matter, in: I han es Zündhölzli azündt, Bern 1972

unvergesslich besungen, war der Gauner Bernhart Matter, der 1853 im Aargau exekutiert wurde. Die mit dem Schwert vollzogene Hinrichtung wurde damals als Skandal empfunden, weil Matter viele Diebstähle, aber nie ein Tötungsdelikt begangen hatte. Für das strenge Urteil war vermutlich ausschlaggebend, dass Matter als Sozialrebell im Volk viele Sympathien genoss und aus mehreren Gefängnissen entwichen war. Seine Ausstrahlung lässt sich mit der vergleichen, die im 20.Jahrhundert der Ausbrecherkönig Walter Stürm hatte.

Trotz dieser ausufernden Verurteilung war die Zeit reif für die Abschaffung der Todesstrafe.[14] Die neue Bundesverfassung von 1874 verbot den Kantonen in Art.65 die Todesstrafe ganz generell. Im Abstimmungskampf, der über die Verfassung geführt wurde, fand diese Bestimmung wenig Beachtung. Schon vorher hatte die deutsche Nationalversammlung 1848 die Abschaffung beschlossen (Preussen hielt sich allerdings in der Folge nicht daran). Rumänien hatte die Todesstrafe bereits 1865 abgeschafft, Portugal 1867, Holland 1870.

Wiedereinführung und Streichung im Strafgesetzbuch

In den Jahren nach der Abschaffung der Todesstrafe wurde eine Zunahme der Kriminalität festgestellt. Diese Entwicklung zeigte sich allerdings nicht nur in der Schweiz, sondern in ganz Europa, sie hing mit der internationalen Wirtschaftskrise zusammen, die eine schwere Rezession und die Verarmung weiter Bevölkerungskreise zur Folge hatte. Die Befürworter der Todesstrafe, an ihrer Spitze der Schaffhauser Ständerat Herrmann Freuler, führten die

---

[14] Umfassend zur Geschichte der Abschaffung: Stefan Suter, Guillotine oder Zuchthaus? Basel 1997

Zunahme auf die Abschaffung der Todesstrafe zurück und reichten ein Initiativbegehren zur Wiedereinführung der Todesstrafe ein. Die Eingabe verlangte, dass es den Kantonen freistehen sollte, die Todesstrafe in ihrem weiterhin kantonalen Strafrecht wieder vorzusehen und zu vollstrecken.

Der Abstimmungskampf wurde hitzig und polemisch geführt. In der Volksabstimmung vom 18.5.1879 wurde die Wiedereinführung schliesslich mit 200'485 Ja zu 181'588 Nein gutgeheissen. Die Vorlage wurde in 12 Vollkantonen und 4 Halbkantonen angenommen. Beide Basler Kantone sagten nein, Basel-Stadt deutlich, Basel-Land eher knapp.

Von der Möglichkeit, die Todesstrafe wieder einzuführen, machten nach 1879 nur zehn Kantone Gebrauch (Appenzell-Innerrhoden, Obwalden, Uri, Schwyz, Zug, Sankt Gallen, Luzern, Wallis, Schaffhausen, Freiburg). In den grossen Kantonen Zürich und Bern, aber auch in Appenzell-Ausserrhoden und Glarus, scheiterte der Vorschlag, die Todesstrafe wieder einzuführen, in kantonalen Volksabstimmungen.

Allerdings wurden in der langen Zeit von 1879 bis 1941 in der ganzen Schweiz nur noch 9 Hinrichtungen vollzogen, eine im Kanton Freiburg, alle andern in der Innerschweiz (allein 4 im Kanton Luzern). Zwischen den Kantonen mit und ohne Todesstrafe liessen sich in den folgenden Jahren keine Unterschiede bezüglich der Häufigkeit von Tötungsdelikten und andern schweren Straftaten feststellen.

Mit der 1942 erfolgten Einführung des Schweizerischen Strafgesetzbuchs wurde die Todesstrafe im *zivilen* Strafrecht endgültig beseitigt. Die Volksabstimmung zum Strafgesetzbuch hatte 1938 stattgefunden und bloss eine knappe Annahme ergeben (358'000 zu 312'000). Die Todesstrafe war im Abstimmungskampf kein zentrales Thema, sondern lediglich einer von vielen Diskussionspunkten gewesen.

Die beiden letzten Hinrichtungen wurden erst nach dieser Abstimmung vollzogen, und das heisst zu einem Zeitpunkt, als die Abschaffung der Todesstrafe bereits definitiv beschlossen war. Sie betrafen Paul Irniger 1939 im Kanton Zug und Hans Vollenweider 1940 im Kanton Obwalden.

Todesstrafe im Militärstrafrecht

Bis 1992 blieb die Todesstrafe allerdings im militärischen Strafrecht bestehen, ursprünglich nur für Zeiten, in denen sich die Schweiz im Kriegszustand befand. Der Bundesrat erliess dann im Mai 1940 eine Notverordnung, welche die Todesstrafe auch zuliess, wenn bloss unmittelbare Kriegsgefahr drohte. Gestützt darauf wurden im 2.Weltkrieg 33 Todesurteile wegen Landesverrats ausgesprochen. 17 Männer wurden erschossen, einer begnadigt, bei den andern konnte die Erschiessung nicht vollzogen werden, weil sie sich im Ausland aufhielten. Die Hingerichteten hatten hauptsächlich militärische Geheimnisse verraten. Peter Noll hat die 17 Fälle sorgfältig aufgearbeitet und dokumentiert.[15] Niklaus Meienberg hat einen davon in einer brillanten Reportage dargestellt (Landesverräter Ernst S.[16]), Richard Dindo hat denselben Fall verfilmt.

Es fällt auf, dass diese Todesurteile nicht im Sommer 1940 ausgesprochen wurden, als die Schweiz weitaus am stärksten bedroht war. Die erste Hinrichtung fand erst im November 1942 statt, genau in dem Moment, als sich die Niederlage von Hitlers Armeen abzuzeichnen begann. Danach folgten die Todesurteile bis zum Jahr 1944 in kurzen Abständen. Der Bundesrat hatte die Anwendung der Todesstrafe zunächst abgelehnt, weil er befürchtet hatte,

---

[15] Peter Noll, Landesverräter, Frauenfeld 1980

[16] Niklaus Meienberg, Ernst S., in: Reportagen aus der Schweiz, Darmstadt 1975, S.162-239

die Exekution von deutschfreundlichen Landesverrätern könne in Berlin als Drohgebärde verstanden werden und zu Gegenreaktionen reizen. Diese Entscheidung fügt sich nahtlos in die wankelmütige Haltung des Bundesrats ein. Sie gipfelte in der anpasserischen Rede, die Bundesrat Pilet-Golaz nach dem in Frankreich geschlossenen Waffenstillstand hielt.

Die Anwendung der Todesstrafe war, wie das Beispiel von Schweden zeigt, das sich in einer ähnlichen Lage befand, nicht zwingend. Doch entsprach sie dem in der Schweiz herrschenden politischen Klima. Sie wurde von Migros-Gründer Gottlieb Duttweiler bis zu General Guisan von fast allen politischen Richtungen gefordert und als Ausdruck des schweizerischen Wehrwillens empfunden.

Die während und nach dem Weltkrieg durchgeführten Verfahren betrafen nicht die Exponenten aus Wirtschaft und Politik, denen aus heutiger Sicht der Vorwurf gemacht werden kann, mit dem Feind kooperiert zu haben. So lieferte die Basler Chemiefirma J.R.Geigy AG unter der Leitung von Carl Koechlin den Nazis die Farben für ihre Fahnen und Uniformen und entliess zur Rettung dieses Auftrags in der Schweiz alle jüdischen Mitarbeiter. Bundesrat Eduard von Steiger, der überhaupt nur auf Druck der Nazis vom deutschen Gesandten Köcher in das Amt gepuscht worden war, formulierte die «Das Boot ist voll»-Doktrin und setzte als Chef des EJPD eine antisemitische Politik durch. Wegen der Abweisung an der Grenze wurden einige tausend jüdische Flüchtlinge in den sichern Tod getrieben.

Die Erschiessungen wurden in Wäldern vollzogen. Der Verurteilte wurde in Uniform (aber mit abgeschnittenen Knöpfen) und mit verbundenen Augen an einen Baum gebunden. Dann betrat ein Erschiessungs-Peloton, bestehend aus 20 Soldaten aus der eigenen Einheit, die Richtstätte und stellte sich fünf Metern entfernt in zwei Reihen auf, mit dem Rücken zum Verurteilten. In rascher Folge ertönten die Kommandos: «rechtsumkehrt» - «vorderes Glied knien» – «zum Schuss fertig» – «Feuer». Die Waffen waren alle scharf geladen, mit der Feststellung des Todes wurde kontrolliert und protokolliert, dass wirklich 20 Schüsse getroffen hatten. Der Baum wurde unmittelbar nach der Hinrichtung gefällt.

Peter Noll zog zu den von den Hingerichteten begangen Verratshandlungen folgendes Fazit[17]: «Mit Sicherheit lässt sich feststellen, dass kein Unschuldiger zum Tod verurteilt worden ist. Auffällig sind dagegen die grossen Unterschiede der von den verschiedenen Tätern, die zum Tod verurteilt wurden, begangenen Taten. Es gab Täter, die sehr wichtige Geheimnisse verrieten ..., daneben aber auch solche, die nur Tatsachen ausspähten und verrieten, die man von der Strasse aus sehen konnte. ... Die Auswahl der zum Tod verurteilten Täter hat daher zum Teil etwas Zufälliges an sich. ... Ob ein Täter zum Tod verurteilt wurde oder nicht, hing manchmal davon ab, mit welchen andern Angeklagten zusammen er in der gleichen Verhandlung beurteilt wurde. Standen neben ihm Angeklagte, die schwerer belastet waren, so mochte er Glück haben. War er aber in seiner Gruppe der am stärksten Belastete, so drohte ihm das Todesurteil. ... In einer einzigen Verhandlung wurden jeweils bis zu 25 Personen verurteilt.»

Der zahlenmässig grösste Hinrichtungsfall betraf drei in Basel tätig gewesene Verurteilte unter Leitung von Oberleutnant Otto Reimann. Dieser war 1913 als Sohn eines Bandfabrikdirektors geboren worden, hatte das Humanistische Gymnasium absolviert und sieben Semester studiert, mit dem Ziel, Instruktor der Schweizer Armee zu werden. Er geriet unter den Einfluss eines mit den Nazis sympathisierenden Majors und begann mit dessen Hilfe eine eher

[17] Peter Noll, Landesverräter, Frauenfeld 1980, S.47

unbeholfene Spionagetätigkeit. Wegen seiner deutschfreundlichen Haltung wurde er in der Armee zur Disposition (z.D.) gestellt. Das scheint ihn tief gekränkt und dazu beigetragen zu haben, dass er einen eigentlichen Spionagering aufbaute, in dem ihm Agenten Informationen zur Landesverteidigung zutrugen. Diese Organisation war an der Feierabendstrasse 55 in Basel tätig. Seine wichtigsten Helfer, die später gleichzeitig hingerichtet wurden, waren ein Leutnant Otto Kully und der Gemüsehändler Erwin Philipp. Weitere Zuträger kamen mit hohen Freiheitsstrafen davon. Die Geheimnisse, die von diesem Kreis zusammen getragen und von Reimann an die Nazis weitergeleitet wurden, betrafen Verteidigungsanlagen, Befestigungsarbeiten und Interna der Armee. Es handelte sich um Informationen, die von aussen wahrgenommen werden konnten oder allen verantwortlichen Armeeangehörigen bekannt waren. Das Verwerfliche der Spionagetätigkeit lag mehr in deren Unverfrorenheit und der Naivität des Vorgehens als in der Gefährlichkeit des Geheimnisverrats.[18] Die drei zum Tod Verurteilten wurden am 20.1.1943 in der Nähe von Krauchthal und Worb erschossen.

In der dem Weltkrieg folgenden Zeit des Kalten Kriegs blieb die Androhung der Todesstrafe im Militärstrafrecht bestehen. Erst am 20.3.1992 wurde die sie nach einer Initiative des Tessiner Nationalrats Massimo Pini gänzlich gestrichen. Entsprechend sagt Art.10 der seit 2000 geltenden neuen Bundesverfassung: «Jeder Mensch hat das Recht auf Leben. Die Todesstrafe ist verboten.»

---

[18] Auf der Mauer, Jost: Warum der Bundesrat Oblt. Reimann erschiessen liess, Weltwoche Nr.28/92 vom 9.7.1992, S.33-35

Aktueller Stand

Seit der Streichung im Militärstrafrecht gehört die Schweiz zu den 96 Staaten, welche die Todesstrafe ganz abgeschafft haben. Daneben gibt es 9 Staaten, welche die Todesstrafe nur im militärischen Bereich vorsehen, und 29 Staaten, die die Todesstrafe kennen, sie aber seit mindestens 10 Jahren nicht mehr angewendet haben. Weltweit sehen noch 64 Staaten die Todesstrafe vor und wenden sie auch an. 91% der bekannt gewordenen Hinrichtungen entfallen allerdings auf bloss sechs Staaten: China 1'700 (von Amnesty International wird diese Angabe allerdings bezweifelt und die wahre Zahl auf über 5'000 geschätzt), Iran 177, Pakistan 82, Irak 65, Sudan 65. Insgesamt warten weltweit zwischen 20'000 und 25'000 Menschen in Todeszellen auf ihre Hinrichtung.

In den USA ist die Zahl der Hinrichtungen seit dem Höchststand von 1999 (98 Hinrichtungen) kontinuierlich zurückgegangen, zuletzt (2009) auf 42 Hinrichtungen. Über 3'000 Verurteilte warten auf ihre Hinrichtung. Seit 2005 dürfen Jugendliche unter 18 Jahren nicht mehr hingerichtet werden. Die Zustimmung zur Todesstrafe beträgt in der US-Bevölkerung konstant zwischen 60 und 80%, zuletzt 64%.

In der Schweiz galt die Zustimmung zur Abschaffung der Todesstrafe bis vor kurzem als sicher. Es ist unbestritten, dass die Todesstrafe sowohl im zivilen wie auch im militärischen Strafrecht nie eine präventive Wirkung hatte. Meinungsumfragen ergaben bisher meistens Werte von bloss 30 bis 40% Befürwortern der Todesstrafe. Mit der eingangs geschilderten Verschärfung des kriminalpolitischen Klimas könnten diese Werte wie in andern Ländern aber künftig zunehmen. Sobald das eintritt, wird es auch wieder zu parlamentarischen oder direkt demokratischen Vorstössen kommen. Politik und Bevölkerung wären dann zum Bekenntnis herausgefordert, wie wir zu den Grundwerten unserer Verfassung und zu unserer humanitären Tradition stehen.

Literatur

AUF DER MAUER, Jost: Warum der Bundesrat Oblt. Reimann erschiessen liess, Weltwoche Nr. 28/92 vom 9.7.1992, S.33-35.

BECCARIA Cesare: Von den Verbrechen und von den Strafen, Berlin 2005

BOULANGER/HEYES/HANFLING: Zur Aktualität der Todesstrafe, 2.Aufl., Berlin 2002.

HAGEMANN, Hans-Rudolf: Basler Rechtsleben im Mittelalter, Basel 1981.

HALDER, Nold: Leben und Sterben des berüchtigten Gauners Bernhart Matter, Aarau 1947.

MEIENBERG, Niklaus: Ernst S., in Reportagen aus der Schweiz, Darmstadt 1975, S.162-239

NOLL, Peter: Landesverräter, Frauenfeld 1980.

PAHUD DE MORTANGES, René: Schweizerische Rechtsgeschichte, Zürich 2007.

SUTER, Stefan: Guillotine oder Zuchthaus? Die Abschaffung der Todesstrafe in der Schweiz, Basel 1997.

STRATENWERTH, Günter: Juristische Erwägungen zur Todesstrafe, in: Nein zur Todesstrafe, Basel 1978, S.37-53

WIDMER, Berthe: Enea Silvio Piccolomini, Basel 1960

TERZOLI, Maria Antonietta: Enea Sivio Piccolomini, Gelehrter und Vermittler der Kulturen, Basel 2006.

Tobias Burkhard

Kantonspolizei

Erfahrungen aus der Praxis

Operative Kräfte der Polizei sind mit diversen Problemen konfrontiert. Faktisch gibt es zunehmend soziale Marginalisierungen und daraus resultierend höhere Armuts- und Gewaltkriminalität. Wir PolizistInnen haben den Auftrag, mit abnehmenden Ressourcen das wachsende Konfliktpotential unter Kontrolle zu halten. Erschwert wird Arbeit durch konträre Wahrnehmungen seitens der Öffentlichkeit und der Politik.

Kulturen

Die PolizistInnen im Aussendienst, welche mit den sozialen Randgruppen in Berührung kommen, können in der *PolizistInnenkultur* verortet werden. Diese besteht noch aus weiteren Subkulturen wie: «Jäger» (Fahndung), «Sammler» (Kriko), «Verwalter» (Uniformdienst) und «Krieger» (Sondereinheit). Jede Subkultur hat ihre eigene Funktion im Umgang mit sozialer Kontrolle und Abweichung. Die juristische Kontrolle ist in Gesetzen, Weisungen und Dienstvorschriften geregelt. Die Ausübung von sozialer Kontrolle und Disziplinierung ist je nach Subkultur verschieden.

Neben der PolizistInnenkultur existiert in der Polizeiorganisation die *Polizeikultur.* Sie ist im oberen Teil der Hierarchie angeordnet und wird hauptsächlich in den Büros der Verwaltung gelebt. Die Polizeikultur ist sehr heterogen, weil sie aus Juristen, Managern, Ökonomen, Projektmanagern und Sachbearbeitern besteht. Sie arbeiten alle weniger direkt am «Kerngeschäft» (Ruhe, Sicherheit und Ordnung). Teil ihrer Aufgabe ist es aber, die Informationen der PolizistInnen zu verarbeiten und zu verwalten. Zwischen den beiden Kulturen innerhalb der Polizei gibt es einen fühlbaren «Bruch»[1] und es scheint, dass sich die Kulturen in den letzten Jahren tendenziell weiter voneinander entfernt haben.

Erlebnisse

Ich hatte die Polizeischule 1997 abgeschlossen und danach mehrere Jahre auf der Strasse gearbeitet. Während dieser Zeit konnte ich die Brüche zwischen öffentlicher Wahrnehmung, der Politik und der Polizeikultur einerseits und der PolizistInnenkultur andererseits wahrnehmen.

Beispiel I

Nach einem sehr ereignisreichen Monat, mit einer Verfolgungsjagd, einem Mord auf offener Strasse und einem Raubüberfall verfasste ich in der Polizeiwache diverse Berichte. Ein damals führender Politiker besuchte die Wache. Er erzählte voller Stolz, dass für eine bestimmte Strasse Geld gesprochen wurde und die Beleuchtung verbessert werden konnte, so dass sich die Leute sicherer fühlen. Er war sichtlich froh darüber, endlich etwas für die Sicherheit in der Stadt getan zu haben.

Diese Situation zeigte, wie mehrere «Realitäten» existieren. Den PolitikerInnen geht es um das subjektive Sicherheitsempfinden der Bevölkerung. Die Entwicklung auf

[1] Die Abweichungen der verschiedenen Subkulturen wurden von Schweer et al. (2008) im Buch „Das da draussen ist ein Zoo, und wir sind die Dompteure“ ansatzweise beschrieben.

der Strasse geht aber in eine andere Richtung. Die Polizei hat hingegen Probleme mit schwindenden Ressourcen und grösserem Konfliktpotential. Sie verwaltet die steigende Kriminalität lediglich.

Beispiel II

Vor einigen Jahren wurde ich aufgrund von Personalmangel für ein entscheidendes Schweizer Fussball-Meisterschaftsspiel aufgeboten. Die eine Mannschaft gewann die Meisterschaft in letzter Sekunde, die Situation eskalierte. Die zuvor durchaus friedliche Stimmung im Stadion kippte innerhalb weniger Sekunden. Nachdem einige Spieler bereits Fusstritte von wütenden Fans abbekommen hatten und sich weitere gewaltbereite Fans auf dem Weg in den gegnerischen Sektor machten, begaben wir uns auf das Fussballfeld zwischen die Fronten, um Schlimmeres zu verhindern. In der Folge entlud sich die ganze Frustration der verlorenen Meisterschaft an der Polizei.

Am darauffolgenden Tag wurde an der Universität am Rande einer Soziologie-Veranstaltung über dieses Thema debattiert. Am Ende der Diskussion kam man zum Schluss, dass die Ausrüstung der Polizei zu martialisch ist und die dunkelblaue Farbe zu aggressiv wirke.

Auch an diesem Beispiel sind die Annahmen, Erfahrungen und Urteile zwischen den PolizistInnen und anderen Akteuren weit voneinander entfernt.

Dies hängt möglicherweise mit mit dem gesellschaftlichen Auftrag der Polizei zusammen. Die Polizei muss sich mit dem sogenannt Bösen der Gesellschaft beschäftigen, aber freundlich und human dabei handeln. Aber alle PolizistInnen auf der Strasse wissen, wie schwierig das ist.

Brüche

Seit einigen Jahren kann beobachtet werden, wie die Politik versucht, ihren Einfluss auf die Polizeiorganisation auszuweiten. Auf der einen Seite ist es ein intensiveres Controlling, über die Finanzen, Kennzahlen und Statistiken. Auf der anderen Seite wird die «politische» Verantwortung tief in das System hinein verschoben. Ein Aussendienstmitarbeiter kann sich nicht mehr als Experte einbringen, weil seine Ansichten nicht zur angestrebten Politik passen. Wenn ein Polizist im Aussendienst einen Sachverhalt erfasst, ist er stärker auf die Sache bezogen. In der Polizeiverwaltung wird hingegen auf die Politik fokussiert. Es stellt sich dann die Frage, ob etwas aus politischen Gründen so niedergeschrieben werden darf oder nicht. In vergleichbaren Organisationen ist diese Grenze an anderen Orten der Hierarchie angesiedelt. Delegierte tragen die Verantwortung, welche Informationen wie kommuniziert werden, nicht die Praktiker selbst. Letztere sind als Experten tätig und geben die Informationen ungefiltert weiter. Bei der Polizei hingegen findet ein Abwälzen von Verantwortung nach unten statt. So wird von oben oft implizit der Wortlaut von Berichten diktiert, in dem zwar nicht genaue Anweisungen gegeben werden, aber der Bericht solange zurückgewiesen wird, bis er «richtig» formuliert ist.

Brüche finden sich auch anderswo. Die Polizeikultur und die Politik sind funktional sehr nahe miteinander verbunden. Politische Programme, Vorgaben und Projekte müssen umgesetzt werden. Das Geld wird von den politischen Instanzen gesprochen. Im Gegenzug muss die Organisation Rechenschaft ablegen. Die Polizeikultur ist so näher an der politischen Kultur als an der PolizistInnenkultur. Die Organisation muss nun diesen Bruch überwinden, damit die Führung und Verwaltung funktionieren kann.

Das prekäre Verhältnis zwischen PolizistInnenkultur und Polizeikultur ist das Ergebnis eines Widerspruchs zweier Logiken in der Polizei: Polizeikultur spielt eine Rolle als Idee der weitgehenden Bürokratie und Verfahrensfrömmigkeit staatlicher Herrschaft im Sinne Max Webers. Diese alleine würde aber nicht funktionieren, wenn sie nicht durch *nicht*-bürokratieförmige Handlungsmuster der PolizistInnen auf der Strasse gestützt würde.

Widerstand

Die Hierarchie in der Polizei ist kein blosses Über- und Unterordnungsverhältnis, sondern ein Konkurrenzverhältnis. Es geht dabei auch um heterogene, teilweise widersprüchliche Praxen, zudem um konkurrierende Ideen von einer erfolgreichen bzw. richtigen Polizeiarbeit.

Dies führt zu Schwierigkeiten in der Zusammenarbeit von Vorgesetzten und Untergebenen, aber auch zwischen den funktionalen Einheiten. Etwa, wenn Vorgaben nur scheinbar angenommen werden. Die Kantonspolizei besitzt keinen geschlossenen Regelkreis, d.h. die Rückmeldung, ob eine Anweisung an der Basis wirklich ausgeführt wird, findet in der Regel nicht statt. Ein Beispiel sind die Statusmeldungen bei den zivilen MitarbeiterInnen. Die Akteure haben den Auftrag, ihren Status der Einsatzzentrale durchzugeben, damit diese wissen, ob sie die Ressourcen bei Bedarf einsetzen können. Seit Jahren klappen die Statusmeldungen nicht korrekt.

Eine Steigerung erfahren wir bei den Trackern bei einem grösseren Einsatz. Diese würden eine Lokalisation der Position des Trägers erlauben. Diese Geräte werden regelmässig «vergessen» oder nicht eingeschaltet. Aufgrund dieser Umstände redet man von einem Führungsproblem, d.h. Anweisungen von Vorgesetzten werden an der Basis nicht umgesetzt. Der Prozess (die Technik) der Schutzstrategie sieht in der Praxis z.B. so aus: Zuerst wird behauptet, man kenne die Anweisung nicht. Oder man sagt: «Wir haben es schon immer so gemacht». Dann wird der Sinn der neuen Anordnung hinterfragt und in der Regel die Person diskreditiert, welche den Auftrag gegeben hat oder die Weisung umsetzen muss. Als nächstes werden die fachlichen Kompetenzen in Frage gestellt. Am Schluss wird aktiv der passive Widerstand eingeschaltet, d.h. man stellt sich dumm und kann z.B. die technischen Geräte und Softwareprogramme nicht richtig bedienen oder man ist nicht imstande, Projekte richtig auszuführen.

Ausnahmesituationen

Die zähe Lenkbarkeit und Widerstände der Organisation haben vor allem die Politik und die Geschäftsleitung vor grössere Probleme gestellt. Wie kann in einem solchen System von oben Macht ausgeübt werden? Eine Blaulichtorganisation zeichnet sich dadurch aus, dass sie in besonderen Situationen (Ausnahmesituationen) schnell, effektiv und professionell arbeitet. Man muss also den *Normalbetrieb* und den *Einsatz* voneinander trennen. Während eines *Einsatzes* werden die Prioritäten anders gesetzt. Ressourcen werden frei gemacht und die Energie wird auf einen Punkt fokussiert. Im täglichen *Normalbetrieb* mit den unterschiedlichen Funktionen sind die Ressourcen in der Regel verplant und die Energie wird im Gegenteil eher verzettelt anstatt fokussiert. Aus diesem Grund wird von den Vorgesetzten versucht, eine permanente Ausnahmesituation zu schaffen, damit die Mechanismen des Einsatzes zum Tragen kommen.

Wer die «Herrschaft» über die Ausnahmesituation hat, kann die Ressourcen an sich binden und als Folge wird die

Arbeit schneller erledigt. Befehle werden nicht hinterfragt, weil keine Zeit dazu ist und somit werden diese mit einer sehr viel grösseren Wahrscheinlichkeit ausgeführt als im normalen, alltäglichen Betrieb. Ausnahmesituationen in einem bürokratischen Instanzenzug können konstruiert werden. Pendenzen müssen dann innert kurzer Zeit erledigt werden

Das gleicht einer «Feuerwehrübung». Die Folgen sind absehbar: alle anderen Arbeiten bleiben liegen, die bestehende Terminplanung wird durcheinander gebracht und die Arbeit ist während der regulären Arbeitszeit kaum zu erledigen.

Parallel zur Feuerwehrübung tauchte der Gegenbegriff «proaktiv» auf. Ursrpünglich wurde es im Zusammenhang mit der proaktiven und offenen Kommunikation nach aussen erwähnt, unterdessen aber mit Sinn angereichert. Vorgesetzte werden daran gemessen, ob sie proaktiv arbeiten, also in Zukunft schauend, umsichtig, und ob sie eine brauchbare Terminplanung haben. Im Gegensatz zu den Vorgesetzten, bei welchen man permanent mit Feuerwehrübungen rechnen muss. Proaktiv ist das Ensemble von vorausschauenden Mitteln, welche eine Feuerwehrübung verhindert.

Fazit

Die Polizei wird heute sehr genau beobachtet. Verfehlungen von Polizisten werden häufig aufgedeckt, auch über die Medien, und von der Gesellschaft nicht toleriert. Die Kontrolle funktioniert über Beobachtung.

Die Polizei sollte ihrerseits mit sozialer Abweichung in der Regel so umgehen, wie es die Weisungen und Gesetze verlangen. Je nach Subkultur kommen leicht verschiedene Mechanismen zum Tragen. Die Fähigkeit zur sozialen Kontrolle wird aber mit fehlenden Ressourcen und Zeitdruck erschwert. Das begünstigt implizite Strategien, welche ethische Grundsätze und Menschlichkeit oft ungenügend berücksichtigen.

Literatur

BEHR, Rafael: Cop Culture – Der Alltag des Gewaltmonopols. Männlichkeit, Handlungsmuster und Kulturen in der Polizei. 2. Auflage. VS Verlag für Sozialwissenschaften, GWV Fachverlage GmbH, Wiesbaden 2008.

SCHWEER, Thomas, STRASSER, Hermann, ZDUN, Steffen: «Das da draussen ist ein Zoo, und wir sind die Dompteure». Polizisten im Konflikt mit ethischen Minderheiten und sozialen Randgruppen, VS Verlag, Wiesbaden 2008.

WEBER, Max: Wirtschaft und Gesellschaft, Mohr Siebeck , Tübingen 2002.

Peter Aebersold

Von Bismarck bis zur Fichenaffäre

Geschichte der politischen Polizei in der Schweiz

Die Entwicklung der politischen Polizei in der Schweiz wird nachfolgend in einer nach Jahren geordneten Chronologie zusammen gefasst.

1889
Im 19.Jahrhundert befanden sich viele Revolutionäre aus dem Ausland als Flüchtlinge in der Schweiz. Die Schweiz geriet deshalb unter Druck, sie zu überwachen, vor allem von deutscher Seite. Bismarck setzte durch, dass erstmals ein eidgenössischer Generalanwalt eingesetzt wurde, der später zum Bundesanwalt mutierte.

1898
Die Ermordung der österreichischen Kaiserin «Sissi» in Genf erzeugt ein Klima, in dem erstmals Gesinnungsdelikte ins Strafrecht aufgenommen werden. Die Bespitzelung wird verstärkt und richtet sich jetzt auch gegen einheimische Aufrührer. Es werden Anarchisten-Alben angelegt, insbesondere in Basel.

1918
Die russische Revolution und die Wirtschafts-Krise lösen Streiks, Demonstrationen und blutige Auseinandersetzungen aus. Es kommt zum Landesstreik, der von der Armee niedergeschlagen wird. Der Antikommunismus wird zur Staatsdoktrin. Die Sowjetmission wird in Bern ausgewiesen.

1923
Eine Schutzhaft-Initiative wird vom Volk deutlich abgelehnt. Auch in den folgenden Jahren werden immer wieder Vorlagen abgelehnt, die Verschärfungen des Staatsschutzes anstrebten (Lex Häberlin 1934, Maulkorbgesetz 1937, Interkantonale Mobile Polizei 1970, Bundes-Sicherheitspolizei «Busipo» 1978)

1932
Eine antifaschistische Demonstration wird in Genf durch die Armee aufgelöst. Dabei werden 13 Arbeiter erschossen. Léon Nicole wird verurteilt, weil er die Arbeiter aufgewiegelt habe. Wahrheitswidrig wird die Legende verbreitet, sowjetische Agenten hätten die Kundgebung gesteuert.

1935
Die Schweizer Nazis schwören den Eid auf Hitler. Deren Chef Willhelm Gustloff wird nicht ausgewiesen, sondern immer wieder im Bundeshaus empfangen (1936 wird Gustloff durch den Studenten David Frankfurter erschossen). Das politische Establishment ist blind gegenüber den Umtrieben der Nazis und der Gefahr von rechts.

1939
Das Vollmachten-Regime verleiht dem Bundesrat eine Diktatur-ähnliche Allmacht. Gestützt darauf wird der Staatsschutz massiv ausgebaut. Die Zusammenarbeit mit der Armee wird verstärkt. Die Fröntler werden zwar überwacht, aber toleriert. Die NSDAP-Schweiz wird erst 1945 aufgelöst. Der Schweizerische Vaterländische Verein SVV zieht den ersten privaten Nachrichtendienst auf und arbeitet mit der Bundesanwaltschaft eng zusammen.

1940
Auf Druck der Nazis wird Eduard von Steiger in den Bundesrat gewählt. Er setzt in der Folge die unmenschliche Flüchtlingspolitik und die mit harter Hand betriebene Pressezensur durch. 1951 erlässt er die geheime «Verordnung über die Wahrung der Sicherheit des Landes», die eine Inhaftierung von politische Verdächtigen in Krisenzeiten vorsieht (wurde immer geleugnet, kam aber mit der Fichenaffäre ans Licht).

1950
Das Parlament erlässt ein Staatsschutzpaket. Gestützt darauf werden Bundesbeamte überprüft. Bei Neueinstellungen wird stets die Bundesanwaltschaft einbezogen. Die SP, seit 1943 im Bundesrat vertreten, lässt sich einbinden. Die weitere Entwicklung ist durch den kalten Krieg geprägt.

1956
Die Niederschlagung des Ungarn-Aufstandes eint die Schweiz im Antikommunismus. Sie ist Anlass für einen weitern Ausbau des Staatsschutzes. Linke werden durchsucht und diffamiert. Die Fichierung (Registrierung von verdächtigen Personen) nimmt zu.

1957
Bundesanwalt René Dubois, der 1955 als erster Sozialdemokrat in dieses Amt gewählt worden war, erschiesst sich. Er war verdächtigt worden, Frankreich zu viele Informationen über algerische und arabische Umtriebe in der Schweiz geliefert zu haben, doch wurde der Vorwurf nie restlos geklärt. Sein Nachfolger wird Hans Fürst.

1968
Mit den Globus-Demonstrationen in Zürich betritt die Studentenbewegung die Bühne. Sie stellt die Verhältnisse in der Schweiz in Frage und orientiert sich an linken Vorbildern. Hans Walder wird Bundesanwalt und profiliert sich als eifriger Staatschützer. Die Fichierung richtet sich neu auch gegen alle Personen, die bloss Kritik äussern, insbesondere an den Hochschulen.

1969
Unter der Führung von Bundesrat Ludwig von Moos wird der Staatsschutz ausgebaut. Das in alle Schweizer Haushalte verteilte Zivilverteidigungsbuch verrät eine paranoide Wahrnehmung der Bedrohungslage und fordert zur gegenseitigen Bespitzelung auf. Die Presse enthüllt die nazifreundliche Vergangenheit von Bundesrat von Moos.

1973
Rudolf Gerber wird Bundesanwalt. Er ist eine von tiefem Misstrauen erfüllte Person und verschanzt sich hinter seiner Machtposition. Unter seiner Führung wird das Personal der Bundesanwaltschaft vervierfacht. Es umfasst in der Berner Zentrale nun 200 Personen und in den Kantonen 180 unterstellte Datenbeschaffer.

1974
Der Zürcher Subversivenjäger Ernst Cincera gründet ein privates Archiv über politisch verdächtige Personen und bietet Arbeitgebern einschlägige Auskünfte an. Die Cincera-Affäre platzt 1976. Bundesrat Furgler nimmt Cincera in Schutz: «Aufmerksamkeit ist auch jenen staatsgefährlichen Handlungen zu schenken, die, ohne strafbar zu sein, darauf abzielen, unsere staatlichen Einrichtungen anzugreifen.» Mit diesem Verständnis ist der totale Staatsschutz vor-

programmiert. Die Bundespolizei wird unter Furgler zum Staat im Staat.

1975
Besetzung des geplanten Atomkraftwerks Kaiseraugst. Die Besetzung wird in der Region Basel von einer Bevölkerungs-Mehrheit mitgetragen. Kurt Furgler beantragt im Bundesrat, die Armee einzusetzen, doch setzt sich in dieser Frage Willi Ritschard durch. Neu sind auch Umweltbewegungen im Visier der politischen Polizei.

1977
Der deutsche RAF-Terrorismus greift nur vereinzelt auf die Schweiz über (Kröcher-Tiedemann, Möller, Wagner, Krause), schürt aber grosse Ängste. Diese sind Anlass, den Staatsschutz weiter auszubauen.

1978
Trotz der Bedrohungslage lehnt das Volk die von Bundesrat Furgler vorgeschlagene Bundes-Sicherheitspolizei ab. Obwohl die Bespitzelung immer weitere Bevölkerungsgruppen erfasst, bleiben Terrorismusbekämpfung und Umsturzgefahr die offizielle Legitimation.

1983
Friedenskundgebungen finden 1981 und 1983 in Bern mit jeweils über 50'000 Teilnehmern statt. Danach wird wahrheitswidrig behauptet, die Kundgebungen seien von Moskau gesteuert gewesen. In der Folge wird 1983 der russische Nachrichtendienst Nowosti geschlossen und sein Leiter ausgewiesen. Die Bespitzelung richtet sich nun auch gegen die Friedensbewegung.

1989
Die erste Bundesrätin Elisabeth Kopp muss wegen eines Telefongesprächs, worin sie ihren Ehemann im Zusammenhang mit einer von der Bundesanwaltschaft geführten Strafuntersuchung gewarnt hatte, zurücktreten. Bei dieser Gelegenheit treten Ungereimtheiten im Departement und in der Bundesanwaltschaft zutage. Deshalb wird eine Parlamentarische Untersuchungskommission (PUK) unter der Leitung von Moritz Leuenberger eingesetzt. Bei dieser Untersuchung wird das Ausmass der Fichierung bekannt. Der dadurch ausgelöste Skandal erschüttert grundlegend das Vertrauen vieler Schweizerinnen und Schweizer in den Staat.

1990
Das Ausmass der Fichierung überrascht alle: Rund 900‘000 Fichen waren angelegt worden. Von 126‘000 Personen lagen Fotos vor. In Basel-Stadt gab es über 50‘000 Fichen. Die Fichierung war dilettantisch und ohne klare Vorgaben durchgeführt worden. Zusätzlich hatte das EMD eigene Fichen angelegt. Das war zuerst von Bundesrat Villiger bestritten worden, musste nachträglich aber eingestanden werden.

1991
Alle, die das beantragen, erhalten Einsicht in ihre Fichen. Die Bundesanwaltschaft wird reorganisiert

1996
Der Sonderbeauftragte für die Staatsschutz-Akten, René Bacher BL, veröffentlicht seinen Schlussbericht, nachdem alle Beschwerden im Zusammenhang mit der Einsicht erledigt sind. Die Akten werden dem Bundesarchiv überwie-

sen. Sie sind während 50 Jahren für jegliche Einsichtnahme gesperrt.

1998
Die Volksinitiative SoS – Schweiz ohne Schnüffelstaat, die eine Abschaffung der politischen Polizei fordert, wird in der Volksabstimmung mit 75% Nein-Stimmen deutlich abgelehnt.

2001
Der Bundesrat zieht einen «endgültigen Strich» unter die Fichenaffäre. Kritiker weisen darauf hin, dass die Fichierung weitergehe.

2008
Unterdessen gibt es wieder 110'000 Fichen (jetzt elektronisch). In ihrem Jahresbericht weist die Basler Geschäftsprüfungskommission darauf hin, dass 6 Basler Grossrats-Mitglieder fichiert worden sind. Betroffen sind mehrheitlich Parlamentarier türkischer Abstammung, aber auch die SP-Grossrätin Tanja Soland. Der Basler Grosse Rat kürzt das entsprechende Budget und verlangt eine wirksamere Kontrolle.

2009
Der Vorsteher des Stadt-Basler Justiz- und Polizeidepartements Hanspeter Gass will eine kantonale Kontrolle einführen, doch wird das von Bundesrat Ueli Maurer verweigert. Der Tagesanzeiger berichtet, dass pro Jahr mehr als 10'000 Daten an ausländische Nachrichtendienste geliefert werden, und dies mit steigender Tendenz.

2011
In der neuen Strafprozessordnung des Bundes sind in den Artikeln 282-298 die Observation und die verdeckte Ermittlung streng geregelt, wenn sie im Rahmen der Strafverfolgung gegenüber einer Person eingesetzt werden, die einer Straftat verdächtigt wird. Die verdeckte Ermittlung muss gerichtlich angeordnet und nachträglich mitgeteilt werden. Die politische Polizei beschäftigt sich aber mit Personen, die keiner Straftat verdächtigt werden. Für sie gelten diese Einschränkungen nicht.

Literatur

Komitee Schluss mit dem Schnüffelstaat, Schnüffelstaat Schweiz, Zürich 1990

Bericht der PUK zu Vorkommnissen im EJPD vom 22.11.89

Niggli, Marcel Alexander/Heer, Marianne/Wiprächtiger, Hans: Basler Kommentar zur StPO, Basel 2010

Karin Wohlgemuth

Schule und Selektion

Chancenungleichheit beim Übertritt von der Primar- auf die Sekundarstufe I

Nach der Einschulung lernen die Kinder, dass es bestimmte Verhaltensregeln in der Schule gibt, die sie beachten müssen. Sie müssen in der Schule still sitzen, dürfen nicht Kaugummi kauen und erst reden, wenn es ihnen die Lehrperson erlaubt. Vom ersten Tag an wendet die Lehrkraft sehr viel Energie auf, um den Kindern diese Verhaltensweisen zu verinnerlichen. Es ist erstaunlich, wie schnell die Schülerinnen und Schüler die Regeln kennen – auch wenn sie nicht immer befolgt werden. Zu Beginn werden die Regeln anhand von Erklärungen eingeführt, hören die Kinder aber nach einem weiteren Erklären nicht auf die Lehrkraft, werden sie getadelt. Einfache Techniken werden angewendet, um den Kindern zu zeigen, welche Verhaltensweisen nicht geduldet werden. Es sind dies zum Beispiel Ermahnungen vor der Klasse, zusätzliche Schularbeiten oder auch Androhungen von Disziplinierungsmassnahmen.

Die Schule kann als Institution betrachtet werden, welche die Kinder einerseits so diszipliniert, dass ein günstiges Lernumfeld für Schülerinnen und Schüler geschaffen wird, aber andererseits – als übergeordnetes Ziel – junge Menschen auf ihr gesellschaftliches Zusammenleben vorbereitet und gesellschaftliche Verhaltensformen vermittelt. Für die Vermittlung der gesellschaftlichen Verhaltensweisen ist die Sozialisation zentral. Sie ist ein Prozess der Entstehung und Entwicklung der Persönlichkeit in wechselseitiger Abhängigkeit von der gesellschaftlich vermittelten sozialen und materiellen Umwelt.[1] Bis zur Einschulung findet der Grossteil der Sozialisation zu Hause bei den Eltern statt. Die elterlichen Umgangsformen haben einen prägenden Einfluss auf das Verhalten der Kinder. Je nach Milieuzugehörigkeit haben die Eltern unterschiedliche Wertvorstellungen und Verhaltensgewohnheiten. Sie übertragen sie auf ihre Kinder. Wie Pierre Bourdieu (2001) gezeigt hat, unterscheidet sich das Verhalten der Kinder bei der Einschulung stark. Einige Kinder wissen sehr wohl, welche Verhaltensregeln in der Schule gelten. Andere haben deutlich mehr Schwierigkeiten, sich anzupassen. Zudem hat Bourdieu geschildert, dass die herrschende Umgangsform in der Schule weitgehend derjenigen des höheren Bildungsmilieus entspricht. Unter anderem, weil die Lehrpersonen selbst einem ähnlichen Bildungsmilieu entstammen. So haben Kinder aus tieferen Bildungsmilieus eher Schwierigkeiten, sich im Unterricht anzupassen. Im Gegensatz zu den Kindern aus höheren Bildungsmilieus haben sie in Sachen Verhalten einen Rückstand aufzuarbeiten.[2] Da Kinder aus höheren Bildungsmillieus eher gemäss den Schulanforderungen sozialisiert sind, werden sie von Lehrpersonen tendenziell bestärkt. Jene Kinder, die in höheren Bildungsmilieus aufwuchsen, werden bestärkt, im Gegensatz zu denen, die einem unteren Milieu entstammen. Zudem wendet die Lehrperson für die Kinder aus höheren Bildungsmilieus weniger Energie für die weitere Sozialisation in der Schule auf. Beides verstärkt die Ungleichheit.

Privateigentum bringt eine Ungleichverteilung der Güter mit sich. Die Eigentumsordnung kann leistungsfördernd sein und eine grosse Produktivität gewährleisten. Es besteht jedoch die Gefahr, dass Menschen ungleichen Zugang zu wertvollen und erstrebenswerten Gütern haben.

[1] Zimmermann 2006, S. 15.

[2] Bourdieu 2001, S. 26ff.

Entsteht eine Gruppe von Individuen, die dauerhaft einen eingeschränkten Zugang zu Gütern und/oder Positionen haben, besteht soziale Ungleichheit.[3]

«Soziale Ungleichheit im weiteren Sinn liegt überall dort vor, wo die Möglichkeiten des Zugangs zu allgemein verfügbaren und erstrebenswerten sozialen Gütern und/oder zu sozialen Positionen, die mit ungleichen Macht- und/oder Interaktionsmöglichkeiten ausgestattet sind, dauerhaft Einschränkungen erfahren und dadurch die Lebenschancen der betroffenen Individuen, Gruppen oder Gesellschaften beeinträchtigt bzw. begünstigt werden».[4]

Unsere Gesellschaft kennt das Prinzip der Leistungsmeritokratie. Das bedeutet, dass die gesellschaftliche Stellung der Menschen durch die Leistung legitimiert wird. Entscheidend ist hierbei oft der Schulabschluss: je besser dieser ist, desto grösser ist die Chance, eine gute soziale Position zu erreichen. Die Schule übernimmt eine Allokationsfunktion, indem sie die Kinder durch Selektion während der Schullaufbahn einem bestimmen Abschluss zuordnet.

Nach den ersten 4 bis 6 Jahren geht eine erste offizielle Selektion in der Schule vonstatten. Der Übergang von der Primarschule in die Sekundarstufe I findet sehr früh statt und hat einen grossen Einfluss auf den zukünftigen Schulabschluss. Zudem ist das Schweizer Schulsystem wenig durchlässig,[5] so dass es Kindern selten gelingt, ihre Niveaustufe nach oben zu wechseln. Die Kinder treten in vielen Kantonen im Anschluss an die 6. Klasse der Primarschule in eine von meist drei weiterführenden Schulen über. Sie unterscheiden sich durch das Leistungsniveau: Klassenzug mit Grundanforderungen, Klassenzug mit mittleren Anforderungen und der Klassenzug mit höheren Anforderun-

---

[3] Vgl. dazu Kreckel 1992; Hradil 2005.

[4] Kreckel 1992, S. 17.

[5] Neuenschwander 2007, S. 83.

gen. Was Baeriswyl (2008) zum deutschsprachigen Teil des Kantons Freiburg ausführt, gilt auch für viele andere Kantone. Oft beruht das Übertrittsverfahren auf einem dynamischen Entscheidungsmodell, welches drei Hauptelemente umfasst: Die Übertrittsempfehlung der Lehrpersonen, die Übertrittsempfehlung der Eltern und die standardisierten Vergleichsprüfungen. Des Weiteren wird oft auch der Wunsch der Schülerin oder des Schülers berücksichtigt.

Die Lernprozesse und Lernfortschritte der Kinder werden durch die Primarlehrperson beurteilt. Die Lernprozessbeurteilungen beinhalten Lernfortschritte bezüglich des Lehrplans. Ebenfalls werden die kognitiven Fähigkeiten und das Lern- und Arbeitsverhalten aufgenommen. So soll auch erwartungswidrige Leistung, zum Beispiel aussergewöhnlich gute oder schlechte Leistung bei der Übergangsentscheidung mitberücksichtigt werden. Ferner geben die Lehrpersonen gewöhnlich unmittelbar vor der standardisierten Vergleichsprüfung eine Lernstandsbeurteilung ab (Lernziele sehr gut erreicht; gut erreicht; erreicht; nicht erreicht). Aufgrund dieser Beurteilungsform empfiehlt die Lehrperson ein bestimmtes Leistungsniveau. Die Eltern werden üblicherweise zu einem Elterngespräch eingeladen. Sie sollen ebenfalls eine Empfehlung abgeben, welche weiterführende Schule ihr Kind besuchen soll. Die Ergebnisse der standardisierten Vergleichsprüfung in Mathematik und Deutsch werden in Prozenten ausgedrückt und mit der Empfehlung der Lehrperson verglichen. Stimmt die Prozentzahl mit der Empfehlung überein, das heisst hat eine Schülerin oder ein Schüler eine niedrige Prozentzahl der Testpunkte erreicht und die Lehrperson die Realschule empfohlen, folgt direkt eine Zuweisung in die empfohlene Abteilung. Stimmt die Empfehlung der Lehrperson nicht mit der erreichten Testpunktzahl überein, lautet die Empfehlung «offen». In einem solchen Fall entscheidet meist die zuweisungsberechtigte Schuldirektion oder der Schuldirektor der Sekundarstufe I zusammen mit den Eltern und der Primarlehrperson, welche Niveaustufe besucht werden soll. Für die Zuweisung sind dann üblicherweise die Beurteilungs- und Prüfungsdokumente, die im Vorfeld ausgefüllt wurden, ausschlaggebend. [6]

Dadurch, dass die Kinder den Unterricht eine lange Zeit bei derselben Lehrkraft besucht haben, fliesst das Verhalten der Schülerinnen und Schüler im Unterricht mit sehr grosser Wahrscheinlichkeit in die Beurteilung der Schulleistungen ein. Steinkamp (1967) konnte zeigen, dass die grosse Mehrzahl der Lehrpersonen für die Übertrittsempfehlung folgende Kriterien berücksichtigt: Fleiss, Ausdauer, Konzentration, Mitarbeit, Leistungswille, Interesse, Gewissenhaftigkeit, Ordnung, Wahrnehmung bzw. Zuschreibungen von Charaktereigenschaften (Ehrlichkeit, Gehorsam, Aufrichtigkeit, Höflichkeit und Disziplin). [7] Diese Arbeitshaltungen und Charaktereigenschaften stehen nicht in einem unmittelbaren Zusammenhang mit den Leistungen, die in Prüfungen erbracht werden. Wenn diese Eigenschaften, die hauptsächlich aus der Primärsozialisation durch die Eltern erworben wurden, für die weitere Schulkarriere berücksichtigt werden, ist das Prinzip der Chancengleichheit verletzt. Kinder hätten in diesem Fall abhängig von ihrer sozialen Herkunft einen Vor- bzw. Nachteil bei der Vergabe der erstrebenswerten sozialen Güter und Positionen. Auf diese Weise würden Kinder aus dem höheren Bildungsmilieu, systematisch bevorzugt behandelt. Das höhere Bildungsmilieu, wozu auch die Lehrpersonen gehören, würde ihre Privilegien gegenüber der Konkurrenz aus unterem Bildungsniveau erfolgreich verteidigen.

---

[6] Baeriswyl/Wandeler/Christ 2008, S. 554f.

[7] Steinkamp 1971, S. 268.

Die Einteilung der Menschen, die durch das Bildungssystem vorgenommen wird, kann als soziale Disziplinierung verstanden werden, da sich die gut positionierte gesellschaftliche Gruppierung ihre Vormachtstellung gegenüber der schlechter positionierten Gruppierungen sichern kann. Lehrpersonen, die über viel Kapital verfügen, beeinflussen den Werdegang der Kinder, ganz gleich, ob jene über viel oder wenig Kapital verfügen. Kindern, deren Eltern über viel Kapital verfügen und somit eine gute gesellschaftliche Position inne haben, wird auf diesem Wege eher eine gute schulische Bildung ermöglicht.

Es wurden zwei verschiedene Aspekte der sozialen Disziplinierung angesprochen. Einerseits vermittelt die Lehrperson den Kindern die gesellschaftlichen Umgangsformen, indem sie Disziplinierungstechniken anwendet. Andererseits beeinflussen die Umgangsformen möglicherweise die Empfehlung der Lehrkraft für die weiterführende Schule. Bei dem Übergang von der Primarschule auf die Sekundarstufe I wiederum werden Kinder aus der unterem Bildungsmilieu öfter leistungsschwächer eingestuft als Kinder des höheren Milieus. Diese erste Zuordnung der Kinder zu einer bestimmten Leistungsgruppe hat eine zuschreibende Wirkung. Das heisst, dass sich die Schüler und Schülerinnen dem Leistungsniveau der Schulklasse anpassen und selten die Möglichkeit haben, diese zugewiesene Stufe zu verlassen. Da die Einstufung der Kinder in die verschiedenen Leistungsniveaus der Sekundarstufe I mit hoher Wahrscheinlichkeit den Abschluss der obligatorischen Schulbildung bestimmt, sind die Empfehlungen der Lehrpersonen beim Zeitpunkt des Übergangs nicht unwesentlich.

Zusammenfassend kann gesagt werden, dass die unterschiedlichen Verhaltensweisen, welche die Kinder durch ihre Primärsozialisation von den Eltern erworben haben, von den Lehrkräften geschätzt bzw. nicht geschätzt werden. Dadurch werden manche Kinder öfter, andere weniger oft von der Lehrkraft getadelt. Zudem werden die kognitiven Fähigkeiten je nach Verhaltensweisen unterschiedlich eingeschätzt, wodurch Kinder aus tieferem Bildungsmilieu eine geringere Chance auf einen guten Schulabschluss haben. Schliesslich gelingt es der oberen sozialen Klasse ihre Position gegenüber der konkurrierenden Klasse zu verteidigen, so dass soziale Ungleichheit reproduziert wird.

Literatur

BAERISWYL, Franz; Wandeler, Christian; Christ, Oliver (2008): Die Übertrittsempfehlung – zufällig oder zuverlässig? Analyse der Determinanten und Konstanz von Lehrerempfehlungen bei Schulübertritten während sieben Jahren, in: Schweizerische Zeitschrift für Bildungswissenschaften, Jg. 30, Heft 3, S. 549-576.

BOURDIEU, Pierre (2001): Wie die Kultur zum Bauern kommt: Über Bildung, Schule und Politik. Hamburg, VSA-Verlag.

KRECKEL, Reinhard: (1992): Politische Soziologie der sozialen Ungleichheit. Frankfurt a. M./New York, Campus Verlag.

LANGE, Elmar (2005): Soziologie des Erziehungswesens, Wiesbaden, VS Verlag.

NEUENSCHWANDER, Markus (2007): Bedingungen und Anpassungsprozesse bei erwartungswidrigen Bildungsverläufen. In T. Eckert, (Hrsg.), Übergänge im Bildungswesen (S. 83–104). Münster: Waxmann.

STEINKAMP, Günther (1971): Die Rolle des Volksschullehrers im schulischen Selektionsprozess. In: Ingenkamp, Karlheinz (Hg.): Die Fragwürdigkeit der Zensurengebung, Weinheim, Beltz, S. 256-276.

ZIMMERMANN, Peter (2006): Grundwissen Sozialisation im Kindes- und Jugendalter, Wiesbaden, VS Verlag.

Ruth Signer

Anorexia nervosa, Askese und sozialer Aufstieg

Über Ursachen von Magersucht

Die heute unter den Namen «Magersucht» oder «Anorexie» bekannte Krankheit – sichtbar werdend durch abgemagerte Körper junger Frauen und zwanghaftes Hungern – wurde erstmals in den 70er Jahren des 19. Jahrhunderts von Medizinern in England, Frankreich und den USA «entdeckt» und ist seither unter der offiziellen Bezeichnung «Anorexia nervosa»[1] als Krankheitsbild anerkannt.[2] Anorexia nervosa «entstand» folglich in dem spezifischen, historischen Milieu des ausgehenden 19. Jahrhunderts. Beinahe alle von Magersucht Betroffenen sind jung und weiblichen Geschlechts. Auffällig oft sind sie weiss und stammen aus Familien der Mittel- und Oberschicht. Die Krankheit beschränkt sich ausserdem fast ausschliesslich auf die USA, Westeuropa und Japan,[3] sodass Magersucht als kulturabhängiges Syndrom bezeichnet werden kann.

Das oft angeführte, vorherrschende Schlankheitsideal reicht für ein Verständnis der Krankheitsursachen keineswegs aus – und bietet zudem keine Erklärung dafür, weshalb der Zeitpunkt des Aufkommens der Krankheit auf Ende des 19. Jahrhunderts datiert werden muss, also auf

[1] Die Bezeichnungen «Anorexia nervosa» und «Magersucht» werden im vorliegenden Artikel gleichbedeutend gebraucht. «Anorexie» bzw. «anorektisch» wird – was noch genauer erläutert wird – weiter gefasst und im Sinne von «bedürfnisverneinend» verwendet.

[2] Vgl. Brumberg 1994, S. 10.

[3] Vgl. Gerlinghoff et al. 1999, S. 21.

eine Zeit, in der Schlanksein noch nicht als Bestandteil von körperlicher Schönheit galt. Es scheint vielmehr naheliegend, dass das Schlankheitsideal dieselben Ursachen hat wie die Anorexia nervosa selbst. Deshalb lautet hier die These, dass eine Erklärung der Anorexia nervosa durch das vorherrschende Schlankheitsideal tautologisch ist. Zudem bietet das Schlankheitsideal keine hinlängliche Begründung für die Tatsache, dass fast ausschliesslich junge Frauen aus der Mittel- und Oberschicht von Anorexia nervosa betroffen sind. Deshalb muss die Erklärung der Anorexie auf einer grundlegenderen Ebene gesucht werden.

Wir fragen uns hier, warum junge Frauen aus einem bestimmten sozialen Hintergrund in gewissen kulturellen Kontexten anfällig für ein zwanghaftes Verhältnis zur Nahrung und ihrem Körper sind. Wir begreifen hierzu Magersucht nicht als individuelles Problem der Betroffenen, sondern als hochgradig soziales Phänomen, das durch gesellschaftliche und kulturelle Entwicklungen bedingt ist.[4] Die hier angestrebte Erklärung von Magersucht zeigt auf, inwiefern eine sinnvolle Analyse diese Krankheit als pathologische Folge der seit dem 19. Jahrhundert immer stärker gewährleisteten sozialen Mobilität, das heisst als Folge der Möglichkeit von sozialem Aufstieg, verstehen muss.

Geschichte der Anorexia nervosa

Anorexia nervosa wird oft als spezifisch moderne Krankheit betrachtet, die ein Syndrom für ein bestimmtes kulturelles Milieu Ende des 20. Jahrhundert sei. Man versteht sie als Ausdruck einer Gesellschaft mit einem überschlanken Schönheitsideal oder aber als Rebellion gegen ein dem Überfluss und Lustprinzip verfallendes Zeitalter. Die Historikerin Joan Jacobs Brumberg stellt dem widersprechend

[4] Vgl. auch Gugutzer in: Schroer 2005, S. 323.

in ihrem 1995 erschienen Buch *Todeshunger* fest, dass die Kontrolle des Appetits und der Nahrungsaufnahme durchaus kein neues Phänomen darstellt. Anorexia nervosa als Krankheit mit heutiger Deutungsweise, Symbolik und Motivik existiert gemäss Brumberg seit Ende des 19. Jahrhunderts. Bis dahin wurde das Fasten junger Frauen religiös gedeutet und die bewussten oder unbewussten Motive der damaligen Magersüchtigen zielten darauf, durch Fasten den Status einer Heiligen zu erwerben. Erst im Laufe der Geschichte säkularisieren sich die Motive und Deutungen der Krankheit.

Die erste veröffentlichte Arbeit zur Anorexia nervosa stammt vom königlichen Leibarzt Queen Victorias, William Withey Gull (1816-1890). Seine 1868 erschienene Publikation beinhaltet Berichte über die Krankheitsgeschichte dreier Patientinnen. Damals sprach Gull noch von «Anorexia hysterica», später führt er die Bezeichnung «Anorexia nervosa» ein. Die noch immer geltende, offizielle Bezeichnung «Anorexia nervosa» gründet auf der Annahme, dass es sich bei Magersucht um eine nervlich bedingte Appetitlosigkeit handelt, was heute als überholt gilt. «Anorexie» ist dabei gemäss der medizinischen Fachsprache die Bezeichnung für «Appetitlosigkeit». Heute weiss man, dass magersüchtige Patientinnen keineswegs unter Appetitlosigkeit leiden – sie verspüren sehr wohl ein Hungergefühl. Die Handlungen der Magersüchtigen bestehen jedoch gerade darin, dem leiblichen Bedürfnis nicht nachzugeben, sondern willentlich das Bedürfnis zu kontrollieren. Die Bezeichnung «Anorexia nervosa» wurde in der Fachsprache beibehalten, obwohl das Symptom «Appetitlosigkeit» heute durch «herbeigeführte Gewichtsabnahme» oder «Verminderung der Nahrungsaufnahme» ersetzt wurde. Orientiert man sich beim Verständnis des Begriffs «Anorexie» jedoch an der griechischen Bedeutung, so bezieht sich die Bezeichnung nicht bloss auf Appetitlosigkeit, sondern meint «ohne Verlangen», «ohne Bedürfnisse» überhaupt.

«Wie die historische Betrachtung zeigt, hatte es die anorexia nervosa längst gegeben, als alle Welt dem Diät- und Schlankheitswahn verfiel».[5] Die historische Analyse rückt die Schichtbezogenheit[6] und die spezifischen Wertvorstellung in den Vordergrund – Brumberg spricht von einer «frühe[n] und deutliche[n] Psychopathologie des bürgerlichen Familienlebens»[7]. Zudem kommt die aufstrebende, kapitalistische Wirtschaftsordnung als Ursache für eine Verbreitung der Magersucht in den Blick.

Werthaltungen und Lebenspraxen anorektischer Familien

Familien, in denen Magersucht auftritt, gleichen einander. Wir unterscheiden die Begriffe «Magersucht» und «Anorexie» und beschreiben Familien, in denen Magersucht-auftritt als anorektisch[8]: Dabei orientieren wir uns an der

---

[5] Brumberg 1994, S. 109.

[6] Gull bezeichnete Anorexia nervosa als eine Krankheit, die mit dem Alter der Patientin und ihren Lebensumständen in Zusammenhang steht. (Vgl. Brumberg 1994, S. 109.) Auch der Mediziner und Physiker Samuel Fenwick hält bereits 1880 fest, Anorexia nervosa trete «in den wohlhabenden Bevölkerungsschichten viel häufiger [auf] als bei denen, die sich in täglicher schwerer Arbeit ihr Brot verdienen müssen.» (Fenwick 1880, S. 107 zit. in: Brumberg 1994, S. 109).

[7] Brumberg 1994, S. 109.

[8] Es ist jedoch nicht so, dass die Umkehrung gilt, d.h. es gibt auch anorektische Familien, in denen niemand an Magersucht leidet. «Anorektisch» ist demnach ein weiterer Begriff und bezeichnet eine defiziente Form von Rationalität (d.h. eine bestimmte Art Irrationalität). Die wirklich pathologische und lebensverunmögliche Magersucht fällt (neben anderen sozial sehr anerkannten und geschätzten Formen der anorektischen Irrationalität) als Art unter den Gattungsbegriff «Anorexie».

ursprünglichen, griechischen Bedeutung des Wortes: Verneinung der Bedürfnisse (*an* = Verneinung, Abhandensein; *orexis* = Verlangen, Bedürfnisse). «Anorexie» meint demnach eine bestimmte, sozial erlernte Lebenshaltung, die persönliche Bedürfnisse – und zwar in all ihren Ausprägungen; körperliche, psychische und soziale – verneint. «Magersucht» meint demgegenüber eine übersteigerte Form dieser Verneinung, die sich in dem uns bekannten Krankheitsbild manifestiert.

Magersüchtige Patientinnen stammen meist aus mittleren oder oberen Schichten. Sie sind überdurchschnittlich begabt in der Schule und verfügen über eine disziplinierte Arbeitshaltung, hohe Leistungsbereitschaft und übersteigerten Ehrgeiz.[9] Die Magersüchtigen werden vor der Erkrankung meist als sensible Personen beschrieben, die sich durch «tadelloses Benehmen», «ausgezeichnete Schulleistungen», «Sportlichkeit» sowie «scheinbare Problemlosigkeit» auszeichnen.[10]

Familienmitglieder anorektischer Familien orientieren sich hochgradig am Aussen und sind massgeblich von Bestätigung anderer abhängig. Das Klima anorektischer Familien zeichnet sich durch ein hohes Mass an Vernünftigkeit, Leistungsbereitschaft und Kontrolliertheit aus, was bei den Kindern – beabsichtigt oder nicht – zur Forderung wird. Anorektische Väter sind perfektionistisch, leistungsorientiert und karrierebewusst.[11] Dauernde Bildung und Weiterbildung gehören zu ihrem Alltag, wie auch verschiedenste sportliche Aktivitäten. Der Beruf steht in ihrem Leben im Mittelpunkt. Anorektische Mütter gelten als «Schaltstelle» und «Managerin» der Familie.[12] Vernünf-

[9] Vgl. Gerlinghoff et al. 1999, S. 21.

[10] Ebd., S. 50.

[11] Vgl. Ebd., S. 38.

[12] Ebd., S. 44.

tigkeit, Kontrolliert- und Organisiertheit herrschen vor. In ihrem Aussehen legen die Mütter meist keinen grossen Wert auf ihre Weiblichkeit: Ähnlich wie die Väter achten sie stark darauf, fit und schlank zu sein – doch was auch hier fehlt, ist die Sinnlichkeit.

Die Eltern sind ständig darum bemüht, sich als gute und funktionierende Familie darzustellen. Innerhalb des Familienkontexts führt dies zum Streben nach Harmonie. Nach aussen hin wird grossen Wert auf Ordnung und Anstand gelegt.[13] Generell stehen das Wirken und der Schein im Vordergrund. Bei Anwesenheit anderer Menschen wird Bildung, Witz und Intelligenz vorgeführt.

Das Eins-Sein gilt in anorektischen Familien als Wert, der Grenzen und Privatsphären verbietet. Von den Eltern wird erwartet, dass das Leben geteilt wird, dass keine Geheimnisse vorhanden sind. «Dazu gehört auch die felsenfeste Überzeugung zu wissen, was der andere fühlt, denkt und meint und wie er sich entscheiden wird. Eine andere Meinung zu haben verstösst gegen den Sittenkodex der Familie».[14] Dieser Sittenkodex der Familie produziert eine anorektische Haltung, insofern dadurch bloss das gesagt und gedacht wird, was in der Situation von den allgemeinen Normen gefordert wird und zwar auch ausserhalb der Familie. Dies führt zu einer allgemeinen Verneinung der individuellen Bedürfnisse – so radikal, dass diese nicht einmal mehr ins Denken oder gar ins Sprechen aufsteigen. Hierzu eine Aussage einer magersüchtigen Patientin:

«Ich bestimme mich aus den Massstäben anderer. Ich habe ein unheimlich gutes Gespür dafür entwickelt, wie andere Menschen mich haben wollen; mein Leben ist ständig auf ein Feedback angewiesen, ohne das weiss ich nicht, ob ich mich richtig verhalte. Ich bin ein zusammengesetztes

---

[13] Vgl. Franke, Alexa 2003, S.47.

[14] Gerlinghoff et al. 1999, S. 62.

Mosaik aus Bildern von anderen Menschen. Ich frage mich immer; Wo sendet mir jemand, wie er mich wünscht? Wo hat jemand ein Bild von mir, dem ich entsprechen kann?»[15]

Das grosse Harmoniestreben der Familienmitglieder untereinander verhindert Auseinandersetzungen mit Konflikten und Gefühlen wie Wut, Zorn, Unsicherheit und Angst, was wiederum als Anzeichen dafür genommen werden kann, dass in anorektischen Familien strikte Bedürfnisverneinung oberstes Prinzip ist. Denn Streit, Gewalt und Disharmonie sind mögliche Produkte oder Rückseiten der Bedürfnisbefriedigung. Trotz oder gerade wegen des Harmoniestrebens zeichnet sich die Familie durch emotionale Kälte aus. Zu starke Emotionen gelten in anorektischen Familien als verwerflich. Sie sollten gezügelt werden und der Vernunft den Vorrang lassen. «Solchen Prinzipien entsprechend werden in diesen Familien Konflikte gelöst; man ist geradezu stolz darauf – so wird immer wieder betont – dass man sich nicht streitet, dass es keine Auseinandersetzungen gibt. Auseinandersetzungen werden assoziiert mit Anschreien und Toben und gelten als vulgär».[16] Auseinandersetzungen machen Angst, «denn sie könnten Trennung bedeuten und damit Zerstörung der Einheit».[17] Man tut alles, um die Harmonie aufrechtzuerhalten, um das Bild der glücklichen und intakten Familie nicht zu gefährden.

In anorektischen Familien gelten Leistungsbereitschaft, Ehrgeiz, Harmonie, Kontrolliertheit und Orientierung am Aussen als Werte, die von den Eltern vorgelebt und bei den Kindern – bewusst oder unbewusst – zur Forderung werden. Im Haus herrscht ein Mangel an Persönlichkeit und

---

[15] N.N. in: Ebd., S. 112f.

[16] Gerlinghoff et al. 1999, S. 66.

[17] Ebd.

Berührtheit, denn das kollektive *Man* beherrscht und bestimmt alles.

Asketische Lebenshaltung, Kapitalismus und Aufsteigen

Die im vorangehenden Kapitel beschriebenen anorektischen Ideale und sinnlichkeitsfeindlichen Lebenspraxen können – so hier die These – anhand Webers protestantischer Ethik und Bourdieus Beschreibung des sozialen Aufsteigers erklärt werden. Es wird dabei deutlich, dass sowohl Anorexie (als Lebenspraxis) als auch Magersucht (als krankhafte Ausformung dieser Lebenspraxis) als historische Phänomene insbesondere des Kapitalismus begriffen werden müssen, der auf den Prinzipien der infiniten Kapitalakkumulation und der sozialen Mobilität aufbaut und das Aufsteigen als normatives Ideal fordert.

Weber schildert in seinem berühmten Aufsatz *Die protestantische Ethik und der Geist des Kapitalismus*[18] den Zusammenhang der Bildung eines Volkscharakters durch protestantische Prediger und dem Entstehen des Kapitalismus. Er beschreibt jenen durch den Protestantismus Verbreitung gefundenen Ethos, der für den Erfolg des Kapitalismus notwendig war: «Soweit die Macht puritanischer Lebensauffassung reichte, kam sie unter allen Umständen [...] der Tendenz zu bürgerlicher, ökonomisch rationaler Lebensführung zugute; sie war ihr wesentlichster und vor allem: ihr einzig konsequenter Träger. Sie stand an der Wiege des modernen ‚Wirtschaftsmenschen'.»[19]

Die protestantische Berufsethik hat sich als Teil des abendländischen Rationalisierungsprozesses herausgebildet und mit ihr eine asketisch-methodische Lebensfüh-

[18] Weber 1986 [1920].

[19] Weber 1986, S. 195.

rung. Die Lebensführung magersüchtiger Patientinnen, sowie auch die Lebenspraxen derer Familien gleichen stark den von Weber als asketisch beschriebenen pietistischen Lebensweisen. Interessant ist dieser Zusammenhang zudem, da – wie wir mit Brumberg gesehen haben – das Auftauchen der Anorexia nervosa mit dem entstehenden Kapitalismus in Verbindung gebracht werden muss. Diese Verbindung lässt sich mit Weber leicht erstellen.

Weber stellt fest, dass Mädchen aus pietistischer Herkunft[20] eine für den Kapitalismus fruchtbare Arbeitshaltung mitbrachten: «Die Fähigkeit der Konzentration der Gedanken sowohl als die absolut zentrale Haltung: sich ‚der Arbeit gegenüber verpflichtet' zu führen» seien bei jungen Frauen aus pietistischen Familien oft vereint mit «strenger Wirtschaftlichkeit, die mit dem Verdienst und seiner Höhe überhaupt rechnet und mit einer nüchternen Selbstbeherrschung und Mässigkeit, welche die Leistungsfähigkeit ungemein steigert.»[21]

Leistungsfähigkeit gilt gemäss der pietistischen Werthaltung als oberstes Gebot, Zeitverschwendung hingegen wird als Sünde bezeichnet und jegliche Sinnlichkeit verachtet: «Zeitvergeudung ist also die erste und prinzipiell schwerste aller Sünden [...]. Zeitverlust durch Geselligkeit, ‚faules Gerede', Luxus, selbst durch mehr als der Gesundheit nötigen Schlaf – 6 bis höchstens 8 Stunden – ist sittlich verwerflich.»[22] «Das sittlich wirklich Verwerfliche ist nämlich das Ausruhen [...], der Genuss [...] mit seinen Konsequenzen von Müssigkeit und Fleischeslust.»[23]

---

[20] Weshalb es sich hierbei insbesondere um Mädchen handelt, wird bei Weber leider nicht weiter begründet.

[21] Weber 1986, S. 47.

[22] Weber 1986, S. 168.

[23] Ebd., S. 166f., paraphrasiert nach dem 10. Kapitel der Saints' «everlasting rest».

Wie bereits dargelegt, zeichnen sich auch die magersüchtige Patientin und ihre Familie durch enorme Leistungsorientiertheit und Kontrolle aus. Die anorektische Patientin erhöht diesen Leistungswahn und die Selbstkontrolle um ein Weiteres: ihr ganzer Tagesablauf ist strikte geplant und die Wirtschaftlichkeit wird ins Zwanghafte gesteigert. Momente der Ruhe werden nicht ausgehalten und – im protestantischen Vokabular – als Sünde empfunden. Eine Magersüchtige berichtet:

«Ich stand als erste in meiner Familie auf und machte Frühstück. Wenn ich versehentlich vergessen hatte, den Wecker zu stellen, und später aufwachte, war der ganze Tag verloren, und ich machte mir schwere Vorwürfe; stand meine Mutter vor mir auf, heulte ich los. Ich machte täglich hundert Kniebeugen, rannte mindestens drei Stunden spazieren, lief in die Schule, machte Aerobic nach einer Kassette. Als ich dann irgendwann spürte, dass ich die Anforderungen, die ich im Sport an mich stellte, nicht mehr erfüllen konnte, verlegte ich sie in die Schule; wenn ich da schon rumsitzen musste, sollte es wenigstens so effektiv und anstrengend wie irgend möglich sein. Ich schrieb seitenweise Aufsätze als Zusatzaufgabe und machte auch zu Hause soviel ich konnte. Nach einer Deutsch-Schulaufgabe schrieb ich, als ich fertig war, noch einen zweiten Aufsatz, um ja nicht zu wenig zu tun. Ich drehte fast durch, wenn es in der Schule locker zuging, so vor den Ferien, wenn die anderen sich unterhielten oder einen Film ansahen. Ich hatte dabei fast körperliche Schmerzen. [...] Überhaupt stand ich immer unter Zeitdruck; der ganze Tag war auf die Minute eingeteilt und verplant, und ich war verzweifelt, wenn irgend etwas dazwischen kam».[24]

Wie in der idealen protestantischen und nach Weber in der idealen kapitalistischen Familie, wird in anorektischen

---

[24] N.N. in: Gerlinghoff et al. 1999, S. 96f.

Familien eine gewisse «Rationalität» als Ideal verstanden. Diese Form von Rationalität beinhaltet eine Absage an persönliche Bedürfnisse und Sinnlichkeit. Mit dem Hungern lehnt die Magersüchtige das Materielle, d.h. die Nahrung ab. Sie wird dünn, «entmaterialisiert» sich selbst. und zeigt an ihrem Körper, dass sie das Geistige und ihren Willen über das Materielle und Sinnliche stellt.

Die anorektische Rationalität ist jedoch eine pervertierte Rationalität, denn sie droht ins Irrationale zu entgleiten. Während jede echte Rationalität durch eine spezifische Zweck-Mittel-Relation ausgezeichnet ist, ist bei der anorektischen Rationalität genau diese Relation im Kollabieren begriffen: Das Mittel, oder genauer die Akkumulation von Mitteln, wird hier zum Zweck, während der echte Zweck, worauf bezogen das Mittel erst Sinn macht – nämlich die Bedürfnisbefriedigung – negiert wird oder in einen nie eintretenden Zeitraum – das Ausserweltliche – verschoben wird: «Der Erwerb von Geld und immer mehr Geld, unter strenger Vermeidung alles unbefangenen Geniessens, so gänzlich aller eudämonistischen oder gar hedonistischen Gesichtspunkte entkleidet, so rein als Selbstzweck gedacht, dass es als etwas dem «Glück» oder dem «Nutzen» des einzelnen Individuums jedenfalls gänzlich Transzendentes und schlechthin Irrationales erscheint».[25]

Die von Max Weber als «protestantische Ethik» bezeichnete Lebenshaltung legitimiert, ja gebietet, was zuvor (in der ständischen Feudalgesellschaft) als verwerflich galt und nun zum eigentlichen Prinzip der neuen Wirtschaftlichkeit wird: das Gewinnstreben und in diesem Sinne das Aufsteigen. Durch fleissiges Arbeiten bei gleichzeitiger asketischer Konsumtion vermehrt sich das Kapital und der Aufsteiger wird geboren.

---

[25] Weber 1986, S. 35 [Hervorhebungen R.S.].

«Die innerweltliche protestantische Askese [...] wirkte also mit voller Wucht gegen den unbefangenen Genuss des Besitzes, sie schnürte die Konsumtion [...] ein. Dagegen entlastete sie im psychologischen Effekt den Gütererwerb von den Hemmungen der traditionalistischen Ethik, sie sprengt die Fesseln des Gewinnstrebens, indem sie es nicht nur legalisiert, sondern [...] direkt als gottgewollt ansah.»[26]

Das Gebot der «Einschnürung der Konsumption» bei simultaner «Entfesselung des Erwerbsstrebens» führt zwangsweise zur Vergrösserung des Kapitals und somit zum Aufsteigen. Mit dem Ziel der unendlichen Kapitalakkumulation erschafft sich der Kapitalismus den Typus des Aufsteigers. Die asketische Lebensführung ist dabei die Voraussetzung. Hier wird die These vertreten, dass in Familien, in denen Magersucht auftritt, dieser Asketismus in übersteigerter Form gelebt wird. Weber konstatiert: «Sehr regelmässig finden wir die genuinsten Anhänger puritanischen Geistes in den Reihen der erst im Aufsteigen begriffenen Schichten der Kleinbürger.»[27]

Empirische Studien der Psychiatrie legen Besagtes ebenfalls nahe: So bestätigen Gerlinghoff et al., die Eltern der von Anorexia nervosa betroffenen jungen Frauen seien oft Aufsteiger, die es durch harte Arbeit und Sparsamkeit «weiter gebracht» haben als ihre Eltern.[28] Angekommen sind sie jedoch nie, denn ganz nach dem kapitalistischen Prinzip «streben [sie] immer noch weiter und wollen immer noch höher hinaus».[29]

Auch Bourdieu beschreibt in *Die feinen Unterschiede* «Askese, Rigorismus, Rechtsgläubigkeit [und] jede Art

---

[26] Weber 1986, S. 190.

[27] Ebd., S. 195.

[28] Vgl. Gerlinghoff et al. 1999, S. 38.

[29] Ebd.

von Akkumulationstrieb»[30] als Charakteristika des Habitus[31] der sich im Aufsteigen begriffenen kleinbürgerlichen Schichten und sieht diese Merkmale genau in ihrem Ziel der Kapitalanhäufung begründet: Denn die Akkumulation ökonomischen und kulturellen Kapitals kann nur um «den Preis einer *Einschränkung* des Konsums gelingen».[32] Ferner macht auch Bourdieu deutlich, inwiefern eine Verbindung zwischen dem Aufsteiger, dem Asketen und dem entstehenden Kapitalismus besteht:

«Die aufsteigende Kleinbourgeoisie wiederholt unaufhörlich die geschichtlichen Anfänge des Kapitalismus und kann dabei, ganz wie die Puritaner, nur auf ihre Fähigkeit zur Askese zählen. Dort, wo andere wirkliche Garantien, Geld, Bildung oder Beziehungen für sich sprechen lassen können, hat sie nur moralische Garantien auf ihrer Seite; verhältnismässig arm an ökonomischen, kulturellem und sozialem Kapital, kann sie ihre «Ansprüche» nur «nachweisen» und sich damit Aussichten auf deren Realisierung eröffnen, wenn sie bereit ist, dafür Opfer, Verzicht, Entsagung, Eifer, Dankbarkeit – kurz: durch Tugend zu zahlen.»[33]

Der Aufsteiger unterwirft sich den Wahrnehmungs-, Denk- und Handlungsschemata anderer, ihm im sozialen Raum höher gestellten Gruppen, während er seinen ihm durch Sozialisation nahegelegten Habitus negiert.[34] Dies führt zu einem angestrengten und aufgesetzten Verhalten:

---

[30] Bourdieu 1987, S. 519.

[31] Als Habitus begreift Bourdieu eine strukturierte Ganzheit von Wahrnehmungs-, Denk- und Handlungsschemata. Für eine ausführliche Erläuterung des Habitusbegriffs vgl. Bourdieu 1987, S. 277-286.

[32] Bourdieu 1987, S. 519, Herv. i. O.

[33] Ebd., S. 527f.

[34] Es kann in diesem Punkt eingewandt werden, dass sich mit Bourdieus Habitustheorie eine negierende Haltung oder überhaupt eine Haltung bezüglich des eigenen Habitus nicht denken lässt, da «Habitus»

«[So] erweist sich die typisch kleinbürgerliche Erfahrung der Sozialwelt zunächst als *Schüchternheit*, als *Gehemmtheit* dessen, dem in seinem Leib und seiner Sprache nicht wohl ist, der beides, statt mit ihnen eins zu sein, gewissermassen von aussen, mit den Augen der anderen betrachtet, der sich fortwährend überwacht, sich kontrolliert und korrigiert, der sich tadelt und züchtigt und gerade durch seine verzweifelten Versuche zur Wiederaneignung eines entfremdeten ‚Seins-für-den-Anderen' sich dem Zugriff der anderen preisgibt, der in seiner Überkorrektheit so gut sich verrät wie in seiner Ungeschicklichkeit.»[35]

Sowohl anorektische Familien als auch magersüchtige Patientinnen sind durch genau diese Unsicherheit und den in Kontrolle mündenden Blick von aussen bestimmt. Die Verneinung der Bedürfnisse erweist sich für den Aufsteiger als Notwendigkeit, da die spezifische Ausformung der Bedürfnisse laut Bourdieu immer an einen bestimmten Habitus gebunden ist. Somit würde das Aufsteigen schlagartig verunmöglicht, sobald Bedürfnisse befriedigt und wahrgenommen würden, da damit der eigene, ursprüngliche Habitus bekräftigt würde. Es geht beim Aufsteiger also nicht nur um Kapitalakkumulation, sondern gleichzeitig um Herkunftsverleugnung. Der Aufsteiger muss Bedürfnisse vortäuschen, die er nicht besitzt, sondern besitzen würde, wenn er schon aufgestiegen wäre. Daraus resultieren eine strenge Kontrolle und Disziplin, die einerseits der Unter-

---

ein totales Konzept ist, insofern man daraus nicht heraustreten kann. Es wird also an diesem Punkt mit Bourdieu über ihn hinaus argumentiert und die Auffassung vertreten, dass eine Haltung zum eigenen Habitus – sei diese routinehaft oder bewusst affirmativ, strategisch, kritisch oder auch negierend – denkbar ist. Vgl. hierzu auch Rob Stones «Quadripartite Nature of Structuration» (vgl. Stones 2005, S. 85.), wo die Möglichkeit einer persönliche Bezugnahme auf die internen Strukturen betont wird.

[35] Bourdieu 1987, S. 331, Herv. i. O.

drückung der genuinen Bedürfnisse und andererseits der Simulation der Fremdbedürfnisse dienen.

Da die zeitliche Struktur des Aufsteigens nicht durch ein Ankommen als Ziel begrenzt, sondern gegen oben offen, aufs Unendliche ausgerichtet ist, muss in einer anorektischen Familie das Aufsteigen mit all ihren Kontroll- und Akkumulationsstrategien auf die Kinder übertragen werden.

«Die gesamte Existenz des aufsteigenden Kleinbürgers ist Vorgriff auf eine Zukunft, die er meist nur in Gestalt seiner Kinder wird erleben können, auf die er, wie man so sagt, ‚seine ganze Hoffnung setzt'. Eine Art imaginärer Verlängerung seines eigenen Werdegangs, die Zukunft, die er für seinen Sohn erträumt, und in der er sich mit verzweifelter Anstrengung selbst projiziert, zehrt seine Gegenwart auf. Auf Strategien verwiesen, die mehrere Generationen umspannen, weil der Abstand zwischen Start und Ziel ein Menschenleben übergreift, verschiebt dieser Kleinbürger Freude und Gegenwart auf später, ‚wenn wir Zeit haben', ‚wenn wir nichts mehr abzubezahlen brauchen', ‚wenn die Kinder grösser sind', oder ‚wenn wir in Pension gegangen sind'.»[36]

Diese Struktur der Unabschliessbarkeit haben wir bereits bei Weber festgestellt: Was in der protestantischen Ethik noch auf ein Jenseits im Himmel bezogen war, geht im kapitalistischen Geist über zur irdischen und ewigen Kapitalakkumulation. Auch die Bedürfnisnegierung der magersüchtigen Patientin kennt kein Ziel – sie hungert, kontrolliert und zügelt sich, ohne dass ein Punkt des Erreichthabens eintreten kann. Eine Magersüchtige berichtet:

«Ich freute mich über die sorgenvollen Blicke meiner Eltern, genoss meinen leeren, zusammengekrampften Magen und träumte von dem Essen, das ich mir irgendwann

[36] Bourdieu 1987, S. 553.

einmal gönnen würde, wenn ich noch mehr abgenommen hatte. [...] Mein Gewichtsziel schraubte ich fortwährend herunter.»[37]

Dabei findet sich das in der innerweltlichen, protestantischen Askese enthaltene Gebot der Sparsamkeit auch bei magersüchtigen Patientinnen in ausgeprägter Form wieder. Das Sparen als Zügelung für ein Später richtet sich indes immer auf die Zukunft:

«Geldausgeben ist für mich die absolute Horrorvision und kommt mir vor wie eine Vergewaltigung. [...] Am liebsten wäre mir, ich hätte so viel, dass es bis in die Ewigkeit reicht und noch länger. Irgendwann werde ich mir dann alle Wünsche erfüllen. Dann, wenn ich glücklich bin.»[38]

Paradoxerweise wird dieser Zeitpunkt nie eintreten, sondern *per irrationem* immer in der Zukunft liegen. Wie der Kapitalist, bzw. der Aufsteiger lebt die magersüchtige Patientin für eine Zeit, die noch kommen wird und doch nie kommt.

Harmoniestreben und Identitätsproblematik

Nicht nur Bedürfniskontrolle und Disziplin sind Aspekte des Aufsteigers, sondern auch das Vermeiden von Auseinandersetzungen und Streit, sowie ein Streben nach möglichst grosser Harmonie. Das Harmoniestreben kann daher als weiterer Ausdruck des Aufsteigens betrachtet werden, da eine totale Harmonie prinzipiell nur dann möglich ist, wenn eines von zwei oder mehreren Individuen auf dem Kampfplatz der Geschmacksurteile durch Negation der persönlichen Bedürfnisse verschwindet und sich dem Habitus des Gegenübers anpasst. Dies geht sodann einher mit einem Gefühl, eine fremde, von aussen herangetragene

[37] N.N. in: Gerlinghoff et al. 1999, S. 105.

[38] N.N. in: Ebd., S. 101.

Rolle zu spielen. Die Ohnmacht, die aus der Annahme einer fremd zugeschriebenen Rolle resultiert, wird von anorektischen Patientinnen sehr oft beschrieben:

«Ich mach viele beschissene Sachen, nur um liebenswürdig zu erscheinen. Ich bin übertrieben aufmerksam, übertrieben ernsthaft, achte auf jede Kleinigkeit und bezeige, wie wichtig mir der andere ist. In meinen Inszenierungen kenne ich mich aus. Ich kann mich vielen Positionen anpassen, ich kann meine Rollen auf Knopfdruck wechseln; je nach dem Menschen, mit dem ich zusammen bin, ändere ich auch meine Meinung, meinen Geschmack und meine Interessen. Mein Leben besteht inzwischen nur noch aus Spielen und Rollen. Ich bin der Überzeugung; Wenn ich so bin, wie ich bin, dann mag man mich nicht. Meine Gefühle sind Rollen und meine Meinungen auch. Ohne Rolle bin ich ein Nichts, bin ich allein. Ich selbst existiere nirgends. Alles ist Anpassung, und ich bin auf der Strecke geblieben.»[39]

Für Bourdieu ist Streit, oder genauer gesagt Distinktion, der Kern seines Habitusbegriffs: Sobald zwei Menschen mit verschiedenem Habitus (und zwei Menschen können nie den identischen Habitus aufweisen) aufeinandertreffen, kommt es durch Verschiedenheit der Bedürfnisse zu Auseinandersetzungen. Somit würde beim Aufsteiger das Eingehen eines Streites gleichzeitig das Zurückfallen auf den Habitus, dem er entweichen wollte, bedeuten. Streiten entspräche demnach einem Vulgärersein als man sein möchte – obwohl Streiten an und für sich nirgendwo im sozialen Raum lokalisiert werden kann. Denn Streit ist ein im sozialen Raum allgegenwärtiges Prinzip, das aber nur möglich ist, wenn ein Individuum seinen Habitus affirmativ vollzieht. Harmoniestreben fällt mit der angestrebten Negation des eigenen Habitus zusammen. Deshalb ist es nur sinnvoll zu behaupten, dass in Aufsteigerfamilien Har-

[39] N.N. in: Gerlinghoff et al. 1999, S. 113.

monie und das Unterdrücken jeglichen Streites auch bei den Kindern zur Forderung wird:

«Ich habe Gefühle wie Wut, Ärger, Hass jahrelang unterdrückt. Ich habe niemals gelernt, damit umzugehen. Aggressionen wurden in meiner Familie immer als negativ abgewertet. Man hatte nicht aggressiv zu sein, und wenn man sich noch so sehr ärgerte. Man sollte sich vielmehr zusammenreissen und sich nicht gehen lassen. Ich durfte mich nicht einmal mit meiner Schwester zanken, geschweige denn gegen meine Eltern aggressiv sein. Ich durfte nicht einmal eine andere Meinung haben als sie.»[40]

Die Harmonie- und Einheitsforderung anorektischer Familien verhindert – so hier die These in Anlehnung an Robert Gugutzer[41] – die Ausbildung von Autonomie der jungen Frauen. Autonomie meint das Gefühl, selbstbestimmt über das eigene Leben zu verfügen. In Familien, in denen Konflikte nicht ausgetragen werden und Schwäche nicht gezeigt werden darf – wo also vermeintliche Problemlosigkeit herrscht und individuelle Bedürfnisse nicht existieren, ist eine gesunde Entwicklung der Persönlichkeit nicht möglich. Folgende Aussage einer Magersüchtigen zeigt, inwiefern das Konzept einer subjektiv empfundenen «gelungenen Identität»[42] fehlt:

«Ich fühle mich wie eine Marionette, nicht lebendig, sondern unbeweglich und starr. Ich bin ein Hampelmann, der sich nur bewegt, wenn man an seinen Fäden zieht. Ich habe nichts Eigenes, Individuelles, Unverwechselbares; ich bin leer und weiss nicht, wie, was und wer ich bin.»[43]

Erst diese Unmöglichkeit einer Identitätsausbildung treibt die jungen Frauen in die Anorexia nervosa. Die Ma-

---

40 N.N. in: Gerlinghoff et al. 1999, S. 66f.

41 Gugutzer 2005.

42 Ebd., S. 334.

43 N.N. in: Gerlinghoff et al. 1999, S. 112.

gersucht ist die Notlösung, die Autonomie garantieren soll und zugleich eine Rebellion gegen die Einheitsforderung innerhalb der Familie beinhaltet. Denn in Bezug auf ihre Essensaufnahme entdecken die jungen Frauen eine Art der Selbstbestimmung. Die Magersüchtige entwickelt demnach mit dem Hungern eine Körperpraxis, die ihr auf den ersten Blick genau diejenige Autonomie sichert, welche ihr innerhalb der Familie nicht ermöglicht wurde. So hält Gugutzer fest: «Nicht [...] Schönsein motiviert das magersüchtige Handeln, sondern die verzweifelte Suche nach Sicherheit und Halt im Leben, nach dem eigenen Selbst».[44]

Die Beherrschung der leiblichen Bedürfnisse ist eine spezifische und übersteigerte Ausformung der von den Eltern vorgelebten und geforderten Negation von Bedürfnissen. Dadurch wird versucht, Kontrolle über das eigene Leben zu gewinnen. Und mit dem Sieg über den Leib steigt das Selbstwertgefühl:

«Ich wollte mir meine Magersucht nicht nehmen lassen, eine Welt, in der ich sicher war, in der ich Bestätigung fand und wo mir keiner dreinreden konnte. Wenn ich mich auch manchmal in schlimmen Zeiten so schwach fühlte, dass ich glaubte, ohnmächtig zu werden, so empfand ich trotzdem das Gefühl der Überlegenheit. Ich hatte etwas Besonderes, etwas, das niemand nachempfinden konnte; ich konnte etwas, was die anderen nicht konnten: Ich konnte aufs Essen verzichten. Ich war stärker als alle anderen.»[45]

Die magersüchtige Patientin hat von ihren Eltern – den Aufsteigern – gelernt, den individuellen Habitus zu verneinen, bzw. gar nicht erst zu entwickeln, was Bedingung der Möglichkeit des Aufsteigens ist. Aus dieser Bedürfnis- und Geschmacksnegierung resultiert in den Töchtern ein Gefühl der Identitätslosigkeit. Und damit einhergehend

---

[44] Gugutzer in: Schroer 2005, S. 331.

[45] N.N. in: Gerlinghoff/Backmund 2000, S. 65.

ein Gefühl des Bestimmtseins von aussen. Magersüchtige verspüren beinahe keine Gefühle: Sie zeichnen sich durch Emotionslosigkeit aus oder gehen auf im *Man*-Gefühl. Für viele Magersüchtige sind Hunger- und Völlegefühl oft die einzigen Gefühle, die sie überhaupt noch empfinden. Paradoxerweise existiert für die Magersüchtige als Ausweg aus dem Bestimmtwerden von aussen nur die Möglichkeit, durch eine weitere, vollständig radikale Selbstverneinung zu verschwinden. Nur die Tote ist nicht mehr Marionette.

Die Kontrolle als Negierung der Bedürfnisse mit dem Ziel der Identitätsfindung muss notwendigerweise scheitern und ins Zwanghafte übergehen. Denn die radikale Anorektikerin – also die Magersüchtige – hat in ihrem Handeln keine Wahlfreiheit mehr, da die Negation der Bedürfnisse als Ziel keine Alternative beinhaltet. Die vermeintliche Freiheit, die in der Kontrolle der eigenen Bedürfnisse liegen soll, wird zur vollständigen Unfreiheit, denn Freiheit würde die Wahl zwischen verschiedenen, bejahten Bedürfnissen voraussetzen. Freie Wahl macht nur Sinn als frei und rational bestimmte Bedürfnisbefriedigung. Die Suche nach Autonomie und Identität durch jegliche Verneinung der Bedürfnisse ist somit paradox. Eine Paradoxie dieser Art, nämlich ein Streben nach einem Ziel durch ein Mittel, welches das Erreichen des Ziels verunmöglicht, muss als Kriterium für psychische Krankheiten angesehen werden.[46] Ebenso paradox ist die Magersucht als symbolische Rebellion gegen die Eltern und deren Lebenspraxis: Denn die Magersüchtige entspricht in ihrem anorektischen Verhalten in höchstem Masse dem Leistungs-, Ehrgeiz- und Enthaltsamkeitscredo der Familie. Die Magersucht ist eine Rebellion, die sich paradoxerweise der Mittel bedient, gegen welche sie zu rebellieren abzielte. Die magersüchtige

[46] Zur Paradoxie resp. zum Double-Bind als Merkmal psychischer Krankheiten vgl. Bateson, 1999.

Patientin scheitert, indem sie versucht durch Verneinung ihrer Bedürfnisse gegen die bedürfnisfeindliche Haltung ihrer Eltern zu rebellieren. Diese paradoxe und ausweglose Struktur legitimiert es auch bei Anorexia nervosa von einer psychischen Krankheit zu sprechen. Denn aufgrund dieser paradoxen Struktur muss der Versuch, eine «gesunde» und individuelle Identität zu entwickeln, fehlschlagen. Das bedeutet jedoch keinesfalls, dass diese Krankheit im Lebenslauf einer jungen Frau sinnlos wäre. Denn vielleicht wird die Magersucht innerhalb der Familie als Zeichen und Resultat ihrer anorektischen und identitätsverweigernden Lebensweise verstanden oder aber der Magersüchtigen gelingt es, als Auslöser ihrer Genesung ihre Identitätsproblematik und deren Ursachen zu erkennen und auf «gesunde», das heisst auf nicht selbstzerstörerische, sondern bedürfnisbejahende Weise zu lösen.

Schluss

Wir haben uns gefragt, warum junge Frauen zu gewissen historischen Zeitpunkten und in gewissen kulturellen und familiären Kontexten anfällig für ein zwanghaftes Verhältnis zur Nahrung sind. Eine Rekonstruktion der Geschichte der Magersucht zeigt, dass vieles dafür spricht, den Entstehungszeitpunkt der heutigen Form der Anorexia nervosa auf das Ende des 19. Jahrhunderts anzusetzen. In der Beschreibung der Ideale und Verhaltensweisen magersüchtiger Patientinnen und deren familiären Umfelds – belegt durch Aussagen magersüchtiger Patientinnen und Beobachtungen von Psychiaterinnen[47] – lassen sich Werte wie Leistung, Sparsamkeit, Ehrgeiz, Perfektionismus und Harmoniestreben herausarbeiten. Wir stellen von Seiten der Eltern magersüchtiger Patientinnen eine ausgeprägte Ver-

[47] Gerlinghoff et al. 1999.

nünftigkeitsforderung und Sinnlichkeitsfeindlichkeit fest. Diese Merkmale lassen sich in Beziehung zu Webers *Protestantischer Ethik* bringen und als asketisch bzw. anorektisch im Sinne der Bedürfnisverneinung beschreiben. Interessant ist hierbei u.a. die Tatsache, dass die Entstehung der Anorexia nervosa mit dem Auftreten des kapitalistischen Handelns, also mit einem Handeln nach dem Prinzip der unendlichen Kapitalakkumulation, einhergeht – auf die Homologie dieser infiniten Struktur mit der Symptomatik von Magersucht wurde oben hingewiesen.

Mit Weber und Bourdieu lässt sich festhalten, dass sich die asketische Lebensweise am ausgeprägtesten beim Aufsteiger wiederfinden lässt. Die in den protestantischen bzw. kapitalistischen Familien auffindbaren anorektischen Merkmale lassen sich durch das Prinzip des Aufsteigens erklären. Der Aufsteiger, als spezifischer sozialer Typus des Kapitalismus, ist einer, der seinen ursprünglichen und ihm eigentlichen Habitus negiert, um einen ihm höher gestellten zu erlangen. Dies geschieht durch Fleiss, asketische Enthaltsamkeit und Imitation sowie durch eine gleichzeitige Herkunftsleugnung, die mit der Negation von Bedürfnissen zusammenfällt. Unsicherheit, Aufgesetztheit und Schein sind hierbei die Folgen. Die Eigenschaften anorektischer Familien sind also durch die Tatsache des Aufsteigens bzw. Aufsteigenwollens erklärbar, was sich mit Ergebnissen empirischer Untersuchungen über die familiäre Herkunft magersüchtiger Patientinnen deckt.

In anorektischen Familien lassen sich zudem ein Streben nach Harmonie und eine Forderung nach Eins-Sein feststellen, und damit einhergehend eine Ablehnung von Konflikten und Streit. Denn Streit bedeutete einen eigenen, individuellen Standpunkt zu beziehen, was in anorektischen Familien nicht gefördert, sogar untersagt wird. Die Orientierung am gesellschaftlichen Man ist im Gegenteil so stark, dass die Kinder der Aufsteiger die Fähigkeit, eine eigene Meinung und individuelle Bedürfnisse zu haben, grösstenteils nicht ausbilden können. Stattdessen entwickeln sie ein ausgeprägtes Gespür dafür, was in einer Situation angemessen ist bzw. erwartet wird. Das Harmoniestreben und die Verurteilung von Streit innerhalb anorektischer Familien resultiert aus der Forderung nach Zweck(ir)rationalität und der Vermeidung von Emotionalität, was wiederum gleichbedeutend ist mit dem Prinzip der Bedürfnisverneinung. Zudem würden Streitigkeiten von Seiten der Eltern voraussetzen, dass sie in den alten, ursprünglichen Habitus zurückfallen. Denn Streit (resp. Distinktion) ist nur möglich, wenn der eigene Habitus bejaht und vollzogen wird.

In Anlehnung an Gugutzer wird hier die These vertreten, dass Anorexia nervosa als das Ergebnis einer durch die Familienstrukturen verhinderten Entwicklung eines Identitäts- und Autonomiegefühls verstanden werden muss. Die Magersucht ist die Notlösung, die eine Selbstbestimmung garantieren soll und zugleich eine Rebellion gegen die Einheitsforderung innerhalb der Familie beinhaltet. In Bezug auf ihren Körper und ihre Essensaufnahme finden die jungen Frauen einen Bereich, der ihnen Autonomie und Stärke verspricht. Und in ihrem Hungern und Schlanksein demonstriert die Magersüchtige – ganz im Sinne der Ideale der anorektischen Familie – dass sie ihre (leiblichen) Bedürfnisse durch ihren Willen bezwingen kann. In ihrem Kampf um Selbstbestimmung und Identität übersteigert die an Anorexia nervosa Leidende demnach paradoxerweise die Ideale ihrer anorektischen Familie. Sie stellt an und in sich eine Offenlegung desjenigen Widerspruchs dar, welcher der protestantischen, bedürfnisverneinenden Ethik der kapitalistischen Gesellschaft zugrundeliegt: Nämlich die Offenlegung des Wunsches, seine persönlichen Bedürfnisse in einer unerreichbaren Zukunft zu befriedigen, dann wenn man es sich erlauben kann.

In ihrer Bedürfnisnegierung, die sie zum obersten Prinzip macht, wird die magersüchtige Patientin notgedrungenerweise in die Unfreiheit und damit ins Zwanghafte getrieben, denn die Bedürfnisnegierung hält keine Wahlmöglichkeiten bereit – sie zerstört die Möglichkeit einer freien Wahl überhaupt. Diese paradoxe Struktur – so wurde in Anlehnung an Gregory Bateson argumentiert – ist bezeichnend für psychische Krankheiten und macht deutlich, inwiefern die Krankheit als scheinbare Lösung von Problemen nicht zum gewünschten Ziel führen kann – denn ansonsten sprächen wir hier nicht von einer Krankheit, sondern von einer geglückten Individuation. Anorexia nervosa kann in der Biographie einer jungen Frau dennoch durchaus sinnhaft sein, sobald dadurch auf die anorektische und identitätsverhindernde Struktur innerhalb der Familie aufmerksam gemacht wird, oder aber die Betroffene selbst ein persönliches Verständnis der krankmachenden Strukturen innerhalb der Familie erlangt.

Ausblick

Vorliegender Artikel hat es sich zum Ziel genommen, zu erklären, weshalb Anorexia nervosa seit einem bestimmten Zeitpunkt existiert – nämlich seit dem Moment, wo im Sinne kapitalistischer Handlungsmaximen die Forderung nach Kapitalakkumulation und sozialem Aufstieg bestand – und weshalb sie fast ausschliesslich in gewissen Familien – nämlich in Familien, in denen die Eltern soziale Aufsteiger sind – auftritt. Der Aufsatz hat bis anhin die Frage ausgespart, weshalb fast ausnahmslos Töchter dieser Familien betroffen sind, nicht aber die Söhne, die in denselben familiären Strukturen aufwachsen.

Folgende Erklärung, die noch weiterer Ausarbeitung bedarf, halte ich für weiterführend: Soziale Geschlechterrollen beinhalten immer Dichotomien, an denen sich Mann und Frau in ihrem täglichen Handeln orientieren. So ist die Dichotomie Zweckrationalität versus Sinnlichkeit in der heutigen Repräsentation und Konstruktion von Geschlechterrollen auszumachen. Denn auch heute noch wird die Frau in Abgrenzung zum Mann oftmals als sinnlicher, emotionaler, naturverbundener, mütterlicher oder schöner beschrieben. Der Mann hingegen orientiert sich im Vergleich dazu noch mehr an Vernunftidealen, logischen und praktischen Fähigkeiten, Erfolg oder Leistung und gilt generell als gefasster und emotionsloser. Die weiterführende These wäre, dass Männlichkeit heutzutage mit anorektischer Rationalität und Weiblichkeit mit orektischer Bedürfnisbefriedigung codiert ist.

In Bezug auf das vorgestellte Erklärungsmodell der Anorexia nervosa bedeutet dies, dass junge Frauen, die in einem sinnlichkeitsfeindlichen Umfeld aufwachsen viel häufiger ein Identitätsproblem aufweisen, als junge Männer, die in demselben Umfeld erzogen werden. Während ein junger Mann, der sich in seiner Rolle als Mann u.a. an einem Vernünftigkeitsideal orientiert, in einem durch Vernunft geprägten Umfeld weniger Schwierigkeiten hat, ist eine junge Frau in demselben sinnlichkeitsfeindlichen Kontext auf der Suche nach ihrer Weiblichkeit einer paradoxen Situation ausgesetzt. Denn dieses Umfeld verunmöglicht der jungen Frau eine Identität zu entwickeln, die sich per gesellschaftliche Forderung an Sinnlichkeit orientiert. Sie müsste in einem sinnlichkeitsfeindlichen Kontext Sinnlichkeit erlernen, um eine feminine Identität zu erlangen.

Literatur

Bateson, Gregory (1999): Ökologie des Geistes: anthropologische, psychologische, biologische und epistemologische Perspektiven, Frankfurt a. M., Suhrkamp.

Bourdieu, Pierre: (1987): Die feinen Unterschiede, Frankfurt a. M., Suhrkamp.

Brumberg, Joan Jacobs (1994): Todeshunger: Die Geschichte der Magersucht vom Mittelalter bis heute, Frankfurt a. M., Campus Verlag.

Franke, Alexa (2003): Wege aus dem goldenen Käfig, Weinheim, Beltz Verlag.

Gerlinghoff, Monika, Backmund, Herbert und Mai, Norbert (1999): Magersucht und Bulimie. Verstehen und bewältigen, Weinheim/Basel, Beltz Verlag.

Gerlinghoff, Monika und Backmund Herbert (2000): Was sind Ess-Störungen? Ein kleines Handbuch zur Diagnose, Therapie und Vorbeugung, Weinheim/Basel, Beltz Verlag.

Gugutzer, Robert (2005): Der Körper als Identitätsmedium: Essstörungen, in: Schroer, Markus: Soziologie des Körpers, Frankfurt a. M., Suhrkamp.

Silverstein, Brett, Perdue, Lauren, Peterson, Barbara, Vogel, Linda, und Fantini, Deborah A. (1986): Possible Causes of the Thin Standard of Bodily Attractiveness for Women, International Journal of Eating Disorders Vol. 5 Issue 5, S. 907-916.

Stones, Rob (2005): Structuration Theory, Basingstoke, Palgrave Macmillan.

Tiqqun (2009): Grundbausteine einer Theorie des Jungen-Mädchens, Berlin, Merve Verlag.

Weber, Max (1986 [1920]): Die protestantische Ethik und der Geist des Kapitalismus, in: Gesammelte Aufsätze zur Religionssoziologie I, Tübingen, J.C.B. Mohr (Siebeck).

Philomen Stucky

«Ich wollte ein Fenster aufstossen»

Über die kritische Vordenkerin Iris von Roten

Die streitbare Juristin, Feministin und kritischen Vordenkerin Iris von Roten wollte vor allem die Situation der Frauen in der Schweiz verbessern. Sie wich dabei in einigen Bereichen vom «Normalen» ab und entsprach nicht der ihr zugeschriebenen Rolle. In vielerlei Hinsicht brach sie mit gängigen Vorstellungen und Normen, die zu ihrer Zeit galten. Iris von Roten setzte sich bewusst über die Erwartungen hinweg, die «man» an eine Frau stellte. Ihr Verhalten wurde von Zeitgenossen als abweichend taxiert und oft negativ sanktioniert. Ich gehe im Folgenden den Fragen nach, wie sich im Fall Iris von Roten sozial abweichendes Verhalten dokumentiert und wie Individuen, gesellschaftliche Institutionen und der Rechtsstaat soziale Kontrolle ausüben.

Iris von Roten

Iris Meyer kam am 2. April 1917 als erstes Kind von Berta Meyer-Huber und Johann Walter Meyer in Basel zur Welt. Die Familie mit den Kindern Iris, Manfred und Sylvia wechselte durch die häufigen beruflichen Neuorientierungen des Vaters vermehrt ihren Wohnort. Bereits während ihrer Kindheit soll Iris auf Ungleichbehandlung der Geschlechter aufmerksam geworden sein. «*Später machte mich die pure Lebenslust feministisch. Alles, was das Herz begehrte: wilde Abenteuer, lockende Fernen, tolle Kraftproben, Unabhängigkeit, Freiheit – das schäumende Leben schlechthin – schien in Tat, Wort und Schrift den Männern vorbehalten zu sein.»*[1] Die sensible Wahrnehmung gesellschaftlicher Missstände und ihr unermüdlicher Einsatz für die Rechte der Frau zeugen von einem wachen Geist und einer mutigen Kämpfernatur. Iris setzte sich zeitlebens mit der «Sache der Frau» auseinander.

Nach Abschluss der Höheren Töchterschule Hohe Promenade in Zürich begann die inzwischen Neunzehnjährige 1936 als eine der ersten Frauen ein Studium der Rechte. Während des Studiums in Bern lernte sie ihren späteren Lebenspartner Peter von Roten kennen. 1941 promovierte sie zur Dr. iur. mit dem Prädikat: «magna cum laude».

Zur Zeit ihres Studiums und nach dessen Abschluss arbeitete Iris Meyer als Journalistin. Beim *Schweizer Spiegel*[2] erhielt sie eine eigene Kolumne, sie schrieb unter dem Pseudonym «Marie Töndury». Ende 1943 übernahm sie den Posten als Chefredaktorin beim *Schweizerischen Frauenblatt,*[3] um nur einige ihrer journalistischen Tätigkeiten aufzuzeigen. Die letztgenannte Anstellung ermöglichte es ihr, regelmässig über Gleichstellungsthemen zu schreiben, bestehende Ungerechtigkeiten aufzuzeigen und eingespielte Machtverhältnisse aufzudecken. In Leitartikeln forderte sie das Wahl- und Stimmrecht für Frauen, ermutigte junge Frauen zum Studium und forderte eine Mutterschaftsversicherung.

Ab 1943 entwickelte sich zwischen Iris und Peter ein Briefwechsel. (An die 1300 Briefe tauschten sie in den Jahren 1943 bis 1949 aus.) Ihr Feminismus und sein Katholizismus bestimmten einen Grossteil der leidenschaftlichen

---

[1] Z.n. Köchli 1992, S. 27.

[2] Der «Schweizer Spiegel» war in Besitz ihrer beiden Onkel Adolf Güggenbühl und Fortunat Huber.

[3] Das «Schweizerische Frauenblatt» war das Organ des Bundes Schweizerischer Frauenvereine (BSF) und «bezweckt[e] Verflechtung der Fraueninteressen und
Frauenaufgaben». Vgl. MEICHTRY 2007, S.237.

Konversation. Anregende Gespräche waren für Iris essentiell. Im Jahre 1946 heirateten die beiden. Sie gab ihre Stelle beim Schweizerischen Frauenblatt auf und zog mit ihrem Mann ins Wallis, wo sie gemeinsam eine Anwaltspraxis führten. Iris bestand in der Ehe darauf, dass beide Partner beruflich, ökonomisch, politisch und sexuell eigenständig sind. 1947 verbrachte die verheiratete Frau einige Zeit in England und reiste ein Jahr später nach Amerika. Hier arbeitete sie, nebst ihrem weiteren Studium, am umfassenden Werk *Frauen im Laufgitter.* Wieder zurück in der Schweiz zog sie Ende 1950 nach Basel. In Liestal erhielt sie, nach etlichen Absagen, eine Stelle beim Modehaus «Hanro». Am 23. April 1952 kam ihre Tochter Hortensia zur Welt.

Nach der teilweise harten Kritik an ihrem Buch und Anfeindungen ihrer Person zog sich Iris von Roten weitgehend aus der Öffentlichkeit zurück. Sie wandte sich auch für eine gewisse Zeit vom Schreiben ab, unternahm ausgedehnte Reisen und gab sich der Malerei hin.

1988 wurde Iris von Roten auf der Autobahn von einem Geisterfahrer gerammt und erlitt eine schwere Beinverletzung, die schlecht heilte. Seit ihrer frühen Jugend litt Iris an chronischen Schlafstörungen, dazu kam im fortgeschrittenen Alter eine Erkrankung der Augen, die vermutlich Auslöser weiterer Leiden war. Am 11. September 1990 setzte Iris, bewusst und sorgfältig vorbereitet, ihrem Leben ein Ende. Sie legte grossen Wert auf einen würdevollen Abgang. In einem Brief an Verwandte und Bekannte der Verstorbenen schrieb Peter von Roten:[4] *«Iris ist nicht mehr da. Sie hat ausgelitten, aber das Handtuch nicht geworfen, sondern ihren Tod – wie alles, was sie anpackte – stilvoll vollendet. Mit ihrem schönen grünen Seidenkleid angetan und ihr Haar perfekt ge-*

---

[4] Angaben zur Biographie entstammen: Köchli 1992; Meichtry 2007. und der Ausstellung in der Universitätsbibliothek Basel «Leidenschaft und Widerspruch. Iris und Peter von Roten» vom 30.August – 1.November 2008.

ordnet, hat sie die traulichste Stelle des Hauses zum Sterben ausgewählt: Zwischen blühendem Hibiskus und duftendem Jasmin schwebte sie, die Füsse knapp über dem kelimbedeckten Fussboden, so dass es optisch wirkte wie der Engel der Verkündigung, der heruntersteigend die Erde berühren wird. Oder heidnischer: wie die olympische Botin Iris, die den Sterblichen etwas zu verkünden hat, oder einfacher: wie ein grosses Ausrufungszeichen nach einem tapferen Satz.»[5]

Frauen im Laufgitter

Im Herbst 1958, ein halbes Jahr vor der eidgenössischen Abstimmung über das Frauenstimm- und Wahlrecht in der Schweiz, wurde *Frauen im Laufgitter* erstmals publiziert. In diesem umfassenden Werk analysierte Iris von Roten die Lage der Frauen in der Schweiz. Ungleichheiten zwischen Mann und Frau auf beruflicher, wirtschaftlicher, rechtlicher, politischer und sexueller Ebene werden geschildert, Ungerechtigkeiten gekonnt und mutig aufgedeckt. In ihrer Abhandlung betont die Autorin die Wichtigkeit und Dringlichkeit, sich als Frau in den genannten Bereichen von den Männern zu emanzipieren und Eigenständigkeit zu erlangen. Sie thematisierte die «*schäbigen Frauenberufe*», die «*Haushaltsfron*» und die «*Mutterschaftsheuchelei*». Die Autorin sprach Tabuthemen an: Sie erörterte pointiert Fragen zur Sexualität und Erotik der Frau und entmythologisierte traditionell begründete und im kollektiven Gedächtnis tief verankerte «weibliche Werte». Im Vorwort zu ihrem Werk schreibt die Autorin: «*Die Probleme des weiblichen Lebens, wie sie sich aus der Doppelrolle: individueller Mensch, weiblicher Mensch, gespielt im Rahmen einer Männerwelt, ergeben, werden zwar häufig behandelt. Aber in der Regel nur da ein Stück und dort ein Zipfel, ohne Blick aufs Ganze. – Ich habe*

---

[5] Z.n. Köchli 1992, S.11f.

versucht, diesen Problemen bis an die Wurzel und damit auch den Zusammenhängen nachzugehen.»[6]

Und weiter: «*Die Antworten auf die Fragen des weiblichen Lebens geben allenthalben zum überwiegenden Teil Männer, wobei sie gerne einen Ton anschlagen, als hätten sie Geisshirten Wunderkuren anzupreisen oder aber Esel auf den rechten Pfad zu zerren. Diese Antworten werden hier beanstandet. Wenn man versucht sie in ihrer ganzen Bedeutung zu erfassen, so kann man sich kaum der Indignation erwehren. Ich habe sie nicht verborgen. Denn mir scheint, die Frauen hätten zu häufig gute Miene zum bösen Spiel gemacht, zu häufig Kränkendes überhört, das einfach zu deutlich gesagt worden war, um überhört werden zu können. – Ich halte es für nötig, dem Missfallen Ausdruck zu geben, um den Glauben an eine Selbstverständlichkeit von Lösungen und Vorgehen zu erschüttern, die gar nicht vorhanden ist.»*[7]

Iris von Roten hatte eine klare Absicht mit ihrem Buch: Sie forderte die wesentliche Gleichberechtigung der Geschlechter und verlangte geeignetere Lösungen für Gegebenheiten, bei denen geschlechtliche Unterschiede bedacht werden müssen. Mit ihrem Werk erhoffte sie sich, eine offene (notwendige) Diskussion über die Stellung der Frau auszulösen. Doch es scheint, als ob die von ihr beschriebenen gesellschaftlichen Missstände nicht von allen Zeitgenossen überhaupt wahrgenommen oder als so bedrohlich empfunden und bewertet wurden wie von der Autorin selbst. Die Übernahme der von der Norm abweichenden Lebensmodelle, wie in *Frauen im Laufgitter* vorgeschlagen, war für den Grossteil der Bevölkerung unvorstellbar. Christliche Vereinigungen sahen in *Frauen im Laufgitter* das christliche Sittengesetz verhöhnt. Anstatt eine angeregte Diskussion über die Situation der Frau in der Schweiz zu verursachen,

---

[6] von Roten 1959, S.5.

[7] Ebd. S.5f.

musste die Autorin Anfeindungen über sich ergehen lassen und teilweise harte Kritik einstecken. Die Reaktionen auf ihr Werk, seien es die seitens der Befürworter oder jene der Gegner, waren immens; eine inhaltliche Auseinandersetzung blieb aber zu Lebzeiten der Autorin weitgehend aus. Erst durch eine Neuauflage des eFeF Verlages 1991 fand ihr Werk Anerkennung und Akzeptanz in weiten Kreisen der Bevölkerung.

Lebensentwurf und soziale Kontrolle

Wilfried Meichtry beschreibt Iris von Roten in «Verliebte Feinde» als eine «*[...] kühne Idealistin in eigenen Dingen. Eine Frau mit grossspurigen Gedanken und einer mitreissenden Utopie. Ein Mensch, der die Welt in überhöhten Begriffen sah, sie vorsätzlich und radikal ins Individuelle wendete und früh schon wusste, dass es im Leben sehr entscheidend darum ging, sich nicht durch äussere Umstände von seinem Ziel abbringen zu lassen. Lieber wollte sie nach dem Unerreichbaren streben, als sich behaglich im Möglichen einnisten, lieber scheitern, als sich im Maskenspiel der Anpassung selbst verleugnen.*»[8]

Yvonne-Denise Köchli charakterisiert in ihrem Buch «Eine Frau kommt zu früh» Iris von Roten wie folgt: «*Auf Aussenstehende wirkt die grossgewachsene Studentin aufbrausend, stets gestresst und eigenartig gespannt. Eine Frau, welche die Empörung liebt. Die Empörung* auch *um der Empörung willen. Eine Frau, die zudem ständig zu signalisieren scheint: Ich komme zu kurz, meine Voraussetzungen und Möglichkeiten sind unvergleichlich viel schlechter als die meines männlichen Gegenübers. Gefürchtet wird Iris Meyer allerdings einer anderen Eigenschaft wegen: ihrer Schlagfertigkeit.*» [9]

[8] Meichtry 2007, S.187.

[9] Köchli 1992, S.27f.

Neben ihrer Schlagfertigkeit werden vermehrt ihr breites Wissen, ihr scharfer Intellekt und ihr ausserordentlicher Sinn für Ästhetik erwähnt. Iris von Roten stellte hohe Erwartungen an ihr Leben, an sich und ihr Umfeld. Ihr scheinbar unstillbares Verlangen nach Anerkennung und Liebe, wiederkehrendes Leid und Selbstzweifel kennzeichneten sie. Immer wieder unterzog sie ihre Lebenssituation einer profunden Analyse. Konventionen und Normen wurden von ihr hinterfragt und falls nötig überwunden, Grenzen überschritten und neue Wege beschritten – ihr Gerechtigkeitssinn, der Drang nach Selbstbestimmung und nicht zuletzt ihre Neugier trieben sie immer wieder an. Dies zeigte sich in verschiedenen Bereichen. Die Möglichkeit der Berufsausübung gewichtete Iris von Roten sehr stark. Durch die Berufstätigkeit der Frauen erhoffte sie sich deren finanzielle Unabhängigkeit und die persönliche Erfüllung. Nicht nur im Beruf, sondern auch in der Liebe plädierte sie für Unabhängigkeit; sie stand für die freie Liebe ein, der Bund der Ehe sollte dabei kein Hindernis darstellen. Bis zu ihrem Tod wird ihr Wunsch selbstbestimmt zu handeln, deutlich. Suizid war in der Gesellschaft der damaligen Zeit ein Tabuthema. Iris von Roten trat als überzeugte Agnostikerin für die Enttabuisierung der Selbsttötung ein. Vor ihrem selbstgewählten Tod bereitete sie sich intensiv darauf vor und informierte sich über mögliche Tötungsformen. Dabei stiess sie auch auf ablehnende Reaktionen ihrer Mitmenschen. Als sie sich von einem Basler Arzt Informationen zum Suizid einholen wollte und ihre Absicht äusserte, sich das Leben zu nehmen, reagierte dieser empört, wies sie zurecht und bemerkte, Selbstmord sei unchristlich.[10]

Mit ihren Vorstellungen des Einzugs der Frauen in die Berufswelt und anderen Verbesserungsvorschlägen zur Situation der Frau, mit ihren Äusserungen zum Haushalt und

[10] Vgl. Köchli 1992, S.11-17.

der Kindererziehung und mit ihrem Einstehen für die gelebte freie Liebe eckte sie bei einigen Zeitgenossen an. Die Diffamierung wird deutlich, wenn die Reaktionen nach ihrem Abgang beim «Schweizerischen Frauenblatt» vor Augen geführt werden: es wurde ausgerufen, die ehemalige Chefredaktorin sei ohne Unterwäsche zur Arbeit gegangen, um sich mit dem «nächstbesten Setzer» zu vergnügen. Das Geschehen ist Ausdruck der damaligen Zeit. «Wer sich als emanzipierte aufmüpfige Frau nicht in die Ecke des unattraktiven Blaustrumpfs abdrängen lässt, wird zum leichtlebigen Ding, zur Hure gemacht.»[11] Insbesondere von ihrer Zeit im Wallis sind einige Beispiele bekannt, die zeigen, wie Iris von Rotens Verhalten als abweichend wahrgenommen und entsprechend sanktioniert wurde. Wilfried Meichtry zeichnet einige Situationen nach, die dies veranschaulichen: auf die Oberwalliser soll die «extravagante Zürcherin» befremdlich gewirkt haben. An ihrer «Zigeunerhaushaltung» störte sich Maria von Roten, sie sah ihren Sohn ins Unglück gestürzt. Grosse Erregung verbreitete sich unter den Leuten, als die modebewusste Iris beim feierlichen Empfang von Grossratspräsident Peter von Roten im Mai 1947 offene Schuhe getragen hatte. Am gleichen Anlass kam es zu einer Diskussion über das Frauenstimmrecht mit dem konservativen Staatsrat Karl Anthamatten; nach angeregtem Disput soll er bemerkt haben: «Die Kuh soll im Stall bleiben und sich melken lassen.»[12] Diese Äusserung ging zu weit. Iris verliess die Gesellschaft. Später soll sie gesagt haben, dass Erlebnisse wie das eben geschilderte sie dazu veranlasst hätten, ein Buch über die Situation der Frau in der Schweiz zu verfassen.

---

[11] Ebd. S.31.

[12] Z.n. Meichtry 2007, S.357.

Frauen im Laufgitter

Sozial abweichendes Verhalten zeigt sich bei Iris von Roten nicht nur durch ihre eben beschriebene eher unkonventionelle Wesensart und Lebensweise, sondern wird ebenfalls in Bezug auf ihre feministische Begeisterung und die damit verbundenen Handlungen. In einem Brief vom 1. November 1943 an Peter von Roten schrieb Iris:

«Was das Frauenrechtlerische anbetrifft, so kann ich mir nicht vorstellen, wie man es noch glühender sein könnte, jedenfalls habe ich noch niemanden gesehen, der frauenrechtlerischer als ich gewesen wäre. Es ist im Augenblick allerdings nicht Mode, im Gegenteil: Es gehört allgemein, vor allem unter den jungen Mädchen, zum guten Ton, darüber zu lachen. Ich finde das kurzsichtig. Ich stehe also gewissermassen allein da. Anderseits kommen mir die Angehörigen der verschiedenen Organisationen, die offiziellen Schweizer Frauenrechtlerinnen anders als ich vor. Irgendwie scheint mir, diese vertreten die Geltung des weiblichen Prinzips nur partiell, während es doch auf das Ganze ankommt. Dies nur kurz. Ich könnte darüber länger als 1000 und 1 Nacht reden.»[13]

Iris fühlte das Alleinsein in ihren Ansichten und ihrer Ernsthaftigkeit und Intensität, mit der sie frauenrechtlerische Themen anging. Mit dem gängigen Bild einer Frauenrechtlerin konnte und wollte Iris von Roten sich nicht identifizieren. Durch ihr Handeln wollte sie gesellschaftliche Veränderungen bewirken; ihre Zeitgenossinnen und Zeitgenossen wachrütteln und nicht «Gutes tun», wie es sich viele Frauenrechtlerinnen ihrer Zeit zur Aufgabe gemacht hatten.

Nicht nur bei einigen Mitbürgern hat sich Iris von Roten u.a. durch ihre scharfe Analyse und ihr direktes und transparentes Appellieren in *Frauen im Laufgitter* unbeliebt

[13] Meichtry 2007, S.237f.

gemacht und Entsetzen hervorgerufen, auch innerhalb der Frauenbewegung selbst stiess sie auf Ablehnung; sie wurde als unangepasst, einzelkämpferisch und selbstbewusst wahrgenommen. Unliebsam war vielen Frauenrechtlerinnen ihr forderndes Auftreten, so auch einem Grossteil der Frauen des BSF.[14] Viele dem BSF angehörigen Frauen verlangten nicht nach so durchdringenden Veränderungen; das Aufheben der Mutterrolle der Frau und ihrer Tätigkeit als Hausfrau wurden grundsätzlich nicht angestrebt. Iris von Rotens Forderungen gingen selbst für viele progressive Frauen zu weit.

Verheerender als die vielen Einzelreaktionen ihrer Mitbürger wirkte sich die öffentliche Distanzierung des BSF auf Iris von Roten aus. Die Mitteilung in der Rorschacher Zeitung vom 15. Dezember 1958 liest sich wie folgt:

«Besser spät als nie! Frauenvereine rücken von den *Frauen im Laufgitter* ab. Der Bund schweizerischer Frauenvereine teilt mit: «Der Vorstand des Bundes schweizerischer Frauenvereine, der beschlossen hat, die Bestrebungen für die Einführung des Frauenstimm- und -wahlrechtes auf eidgenössischem Boden wirksam zu unterstützen, nahm auch Stellung zu dem Buch von Iris von Roten *Frauen im Laufgitter.* Die in diesem Werk vertretenen Ansichten stehen *in krassem Widerspruch zu den ethischen Zielen* der schweizerischen Frauenorganisationen [...]. Der Vorstand des Bundes schweizerischer Frauenvereine distanziert sich daher mit Entschiedenheit von diesem Buch. – (Diese Distanzerklärung wäre längst fällig gewesen. Das erwähnte Buch stellt – unter dem Deckmantel einer aufgeplusterten ‚Wissenschaftlichkeit' – ein pamphletäres Machwerk dar, dessen sich jeder Mann, geschweige denn eine Frau in Grund und Boden schämen sollte. D.Red.)»[15]

---

[14] BSF steht für Bund Schweizerischer Frauenorganisationen.

[15] Z.n. Meichtry 2007, S.512.

Darauf reagierte Iris mit einem Presseartikel. «[...] Ich wehre mich von der ersten bis zur (sic!) letzten Seite für eine grössere Entfaltung der menschlichen Persönlichkeit der Frau, und die Worte des BSF legen mir nahe, dass ‚der Frauenverein' mit der Verkümmerung des menschlichen Wesens der Frau zu sympathisieren beginnt.»[16] Ihre Stellungnahme zeugt von Erstaunen über die Reaktion und die Haltung des BSF, dem sie selber angehörte. Weiter führt sie aus: «Denn nicht wahr: die in ‚Frauen im Laufgitter' vertretenen Ansichten stehen doch in ‚krassem Widerspruch zu den ethischen Zielen'der schweizerischen Frauenorganisationen?»[17] und fährt mit rhetorischen Fragen fort. «Ist es möglich, dass die Frauenvereins-Philosophie an einem seltsamen Wendepunkt steht? Oder handelt es sich vielleicht um etwas ganz anderes? [...].»[18]

Staat greift ein

Auch der Rechtsstaat sanktionierte Iris von Rotens nonkonformes Verhalten. Davon zeugen: Iris von Rotens Festnahme durch zwei Zürcher Polizisten und ihre «Fichierung».

In der Nacht vom 5. Dezember 1955 wurde Iris von Roten von zwei Polizisten in Zürich nahe der Zentralbibliothek angehalten, mit der Vermutung, sie sei eine Prostituierte.[19] Diese Vermutung erhärtete sich dadurch, dass sie keine Papiere auf sich hatte und sich weigerte anzugeben wohin sie unterwegs sei und wo sie übernachten werde. Von ihrer selbstbewussten Art sichtlich verunsichert und sich in ihrer Autorität untergraben sehend, ordneten die Beamten

[16] Z.n. Köchli 1992, S.111.

[17] Ebd. S.111.

[18] Z.n. Ebd. S.111.

[19] Als Datum wird auch der 6.Dezember genannt.

ihre Festnahme an. Auf dem Polizeiposten angelangt, stellten die Ordnungshüter fest, wen sie arrestiert hatten und entliessen sie. Für Iris von Roten war der Fall damit aber nicht ad acta gelegt, sie sah ihre Grundrechte auf Freiheit und auf Bewegungsfreiheit als Frau verletzt. Entrüstet über den Vorfall schrieb sie einen vierzehnseitigen Beschwerdebrief an den Vorstand der Zürcher Polizei und liess in der «Neuen Zürcher Zeitung» einen Leserbrief abdrucken mit der Überschrift: «Bei Nacht auf Zürichs Strassen. Abenteuer einer Baslerin.» Ein immenses Medienecho wurde dadurch ausgelöst.

Die Reaktionen fielen nicht nur negativ aus: Neben anonymen Angriffen fanden sich auch Zusprachen. Schon damals wurde aber Kritik laut von feministischen Frauen. Im «Schweizer Frauenblatt» war zu lesen, dass betreffend ihres nächtlichen Ganges durch Zürichs Strassen «bereits genügend Druckerschwärze verschwendet worden sei».[20] Iris von Roten wird vorgeworfen, sie hätte diesen Vorfall durch ihr Benehmen provoziert. Bewegungsführerinnen, die sich für die politische Gleichberechtigung der Frau einsetzen wollten, seien «zu einem besonders taktvollen und klugen Auftreten in ihrem Tun und Lassen im privaten wie im öffentlichen Leben – und erst recht bei einsamen Nachtspaziergängen in einer Grossstadt»[21] aufgefordert. Deutlich distanzierte sich auch die *Zürcher Frauenzentrale* von ihr. Sie bezeichnete Iris als «verletzte Leberwurst», kritisierte die ihrer Meinung nach unangebrachte Reaktion und ihr unangemessenes Handeln. «Wenn wir als Zürcherinnen an der kleinen Episode von Frau v. R. etwas bedauern, so höchstens, dass sie nicht in Basel passiert ist. Wir hätten sonst an der nächsten Basler Fasnacht, an der jeder

---

[20] Z.n. Köchli 1992, S.93.

[21] Z.n. Ebd. S.93.

echte Zürcher teilnimmt, etwas Hübsches zum Lachen gehabt.»[22]

Der nächtliche Vorfall fand auch Einzug in Iris von Rotens Staatsschutzakte. Sowohl sie als auch ihr Ehemann wurden «fichiert». Die Einträge in der Akte von Iris zeigen, dass sie den Staatsschützern vor allem suspekt war, weil sie sich als Feministin engagierte. Tätigkeiten und Vorträge, die sie zum Thema Frauenstimmrecht verfasste oder hielt sind erwähnt, ihre «Fiche» enthält zudem nachgezeichnete Gespräche, in denen Vermutungen zu ihrer politischen Orientierung angestellt worden sind. Willkürliche Mutmassungen und die Omnipräsenz der Kontrolle werden deutlich. Dem Zeitgeist wird Ausdruck verliehen.[23]

Schluss

Jeder Mensch wird durch die Zeit geprägt, in der er lebt. Moralvorstellungen, Konventionen und Gesetze sind vom Menschen geschaffen und somit veränderbar, zeit- ort- und kontextgebunden. In der Geschichte traten immer wieder Persönlichkeiten in Erscheinung, die mit ihren Ideen und Handlungen dem Zeitgeist voraus zu sein schienen – eine von ihnen war Iris von Roten.

Sowohl Devianzen eines Kollektivs wie auch sozial abweichendes Verhalten Einzelner können Wegbereiter für Neuerungen sein und Vorboten eines gesellschaftlichen Wandels. Personen, die sich deviant verhalten können Ausdrucksformen zukünftig «normalen» Verhaltens antizipieren, wie sich im untersuchten Fall in mehreren Hinsichten zeigt. Iris von Roten hat u.a. mit ihrem Werk *Frauen im Laufgitter* Pionierarbeit geleistet für die Analyse der Situation der Frauen in der Schweiz. Sie kann als eine der Vor-

[22] Z.n. Köchli 1992, S.94.

[23] Angaben zur Staatsschutzakte entstammen Köchli 1992, S.204f.

kämpferinnen im Bemühen um eine wesentliche Gleichberechtigung der Geschlechter gesehen werden.

Beim Lesen des Buchs *Frauen im Laufgitter* und der erwähnten Auswahl an abgetippten Briefen in Meichtrys Buch wurden die Grundvoraussetzungen klar, die Iris von Roten hatte, die Fülle an Konventionen und Moralvorstellungen, von denen sie abwich, wurde begrifflich. Erstaunlich und beeindruckend sind Iris von Rotens sensible Wahrnehmung der groben und feinen Ungleichheiten und Ungerechtigkeiten zwischen den Geschlechtern, die schonungslose und überaus wache Darlegung der Situation, in der sie sich auch selber befand, sowie ihre Vorschläge zu einer Verbesserung der Stellung der Frau und ihre Lösungsansätze. Auch wenn letztere aufgrund der damals bestehenden Gesellschaftsstruktur kaum umsetzbar waren; noch heute scheinen sie es nicht zu sein. Beschriebene Machtverhältnisse und Ungleichheiten zwischen den Geschlechtern können noch in der heutigen Gesellschaft wiedergefunden werden, ich denke an fehlende umsetzbare und funktionsfähige Familienstrukturen, an die bestehende Lohnungleichheit, an die dominante Männerbesetzung «angesehener» Berufe.

«Ich wollte ein Fenster aufstossen, frische Luft sollte das dumpfe Gelass füllen, in welches die Männerherrschaft die Frauen pfercht.» Iris von Roten

Literatur

KÖCHLI, Yvonne-Denise (1992): Eine Frau kommt zu früh, Zürich, ABC-Verlag.

MEICHTRY, Wilfried (2007): Verliebte Feinde. Iris und Peter von Roten, Zürich, Ammann.

VON ROTEN, Iris (1959): Frauen Im Laufgitter. Offene Worte zur Stellung der Frau, Bern, Hallwag.

Stefanie Kaiser

Depression

Sozialer Wandel und Individualisierung im 20. Jahrhundert

Entscheiden, Verantworten und Tätigsein sind die gesellschaftlichen Normen am Übergang vom 20. ins 21. Jahrhundert. Der an Depressionen erkrankte Mensch scheitert an diesen Normen: Er ist überfordert, Entscheidungen zu treffen, hat Angst, Verantwortung zu übernehmen und verharrt in einem Zustand der Lähmung. Das erkrankte Individuum ist «erschöpft von der Anstrengung es selbst werden zu müssen».[1] Die Geschichte der Depression ist denn auch eine Geschichte der sozialen Normen im 20. Jahrhundert.

Im Folgenden fasse ich die wesentlichen Punkte meiner Bachelorarbeit zusammen, in deren Rahmen ich zu verstehen versucht habe, inwiefern Depressionen ein soziales Phänomen sind, deren Ursachen auch im Normengefüge moderner Gesellschaften liegen. Als Quellen diente mir dabei das 1998 erschiene Buch von Alain Ehrenberg «La fatigue d'être soi» (deutscher Titel: «Das erschöpfte Selbst»), der den Wandel des Krankheitsbegriffs aufzeigt, um Rückschlüsse auf die gesellschaftlichen Normveränderungen nachvollziehen zu können. Zudem beschäftigte ich mich mit den Thesen zur Individualisierung von Ulrich Beck in Zusammenarbeit mit seiner Frau Elisabeth Beck-Gernsheim, welche den gesellschaftlichen Wandel am Übergang vom 20. ins 21. Jahrhundert zu beschreiben

[1] Ehrenberg 2004, S. 4.

versuchen.[2] Als weitere wichtige Quelle diente mir der Erfahrungsbericht «Das heimatlose Ich» von Holger Reiners, dessen tiefe Depressionen 20 Jahre lang andauerten.[3]

Krankheitsbilder ändern sich

Psychische Krankheitsbilder verändern sich über die Zeit. Wenn die Depression heute eine der häufigsten Krankheiten ist, so galten Ende des 19. Jahrhunderts die Hysterie und Mitte des 20. Jahrhunderts die Psychose als Modekrankheiten.[4] Hysterie, Psychose und auch Depressionen sind ohne ihren sozialen Kontext undenkbar. Sie sagen etwas über ihre gesellschaftlichen Verhältnisse und haben soziale Ursachen, die nicht nur beim Individuum zu finden sind. Auch die Einstufung der Symptome als normal oder pathologisch ist von kulturellen Normen abhängig. So sind depressive Verstimmungen nicht per se krankhaft. Im Gegenteil gehören sie zum gesunden Gefühlsleben eines Menschen dazu und sind erst pathologisch, wenn sie eine gewisse Anzahl, Intensität, Qualität und Dauer erreichen. Es scheint eher ein fliessender Übergang zwischen normalen Stimmungsschwankungen, die jede Person kennt, und anhaltenden Stimmungsveränderungen mit Krankheitswert zu geben.[5] Was noch als «normales» Gefühlsleben gilt, ist nicht eindeutig bestimmbar und muss offensichtlich von den jeweiligen Normen abhängen.

---

[2] Beck 1983, 1986 und Beck/Beck-Gernsheim 1994.

[3] Reiners 2004.

[4] Ehrenberg 2004, S. 3f.

[5] Bramesfeld/Stoppe 2006, S. 3f.

Wandel der Depression

Auch die Art der Wahrnehmung der Depression hat sich im Laufe des 20. Jahrhunderts grundlegend verändert. In den 1950er bis 1970er Jahren wird die Depression hauptsächlich als neurotische Depression und somit als Ausdruck eines inneren psychischen Konflikts begriffen. Der Konflikt resultierte dabei aus einer «Angst, die mir zeigt, dass ich ein Verbot überschreite».[6] Verbote und Gebote gab es in dieser Zeit genügend. Wir sprechen von einer Gesellschaft, die sich durch ein starkes normatives Netz aus gesellschaftlichen Pflichten und Verboten und einem hohem Anpassungs- und Konformitätszwang auszeichnete. Man erwartete von einem Individuum vor allem, dass es seine sozialen Rollen erfüllte, z.B. als Frau, Mutter oder Gattin. Die Depression wurde dabei als wichtige Phase in der Überwindung des Neurotikers von seinem inneren Konflikt des «sich schuldig fühlens» betrachtet und war demnach eine «Krankheit der Schuld».[7]

Seit den 70er Jahren dominiert ein Krankheitsbild, das von einem Defizit ausgeht. Eine Person mit Depressionen zeichnet sich fortan nicht mehr durch einen inneren Konflikt, sondern durch ein Gefühl der Leere und Unzulänglichkeit aus.[8] Die Leiden eines depressiven Menschen sind nicht mehr die Verbote und Pflichten eines strikten normativen Netzes oder das geheime Verlangen, sondern gruppieren sich eher um den Bereich der subjektiven Identität. Parallel dazu hat die medikamentöse Behandlung depressiver Verstimmungen enorm an Bedeutung gewonnen und das Krankheitsbild verändert.[9] Es sind heute die Unzulänglich-

---

[6] Ehrenberg 2004, S. 53.

[7] Ebd., S. 53.

[8] Ebd., S. 120.

[9] Ehrenberg 2004, S. 83.

keit des Menschen, das Minderwertigkeitsgefühl oder das Defizit, welches den depressiven Menschen bedrücken.

Neue Wahlmöglichkeiten

Die Veränderung in der Wahrnehmung der Depressionen geschehen im Kontext der gesellschaftlichen Umwälzungen und Emanzipationen der 1960er Jahre.[10] Die Traditionen, Fesseln und Grenzen, die das gesamte Leben eines Individuums strukturierten, werden grundsätzlich erschüttert. Sozial vorgegebene Lebensformen werden brüchig und befreien das Individuum zunehmend von Gruppenzugehörigkeiten, in die es hineingeboren wurde. Das Individuum darf und soll nun selbst wählen, wie es leben möchte. An Stelle eines mehr oder minder vorgegebenen Lebenslaufs, in dem Ausbildung, Beruf, Ehe- und Familienleben und Identität hauptsächlich durch Klasse und Stand, Religion, klare Geschlechterrollen und Traditionen bestimmt waren, entstehen zunehmend Freiheiten und Wahlmöglichkeiten.[11] Zudem bringen der materielle Wohlstand und die technische und medizinische Entwicklung neue Möglichkeiten und somit auch Entscheidungen mit sich. Sein eigenes Leben zu leben und sich im Beruf und im Privaten selber zu verwirklichen, wird das Leitmotiv einer ganzen Gesellschaft. Ich bin nicht «bloss» Mutter oder Ehefrau. Im Zentrum steht neu das eigene Ich.

Diese gesellschaftliche Wandel kann man mit dem Begriff der Individualisierung umschreiben. Individualisierung der Gesellschaft bedeutet in erster Linie die Auflösung oder zumindest das Brüchigwerden vorgegebener sozialer Lebensformen und traditioneller Gruppenzugehö-

[10] Ebd., S. 121.

[11] Beck/Beck-Gernsheim 1994, 16f.

rigkeiten.[12] Das Individuum ist heute zunehmend frei von Lebensarten und Gruppenzugehörigkeiten, in die es hineingeboren wurde. «Wir sind reine Individuen geworden, und zwar in dem Sinne, dass uns kein moralisches Gesetz und keine Tradition sagt, wer wir zu sein haben und wie wir uns verhalten müssen.»[13] Statt einer vorgegebenen Lebensform sehen wir uns heute einer Vielzahl von möglichen Lebensstilen gegenüber. Individualisierung heisst somit hier Individualisierung von Lebensläufen. Die eigene Biographie ist nicht mehr sozial vorgegeben, sondern darf und muss nun selber ohne Rückgriff auf vordefinierte Regeln entschieden werden. Das ist gar nicht so einfach und kann leicht zu Überforderung führen.

Individualisierungsprozesse

Die erlangte Freiheit eines selbstbestimmten Lebens fordert dem Individuum einiges ab. Zumal mit dem Niedergang der Legitimität der alten Gesellschaftsmodelle auch die alten Orientierungshilfen wegfallen. Das befreite Individuum ist nun ganz auf sich selbst gestellt. Es gibt keine äusseren Beschränkungen mehr, die uns daran hindern würden, unser «Ich» zu entfalten, stattdessen scheint nun alles möglich zu sein. Das Individuum ist «gezwungenermassen unsicher, denn es hat kein Aussen mehr, dass ihm sagt, wie es sich verhalten soll, es liegt bei ihm selbst, sich seine Regeln zu schaffen».[14] Eine Wahl zu treffen heisst immer auch mögliche Fehlentscheidungen zu machen und dafür verantwortlich zu sein. «Chancen, Gefahren, Unsicherheiten der Biographie, die früher im Familienverbund, in der dörflichen Gemeinschaft, im Rückgriff auf ständische Regeln

[12] Beck/Beck-Gernsheim 1994, S. 11.

[13] Ehrenberg 2004, S. 8.

[14] Ebd., S. 140f.

oder soziale Klassen definiert waren, müssen nun von den Einzelnen selbst wahrgenommen, interpretiert, entschieden und bearbeitet werden».[15] Der Einzelne wird nicht nur zum «Gestalter seines Lebens», sondern auch zum «Auslöffler der Suppe, die er sich selbst eingebrockt hat».[16]

Das Auflösen der traditionellen Gruppenzugehörigkeiten hat «Wahlmöglichkeiten», aber auch «Wahlzwänge» mit sich gebracht.[17] Die neuen Freiheiten täuschen darüber hinweg, dass hinter dieser Freiheit «sich selbst zu sein» eine neue Forderung oder Norm steht, dies auch zu tun. Die Befreiung des Individuums von den traditionellen Zwängen geht nicht unbedingt mit persönlicher Freiheitssteigerung einher. Im Gegenteil sind die Freiheiten mit zeitspezifischen Zwängen und Aufforderungen verbunden, diese Freiheiten zu gestalten und für deren Risiken Verantwortung zu übernehmen. «Die heutigen Normen fordern, dass man man selbst zu werden habe, so wie die von gestern befahlen, dass man diszipliniert sein und seine Rolle akzeptieren müsse [...]».[18] Sie fordert nicht mehr ein passives Gehorchen und Sichfügen, sondern ein aktives, handelndes und eigenständiges Individuum. Das Scheitern an diesen Normen scheint dem Krankheitsbild der Depression ziemlich gut zu entsprechen.

Erkranken an einer individualisierten Gesellschaft

Der gesellschaftliche Wandel zu den Werten der Verantwortung und des Handelns widerspiegelt sich im heutigen Krankheitsbild der Depression. Ein Mensch mit depressiven Verstimmungen leidet und verzweifelt an eben diesen

---

[15] Beck/Beck-Gernsheim 1994, S. 15.

[16] Beck 1983, S. 58.

[17] Beck 1986, S. 190, Herv. i. O.

[18] Ehrenberg 2004, S. 141.

gesellschaftlichen Werten, die ihm ein Gefühl der Unzulänglichkeit, Unfähigkeit und Wertlosigkeit geben. Die Depression «ist eine Krankheit der Verantwortlichkeit, in der ein Gefühl der Minderwertigkeit vorherrscht. Der Depressive ist nicht voll auf der Höhe, er ist erschöpft von der Anstrengung, er selbst werden zu müssen».[19] Es ist die Angst vor Entscheidungen und Verantwortung, die Angst in einer Gesellschaft zu Versagen, deren Normen im Wesentlichen auf diesen Handlungsanforderungen beruhen. Die Leiden der Depression sind somit das genaue Negativ der heutigen gesellschaftlichen Erwartungen, welche die eigenverantwortliche, authentische Selbstverwirklichung fordern.

Was Holger Reiners, der in seinen Jugendjahren erstmals an depressiven Verstimmungen gelitten hat, über den Übergang vom vorgegeben und geschützten Rahmen der Schule ins Erwachsenenleben schreibt, kann stellvertretend für eine allgemeine gesellschaftliche Entwicklung verstanden werden. «War die Schule noch fördernd-fordernd und stützendes Korsett zugleich, noch wesentlicher Teil einer weitgehend fremdbestimmten Erziehung, so beginnt nach dem eigentlichen Schulabschluss für viele ein ganz neuer, in der Qualität gänzlich anderer Lebensabschnitt: die Zukunftsplanung in eigener Verantwortung. In dieser Verantwortung für den persönlichen Lebens- oder Scheideweg mag das Potenzial liegen, das bei einem dafür prädestinierten jungen Menschen eine Depression auslöst».[20]

Jede Gesellschaft, auch eine scheinbar Emanzipierte, hat ihre zeitspezifischen Anforderungen und Zwänge. Früher erwartete man von einer Person, dass sie sich den gesellschaftlich gegebenen Erwartungen fügte und ihre soziale Funktion erfüllte. Ab dem Ende der 1960er Jahre verbreitet sich nun die allgemeine Vorstellung, dass das Leben jedem

---

[19] Ebd., S. 4, Herv. i. O.

[20] Reiners 2002, S. 48.

selbst gehöre. So haben sich auch die gesellschaftlichen Erwartungen an das Individuum verändert. Heute gelten die Grundsätze sich selbst zu werden, auf sein Inneres zu hören und sein eigenes Leben zu leben. Und wer diesen Erwartungen nicht gerecht wird bzw. wen diese Handlungsaufforderungen überfordern und zur Verzweiflung treiben, leidet an den neuen normativen Erwartungen wie früher jemand am moralischen Korsett. So resümiert Ehrenberg: «Die Emanzipation hat uns vielleicht von den Dramen der Schuld und des Gehorsams befreit, sie hat uns aber ganz sicher diejenigen der Verantwortung und des Handelns gebracht».[21]

Literatur

BECK, Ulrich (1983): Jenseits von Stand und Klasse?, in: KRECKEL, Reinhard (Hg.): Soziale Ungleichheiten, Soziale Welt, Sonderband 2, Göttingen, S. 35-74.

BECK, Ulrich (1986): Risikogesellschaft. Auf dem Weg in eine andere Moderne, Frankfurt am Main, Suhrkamp.

BECK, Ulrich/BECK-GERNSHEIM, Elisabeth (1994): Individualisierung in modernen Gesellschaften – Perspektien und Kontroversen einer subjektorientierten Soziologie, in: BECK, Ulrich/BECK-GERNSHEIM, Elisabeth (Hg.): Riskante Freiheiten, Frankfurt am Main, Suhrkamp, S. 10-39.

EHRENBERG, Alain (2004): Das erschöpfte Selbst, Depression und Gesellschaft in der Gegenwart, Frankfurt am Main, Campus.

REINERS, Holger (2002): Das heimatlose Ich, Kösel, München.

STOPPE, Gabriela/BRAMESFELD, Anke (2006): Einführung, in: STOPPE, Gabriela/BRAMESFELD, Anke/

[21] Ehrenberg 2004, S. 273.

Schwartz, Friedrich-Wilhelm (Hg.): Volkskrankheit Depression? Bestandsaufnahme und Perspektiven, Berlin, Heidelberg, Springer, S. 1-14.

Laura Tommila

«Don't be fat, be happy!»

Körpergewicht und Disziplin

Jede Gesellschaft bringt ihre eigene Körperkultur hervor. Diese definiert, welche Körper normal, schön und erwünscht sind. In den westlichen Industrienationen öffnet sich die Schere zwischen erstrebenswerten und den tatsächlichen Körpern immer weiter. In vielen Staaten bildet Übergewicht nicht mehr die Ausnahme, sondern die Regel. Diese zunehmende Kluft zwischen Wunsch und Realität wird einerseits durch eine Absenkung der Normgrenze und andererseits durch die steigende Zahl übergewichtiger Personen verursacht.

Fettleibigkeit wird meist als neue Zivilisationskrankheit aufgefasst und auf ein verändertes Konsum- und Bewegungsverhalten zurückgeführt.[1] Der sozial erzeugte «postindustrielle Konsumentenkörper»[2] wird als Verformung und Entfremdung des «natürlichen» Körpers wahrgenommen.[3] Der «natürliche» und schöne, den Normen entsprechende Körper ist aber keineswegs einfach naturgegeben, sondern das Resultat vielfältiger zivilisatorischer Eingriffe.

Übergewicht hat den Welthunger vom ersten Platz der dringendsten ernährungspoltischen Probleme verdrängt. Heutzutage sterben weltweit mehr Menschen an den Folgen von Übergewicht als von Untergewicht.[4]

---

[1] Schorb 2008, S. 60.

[2] Kreisky 2008, S. 154.

[3] Villa und Zimmermann 2008, S. 172.

[4] WHO 2009, S. 5,16.

Weil die Gesundheitskosten von der Gesamtgesellschaft getragen werden, ist diese nicht bereit, der zunehmenden «Verfettung» tatenlos zuzuschauen und erklärt stattdessen allen «Anormalen» den Krieg. Von der Norm abweichende Körper sollen mit Selbst- und Fremdführungstechnologien diszipliniert und normalisiert werden. Schafft es eine dicke Person nicht, das Körpergewicht zu reduzieren und sich der Norm anzupassen, wird sie als Verlierer abgestempelt – nicht nur in TV-Shows, sondern auch im realen Leben.

Überwachen und disziplinieren

Laut Klotter wurde der menschliche Körper während der gesamten abendländischen Geschichte auf verschiedene Arten kontrolliert, diszipliniert, in die gewünschte Form gebracht.[5] Die negative Bewertung von Übergewicht ist kein neues Phänomen, sondern lässt sich bis in die griechische Antike verfolgen. Bereits dort wurde Fettleibigkeit «als etwas begriffen, das das Ideal der Mässigung und des rechten Masses unterläuft».[6] Übergewicht wurde auf einen Mangel an innerer Harmonie zurückgeführt.

Seit Mitte des 19. Jahrhunderts wird mit statistischen Methoden die Entwicklung des «Volkskörpers» ermittelt und festgehalten. Statistiken erfassen nicht nur «Ist-Werte», sondern ermöglichen auch die auf den gewonnenen Daten basierende Errichtung von «Soll-Werten». Heute ist der Body-Mass-Index (BMI) das dominierende Instrument bei der statistischen Erfassung menschlicher Körper. Der BMI bringt das Körpergewicht mit der Körpergrösse in Verbindung (kg/m^2). Mit dem BMI wird festgelegt, wann eine Person als untergewichtig (BMI unter 18,5),

[5] Klotter 2008, S. 22.

[6] Klotter 2008, S. 25.

wann als normalgewichtig (BMI 18,5 bis 24,9), wann als übergewichtig (BMI 25 bis 29,9) und wann als adipös, also stark übergewichtig (BMI über 30) gilt.[7]

Die jeweils geltenden Grenzwerte der «Normalität» werden unter anderem wissenschaftlich begründet und immer wieder neu ausgehandelt. Sie unterliegen dem Wandel der Zeit und sind höchst variabel, wie folgendes Beispiel belegt. In den USA lag die Grenze zum Übergewicht lange bei einem BMI von 27,3 für Frauen und 27,8 für Männer. Im Jahr 1998 übernahmen die *National Institutes of Health* den Grenzwert der WHO, der bei einem BMI von 25 liegt. Über Nacht wurden so rund 35 Millionen bis dahin als gesund und normal geltende US-Amerikaner übergewichtig und somit zu einem Risikofaktor für das Gesundheitswesen.[8]

Bereits im Jahre 1997 sprach die WHO offiziell von einer weltweiten Adipositas-Epidemie.[9] 2004 lag der globale Durchschnitt des BMI bei 24,5, also noch knapp unter der definierten Grenze zum Übergewicht. In Europa wurde aber ein durchschnittlicher BMI von 26,9, und in den USA sogar ein BMI von 27,9 gemessen. 65% der europäischen und 70% der US-amerikanischen Bevölkerung wurden als übergewichtig eingestuft. Im Jahr 2005 waren weltweit um die 1,6 Milliarden Erwachsene übergewichtig.[10]

In der Hoffnung, die Übergewichts-Epidemie eindämmen zu können, werden laufend neue präventive Strategien entwickelt und diskutiert. Dazu gehören beispielsweise Aufklärungskampagnen, die Einführung eines «Dicken-Malus» bei Krankenkassen, ein Werbeverbot für Fast-

---

[7] Dies sind die momentan geltenden, offiziellen Grenzwerte der World Health Organization (WHO).

[8] Schorb 2008, S. 62.

[9] Schorb 2008, S. 60.

[10] WHO 2009, S. 46f.

Food im Kinderfernsehen oder die Erhöhung der Mehrwertsteuer für besonders ungesunde Lebensmittel.[11]

Solche Interventionsformen zielen auf individuelle Verhaltensänderungen ab. Das persönliche Essverhalten und die Körperform sind also nicht länger Privatangelegenheit, sondern Gegenstand staatlicher Interventionen. «The size of your waistline may no longer be your own private business.»[12] «Im Namen der Gesundheit» wird ein staatlicher Eingriff in die Privatsphäre der Bevölkerung legitimiert.

Für die Durchsetzung präventiver Massnahmen werden hauptsächlich Bottom-up-Strategien gewählt. Die Bevölkerung soll mit «Health Promotion» und «Health Education» soweit über die Risiken einer ungesunden Lebensführung und Übergewicht informiert werden, dass sie sich quasi freiwillig der herrschenden Körpernorm unterwirft. Wenn sich das zivilisierte Subjekt selbst überwacht und anpasst, wird eine äussere strafende Instanz überflüssig. «Letztlich wird damit das Individuum selbst zum zentralen ‚Normierungsakteur'».[13] Die Regierungstechniken der Selbstführung sind als indirekte und kostengünstige Steuerung der Bevölkerung zu verstehen.[14]

Trotz aller «Health Promotion» und «Health Education» finden sich immer mehr Menschen, die entweder an der Aufgabe scheitern, sich den herrschenden Körpernormen anzupassen oder – wahrscheinlich ein verschwindend kleiner Anteil – sich bewusst der herrschenden Körperpolitik widersetzen. Dem propagierten, mit wissenschaftlichen «Fakten» untermauerten Körperideal nicht zu entsprechen, wird wegen den explodierenden Gesundheitskosten

[11] Kreisky 2008, S. 143.

[12] Kersh und Morone, zitiert nach Kreisky 2008, S.157f.

[13] Rose 2008, S. 233.

[14] Duttweiler 2008, S. 132.

zur Sünde. Wer sich den Gewichtsvorgaben nicht anpasst, muss mit Sanktionen wie beispielsweise mit öffentlicher Diffamierung und mit Nachteilen auf dem Arbeitsmarkt und bei der Partnersuche rechnen.

«The Biggest Loser»

Oft wird nur jenen Gesellschaftsmitgliedern die Möglichkeit zum Glück zugesprochen, die der vorherrschenden Körpernorm entsprechen, «denn das magische Zeichen für Normalität und damit für Gesundheit, Anerkennung, Leistungsfähigkeit und Wohlbefinden ist das richtige Mass: Der ‚gesunde' BMI, das richtige Quantum Körperfett, die normale Kurve».[15] Die Tatsache, dass in unserer Gesellschaft ein Grossteil der Bevölkerung übergewichtig ist und darunter leidet, ist auch der Privatwirtschaft nicht entgangen. Verschiedene Produkte und Organisationen – wie Diät-Ratgeber, Schlankheitspillen, Fitness-DVDs und Weight Watchers – preisen unterschiedliche Methoden an, tragen aber alle das gleiche Versprechen in sich: eine schlanke Figur und somit ein glückliches Leben.

Dank dem Frust Millionen «Dicker» und dem Voyeurismus der «Normalen» verdient sich der US-Amerikanische Konzern «The Biggest Loser» mit der gleichnamigen TV-Reality-Show und dazugehörigen Produkten eine goldenen Nase. Im Jahr 2009 hat das Unternehmen um die 100 Millionen US-Dollar Gewinn erzielt. Die TV-Show zeigt, wie sich eine Gruppe von Übergewichtigen einen Wettkampf im Abnehmen liefert. Diejenige Person, die während ungefähr drei Monaten den grössten Prozentsatz des eigenen, zu Beginn der Staffel gemessenen Körpergewichts verliert, wird zum «Biggest Loser» gekürt und mit einem Preisgeld von 250'000 US-Dollar belohnt.

[15] Villa und Zimmermann 2008, S. 173.

«The Biggest Loser» wurde erstmals im Oktober 2004 auf dem Sender NBC ausgestrahlt. Für die neunte, im Januar 2010 angelaufene Staffel bewarben sich über 200'000 Personen. In den USA lockt die Show wöchentlich um die 10 Millionen Zuschauer vor den Fernseher. Der Erfolg von «The Biggest Loser» ist aber nicht auf die USA begrenzt. Die Show wurde bereits in über 90 Ländern ausgestrahlt. In 25 Staaten – beispielsweise in Australien, Brasilien, Finnland, Indien, Israel, Libanon und in Südafrika – wurden eigene, der Kultur des Publikums angepasste Versionen produziert.[16]

«The Biggest Loser» ist längst nicht mehr nur eine TV-Show, sondern nimmt Formen einer missionarischen Massenbewegung an. Die Teilnehmer werden zu Vorbildern für Millionen von Zuschauern. Diese sollen sich mit den Kandidaten identifizieren, gemeinsam mit ihnen schwitzen, hungern, leiden und sich freuen. All diejenigen, die nicht direkt an der Show mitmachen, dürfen Teil der «Biggest-Loser-Familie» werden, indem sie dem «The Biggest Loser Club» beitreten. Im Internet gibt es unzählige Blogs, auf denen sich Fans über die neusten Ereignisse der Show, aber auch über die eigenen Gewichtsprobleme – ähnlich einer Selbsthilfegruppe – austauschen. Die Blogger motivieren und stärken sich gegenseitig im Kampf gegen die überflüssigen Pfunde.

Die Teilnehmenden werden zu Beginn einer Staffel aus ihrem vertrauten Umfeld herausgerissen. An einem abgeschiedenen Ort, fern von ihren Familien, ihrem alten Leben und den «ungesunden» Gewohnheiten, wird ihnen jede Entscheidung abgenommen. Das Organisationsteam bestimmt jedes kleinste Detail des Tagesablaufs. Die Trai-

---

[16] NBC./ Wyatt 2009.

ningssessionen bringen die Kandidaten oft an ihre physischen und psychischen Grenzen.

Jede Woche müssen alle Kandidaten die Waage besteigen. Hat jemand nur wenig Gewicht verloren, besteht das Risiko, dass er von den anderen Teilnehmern nach Hause geschickt wird. Das wöchentliche Wägen gibt den Kandidaten die Möglichkeit, die eigenen «Fortschritte» zu beobachten und einzuschätzen. Weil jede Woche jemand die Show verlassen muss, schrumpft die Gruppe – wie auch der einzelne Teilnehmer – im Laufe der Staffel immer mehr zusammen. Je näher die Finalsendung und das Preisgeld von 250'000 US-Dollar rücken, desto grösser wird der Konkurrenzkampf.

Mit der Show verlassen die Kandidaten auch den geschützten Rahmen der Fremddisziplinierung. Zurück im alten Leben stehen sie vor der Aufgabe, dieses neu anzugehen und nicht in alte Verhaltensmuster zurückzufallen. Das erklärte Ziel der Show ist dann erreicht, wenn die Kandidaten und die Zuschauer sich erfolgreich selbst disziplinieren und normieren, sich mit Freude in Fitnesszentren quälen, sich ausschliesslich gesund ernähren und ein rundum glückliches Leben führen.

«The Biggest Loser» ist ein eindrucksvolles Beispiel dafür, wie in unserer Gesellschaft Schlankheit oft unreflektiert mit Gesundheit und Glück gleichgesetzt wird. Der Sieger der ersten Staffel Ryan Benson – der beinahe das gesamte verlorene Gewicht wieder zugenommen hat – gab zu, gefastet und sich dehydriert zu haben bis er Blut urinierte, um beim wöchentlichen Wägen gut abzuschneiden.»[17]

---

[17] Wyatt, 2009.

Fazit

Nicht nur die Teilnehmer der TV-Show «The Biggest Looser» bezahlen für das Erreichen oder Halten der Traumfigur und dem damit vermeintlich verbundenen Glück einen hohen Preis. Die Ernährungs- und Übergewichtsdiskurse betreffen die Gesamtgesellschaft. Niemand wird nicht angesprochen. Auch Menschen mit Körpern innerhalb der geltenden Normgrenzen, überwachen ihre Figur ununterbrochen und greifen – von einer Denormalisierungsangst angetrieben – lieber früher als später disziplinierend in das eigene Verhalten ein. Sie brauchen keine Trainer wie im «Biggest-Loser-Camp», sondern übernehmen die Aufgabe des Bestrafens und Belohnens gleich selbst.

Die in Medien und Kampagnen verbreiteten Normalitätsvorstellungen von Körpern schreiben sich somit in die Individualität der Menschen ein und erzeugen Identitätszwänge. Dies ist dann problematisch, wenn die propagierte Körpernorm wie bei «The Biggest Loser» an Schlankheitswahn grenzt. Der illusorische Wunsch nach dem perfekten Körper kann zu einer psychischen Belastung werden und Essstörungen – sowohl Magersucht als auch Fettsucht – zur Folge haben. Wir geniessen die Freiheit, aus einem grenzenlos scheinenden Angebot von Lifestyles und Nahrungsmitteln auszuwählen, beim gleichzeitigen Zwang, einen bestimmten BMI nicht zu überschreiten.

Trotz aller Interventionen ist ein Ende der Übergewichts-Epidemie nicht in Sicht. Die «International Obesity Task Force» prognostiziert für die Staaten USA, Grossbritannien und Australien, dass im Jahr 2025 mehr als 50% der erwachsenen Bevölkerung adipös und fast 100% übergewichtig sein werden.[18] Auf der Suche nach den «perfekten» Massen und dem persönlichen Glück ist vielen Me

[18] Schorb 2008, S. 62.

nschen das richtige Mass abhanden gekommen. Wir leben in einer Gesellschaft von vielen «Dicken» und wenigen «Dünnen». Wo aber bleiben die «Normalen»?

Literatur

DUTTWEILER, Stefanie (2008): Im Gleichgewicht für ein gesundes Leben – Präventionsstrategien für eine riskante Zukunft, in: SCHMIDT-SEMISCH et al. (2008), S. 125-142.

KLOTTER, Christoph (2008): Von der Diätetik zur Diät – Zur Ideengeschichte der Adipositas, in: SCHMIDT-SEMISCH et al. (2008), 21-34.

KREISKY, Eva (2008): Fitte Wirtschaft und schlanker Staat: das neoliberale Regime über die Bäuche, in: SCHMIDT-SEMISCH, Henning et al. (2008.), 143-170.

NBC: www.nbc.com/the-biggest-loser/ [Stand 3.1.2010]

ROSE, Lotte (2008): Essen und Überfressen – Anmerkungen zu kulturellen Aspekten der Nahrungsaufnahme, in: SCHMIDT-SEMISCH et al. (2008), 227-240.

SCHMIDT-SEMISCH, Henning und SCHORB, Friedrich (Hg.) (2008): Kreuzzug gegen Fette. Sozialwissenschaftliche Aspekte des gesellschaftlichen Umgangs mit Übergewicht und Adipositas, Wiesbaden, VS Verlag.

SCHORB, Friedrich (2008): Adipositas in Form gebracht. Vier Problemwahrnehmungen, in: SCHMIDT-SEMISCH et al. (2008), 57-77.

VILLA, Paula-Irene und ZIMMERMANN, Katherina (2008): Fitte Frauen – Dicke Monster? Empirische Exploration zu einem Diskurs von Gewicht, in: SCHMIDT-SEMISCH, et al. (2008), 171-189.

WORLD HEALTH ORGANIZATION (2009): Global Health Risks. Mortality and burden of disease attributable to selected major risks, http://www.who.int/healthinfo/

global_burden_disease/global_health_risks/en/index.html [Stand 3.1.2010].

WYATT, Edward (2009): On ‚The Biggest Loser', Health can Take Back Seat. http://nytimes.com/2009/11/25/business/media/25loser.html [Stand 22.1.2010].

Markus Kocher

Als die Abweichung zur Norm wurde

Alte Stadtgärtnerei Basel 1986-1988

Nur gerade knapp zwei Jahre hat sie gedauert, die Zeit der Alten Stadtgärtnerei. Kalendarisch gesehen eine Episode. Und schon lange passé. Die ehemaligen Stadtgärtnerinnen und Stadtgärtner sind weitergezogen, haben woanders Wurzeln geschlagen oder sich der Aufzucht neuer – beständigerer – Projekte gewidmet. Auch auf dem Gelände, dem jetzigen St. Johanns-Park, erinnert heute nichts mehr an das, was sich hier zwischen Mitte 1986 und 1988 abgespielt hat. Den Kultursommer, die zahllosen Konzerte, erste künstlerische und politische Gehversuche, lebhafte Vollversammlungen, entkommerzialisiertes Kino, Happenings, Experimentierfeld für Allerlei, Raum für die Erprobung von Lebensentwürfen. Im Rückblick erscheint die Zeit der Alten Stadtgärtnerei als der spät in Erfüllung gegangene Traum der Alternativbewegung, einen lebbaren Gegenentwurf zur Konsum- und Wachstumsgesellschaft (mit all ihren problematischen Implikationen wie Wettrüsten oder Umweltzerstörung) zu etablieren. Gleichzeitig liess das «Stadtzgi»-Projekt auch eine neue Bescheidenheit – oder auch Vernünftigkeit – erkennen; der hauptsächliche Ehrgeiz bestand in der autonomen Bespielung eines Freiraums. Man dürstete nach einer selbstverwalteten Oase innerhalb der reglementierten und bürokratisierten Betonwüste der Städte (so könnte es ein im damaligen Duktus gehaltener Slogan ausgedrückt haben). Es ging nicht mehr darum, die herrschende Gesellschaftsordnung umzustossen. In Frage stellte man sie ohnehin. Man versuchte vielmehr, mit ihr, neben ihr zu leben.

Die Stadtzgi war auch der Keim einer transkulturellen Bewegung, die noch heute Früchte trägt. Schlotterbeck, Alte Stückfärberei, Union, Sudhaus oder das Neue Kino waren oder sind eine direkte Folge des Wirkens der Stadtgärtnerinnen und Stadtgärtner. Diese selbst waren so vielfältig wie die Pflanzen, die hier einst gezüchtet wurden: da gab es politisch und revolutionär Bewegte, Autonome, Esoteriker, waschechte Gärtner oder Anarchisten. Ausgeflippte, Künstler jeglicher Couleur, Junkies, Graue Panther und Tipi-bewohnende Grossstadt-Indianer teilten sich das Gelände. Die Stabilität dieses geordneten Chaos war und ist eine der erstaunlichsten Tatsachen der Alten Stadtgärtnerei. Ihre irgendwo zwischen Basisdemokratie und Anarchosyndikalismus angesiedelte Betriebsstruktur funktionierte, obschon nicht alle das gleiche Ziel einte...

Dieser Beitrag schildert das vorübergehende Gelingen einer Utopie. Der Utopie eines selbstverwalteten Freiraums, in dem, zwischen Aufbegehren und Anpassung peilend, eine eigene, alternative soziale Realität gesetzt werden konnte. Eine, in der die Abweichung Norm war – und das Unvorhergesehene Programm.

Ein Vorspiel

Bereits in den berühmten Thesen zu den Jugendunruhen von 1980 (aufgestellt von der Eidgenössischen Kommission für Jugendfragen) wurde darauf hingewiesen, dass durch die «zunehmend enger und kleinmaschiger» gewordene Rechtsordnung sowie den gestiegenen Anpassungsdruck zugunsten wirtschaftlicher Produktivität der Spielraum zur individuellen Entfaltung gerade für die Jugendlichen drastisch eingeschränkt werde. «Anstelle eines echten

Pluralismus sind immer mehr sogenannte Sachzwänge getreten, hinter denen sich ein starkes Normdenken verbirgt, ausgerichtet auf materiellen Wohlstand, Effizienz und Anpassung» (Eidg. Kommission für Jugendfragen 1980: 14).

Diese Entwicklung zeitigte nicht nur in Zürich Folgen – wenn auch dort mit schweizweit einmaliger Vehemenz. Auch in Basel bewegte sich etwas. 1981, auf dem Höhepunkt der Jugendunruhen, besetzten bis zu 100 jugendliche Autonome das ehemalige Postbetriebsgebäude an der Hochstrasse 16, knapp drei Kilometer südlich der Alten Stadtgärtnerei (die damals noch eine echte Gärtnerei und in staatlicher Hand war). Eine kurze turbulente Zeit lang wurde hier das seit Jahren geforderte AJZ, das Autonome Jugendzentrum, Wirklichkeit. Rauschende Partys und krachende Punkkonzerte lockten die Jungen in Scharen an. Stephan Laur (Jahrgang 1963) war von der ersten Stunde an im AJZ dabei. In der Wochenzeitung erinnerte er sich später: «Besonders typisch für die damalige Zeit war vielleicht das No-Future-Gefühl, das die Sprache der 80er-Bewegung prägte. Alle diese absurden Parolen wie: ‚Freie Sicht aufs Mittelmeer' und ‚Macht aus dem Staat Gurkensalat', aber auch der Song ‚Eisbär' brachten das Grönland-Gefühl zum Ausdruck, dieses Gefühl der Hoffnungslosigkeit und der Wut darüber».[1] Doch die blinde Ablehnung jeglicher Strukturen konfrontierte die AJZler schon bald mit einem Elend ganz anderer Art: harte Drogen, Prostitution und katastrophale sanitäre Zustände liessen das Projekt AJZ scheitern, noch bevor das Haus nach 80 Tagen gewaltsam geräumt wurde. 141 Autonome wurden vorübergehend in die ehemalige Strafanstalt Schällemätteli verfrachtet.

---

[1] Schichtweise lag die Scheisse da! Die 80er: Teil 3. In: Die Wochenzeitung, 2.3.2000, S. 23.

Fünf Jahre später – unter dem Eindruck von Ereignissen wie Tschernobyl (April 1986) und dem Chemiebrand bei Schweizerhalle (November 1986) – waren die ehemaligen Besetzerinnen und Besetzer gereifter. Die Alte Stadtgärtnerei bot echte Chancen für eine Alternative jenseits eines staatlich sanktionierten Konzepts. Die Energien brachen sich nicht mehr unkontrolliert Bahn, vielmehr entstand ein «sympathisch kontrollierter Kulturwuchs».[2] «Aus der unstrukturierten, immer wieder aufbrausenden AJZ-Bewegung schufen wir eine gewisse Strukturiertheit. Es entstanden Freiräume, und wir konnten selber bestimmen, was da läuft», sagte Ex-Stadtgärtner Markus Ritter später der Basler Zeitung.[3]

Und so fing es an

Es waren die Leute der freien Kunstszene, die im Juni 1986 die Vorzüge des seit einem Jahr brachliegenden Areals der ehemaligen Stadtgärtnerei entdeckten. In Absprache mit den Behörden durften sie das Gelände zwischen Elsässerstrasse und Rhein eine begrenzte Zeit lang für eine «Begegnung bildender Kunst mit Neuer Musik» beanspruchen. Doch anstatt im Anschluss daran das Feld wieder zu räumen, erwirkten Besucher, Beizerinnen und einige der Kunstschaffenden vom Kanton die Erlaubnis, das Gelände weiterhin als künstlerischen Freiraum zu nutzen. «In Basel gab es bis zu diesem Zeitpunkt keinen Kulturort, der völlig basisdemokratisch und strikt unkommerziell funktionierte», sagt Anni Lanz (Jahrgang 1946). Die Soziologin und freischaffende Gastronomin war zuvor mit einem ähnlich

---

[2] «Basis für demokratiefeindliche Elemente». In: Weltwoche, 25.2.1988.

[3] Der Ermöglicher zwischen zwei Welten. In: Basler Zeitung, 28.7.2005, S. 12.

radikalen Konzept beim Kulturbetrieb Kaserne aufgelaufen. Mit ihrer «fahrenden Beiz» wirtete sie nun in der Zeit während und nach dem Kunstprojekt und gründete dann zusammen mit den verbliebenen Nutzerinnen und Nutzern die IGAS, die Interessengemeinschaft Alte Stadtgärtnerei. Das Glashaus war das Herzstück: hier sowie in den Pflanzenbeeten und Werkstätten fanden spontan Veranstaltungen frei von Kommerz- und Bildungszwang statt – ein weit gefasstes Selbstverwaltungskonzept, das finanziellen Profit ausschliessen sollte. «Der Staat hatte Angst vor der Unvorsehbarkeit unserer Aktivitäten», glaubt Lanz. Die misstrauische Grundstückseignerin pochte auf einen Ansprechpartner und forderte von der IGAS stets planerische Konzepte, die das Geschehen im Voraus festlegen sollten. «Die wollten uns ständig kontrollieren», sagt Lanz, «dabei wusste man nie, was sich entwickeln würde. Und das war gut so».

Das Rezept hiess Offenheit. Auf dem Gelände kamen (manchmal auch: prallten) unterschiedlichste Figuren und Kulturen zusammen. Mitmachen und mitreden konnten alle – das war zumindest die Absicht. Noch heute ist Stephan Laur von der «unglaublichen toleranten Haltung» und dem Humor der Stadtgärtnerinnen und Stadtgärtner fasziniert. Bar jeglichen Uniformitätszwangs à la AJZ herrschte auf dem umgenutzten Ex-Staatsbetrieb eine kulturelle Vielfalt und eine Toleranz gegenüber den unterschiedlichsten Lebensweisen, die ihresgleichen suchte. Die Abweichung war Norm. Ihr Ekel vor der Enge und Behäbigkeit einer als verknöchert empfundenen Gesellschaft einte sie («Macht aus der alten Stadt eine Gärtnerei!» hiess ein bekannter Slogan). Dabei war die Bewegung keineswegs Ausdruck totaler Verweigerung, wie dies noch für die Jugendrevolte der frühen 1980er konstatiert werden muss. Es waren vielmehr die konstruktiv-kreativen Elemente, die sich durchsetzten und das Leben und Wirken in der Alten Stadtgärtnerei bestimmten. Man suchte den Freiraum innerhalb des Systems, das man nicht gut hiess, es aber in einer Mischung aus Utopie und Realismus zu integrieren wusste. Der Basler Schriftsteller Frank Geerk, ein Aussenstehender zwar, dem die Bewegung aber immerhin das einzige Buch verdankt, erkannte hier den «Anspruch einer Gruppe, sich aus ureigener Erfahrung heraus so etwas wie einen eigenen sozialen Organismus zu schaffen – modellhaft vielleicht, vielleicht sogar vorbildlich für den Staat im grossen» (Geerk 1988: 34).

Symptomatisch dafür waren die Vollversammlungen. Hier wurden nicht nur über kleinere oder grössere Anschaffungen abgestimmt, sondern zunehmend auch über die Ausrichtung nach innen und aussen gestritten. Geerk: «Jede Stimme hatte gleichviel Gewicht, und jeder Teilnehmer hatte unbeschränkte Redezeit. (...) Entscheidungen wurden immer im Kollektiv gefällt, also nicht nach dem Mehrheitsprinzip, sondern nach dem Einigkeitsprinzip» (ebd.).

In Wirklichkeit war dieser Prozess keineswegs nur harmonisch, sondern auch stets von Misstönen begleitet. Udo Theiss (Jahrgang 1965) erinnert sich an «grausam chaotische» Versammlungen, an denen jede Fraktion vor allem ihre jeweiligen Ziele durchzustieren versuchte. «Wenn uns etwas wirklich wichtig war, haben wir einfach so lange geredet, bis es den anderen gestunken hat», so Theiss. Wer sich in diesem disparaten Gebilde auf Demokratie und das Prinzip der Gleichberechtigung versteifte, wurde nicht selten (und nicht selten auch per Megaphon) übergangen. Zudem wurden wichtige Grundsatzpositionen von einzelnen Interessenvertretern teilweise bereits in Vorabsprachen gefasst, womit das hehre Ideal, wofür die Vollversammlung stand, sabotiert wurde. Diese manipulative Taktik hinterliess auch bei einem Radikalen wie Theiss kein sehr gutes Gefühl.

Als Udo Theiss Anfang der 80er vom Ruhrgebiet nach Basel kam, war er 18, Hausbesetzer, drogensüchtig und von der deutschen Polizei («wegen politisch motivierter Kleinkriminalität») gesucht. Eine Lehre als Steinmetz hatte er abgebrochen. Dafür faszinierte ihn umso mehr den Aufbruch in der Jugendbewegung. Diese war, erinnert sich Theiss, in Basel zwar etwas verspätet und etwas weniger fordernd. Aber die freundliche, solidarische Gesinnung, auf die er hier als bekennender Proletarier stiess, machte ihm das Bleiben leicht – ebenso wie die Aussicht auf Schutz vor seinen Verfolgern.

Als sich die Alte Stadtgärtnerei allmählich zu bevölkern anfing, zog es auch Stephan Laur und Udo Theiss auf das Gelände. Laur, der sich in der Zwischenzeit aus seiner Punkgruft erhoben hatte und in Zürich eine Medienschule besuchte, kam hier mit einer faszinierend explosiv-kreativen Mischung aus Kunst und Politik in Berührung. Für den werdenden Regisseur eine prägende «Horizontöffnung». Auch Theiss fand in der Stadtgärtnerei neue Herausforderungen; die Stadtzgi war für ihn die Schule, die ihm der Staat weder geben noch vorschreiben konnte – hier lernte er zu organisieren, improvisieren, Netzwerke zu knüpfen, mit Menschen umzugehen. Und hier kam er auch zu seinem «ersten vernünftigen Job», als Parteisekretär der POB, der Progressiven Organisation Basel.

Die beiden sind überzeugt: «Die Stadtgärtnerei war das integrativste Projekt, das es in Basel jemals gab». Sie war Spielplatz für Kinder, Brutstätte für abwegige künstlerische Experimente, Plattform für politische Agitation oder einfach nur Raum zum rum- und abhängen. Offen auch für Junkies; solange von ihnen keine Probleme ausgingen, liess man sie gewähren. «Etliche hat die Stadtgärtnerei vor dem Absturz oder der Klapsmühle bewahrt», sagt Theiss. In diesem «gut organisierten Experiment» (Laur) wurden nicht nur temporär Lebensinhalte gefüllt, es wurden auch Rollen eingenommen, Verantwortung getragen, es wurden Strukturen geschaffen, die den Tag überdauerten.

Als es illegal wurde

Als die Alte Stadtgärtnerei legal in voller Blüte stand, war Ronald Wüthrich 30 Jahre alt. Nach dem Wegzug des Staatsbetriebs hatte er das verlassene Gelände, das sich gleich gegenüber seiner Wohnung an der Elsässerstrasse befand, als eine Art privaten Garten genutzt. Nun war das Areal wieder belebt – und Wüthrich, der zu dieser Zeit eine Malschule in Dornach besuchte, wurde vom anarchischen Treiben gepackt. Es war Sommer 1987 und auf dem Areal herrschte eine ferienbedingte Flaute. Also bewegten die Betreiber der dortigen Bar Wüthrich dazu, eine Ausstellung mit seinen Bildern zu organisieren. Das hatte System, denn die Bar durfte, in Vereinbarung mit dem Kanton, nur in Betrieb genommen werden, wenn gleichzeitig eine Veranstaltung lief. So kam der Künstler zu seiner Ausstellung – und die Gäste zu ihrem Bier.

Am 31. August 1987 endete der ein Jahr zuvor vereinbarte Zeitraum für die legale Zwischennutzung. Doch die Stadtgärtnerinnen und Stadtgärtner blieben auf dem Gelände. Derweil verhielt sich der Kanton abwartend, obschon Regierungsrat Eugen Keller an einer Pressekonferenz im September seine Absicht bekräftigte, das Areal ohne Aufschub in den seit langem geplanten Grünpark umzuwandeln. Das drohende Ende schien die Bewegung erst zu lähmen, schliesslich löste sich auch die Interessengruppe Alte Stadtgärtnerei (IGAS) auf. Doch dann erwachte der Kampfgeist wieder. Nun hiess es: jetzt erst recht!

Die Illegalität wirkte auf das Leben und Treiben in der Alten Stadtgärtnerei wie ein hochpotentes Düngemittel. Nicht, dass man sich diesen Status gewünscht hätte; er war vielmehr eine logische Folge des politischen und gesellschaftlichen Drucks, wogegen man sich mit Kreativität, Unfug und Überzeugungsarbeit zur Wehr setzte. Auch für Wüthrich ging es jetzt richtig los. Zusammen mit Martin Brändle und Priska Plüss führte er die Bestände der IGAS in den Verein Alte Stadtgärtnerei über, der mit viel Enthusiasmus und einem Defizit von 17000 Franken startete. Der Verein war eine Art Schutzhaut, sagt Wüthrich, an der mögliche rechtliche Behinderungen des Betriebs abprallen sollten. Die Stadt Basel als Besitzerin blieb derweil auch nicht untätig und stellte in den kalten Wintermonaten den Besetzerinnen und Besetzern Strom und Wasser ab, wogegen sich die Leidtragenden mit selbstgefertigten Überbrückungen und sanitären Hilfskonstruktionen zu helfen wussten. Doch nicht nur handwerkliches Geschick war nun gefragt. Es ging um das Überleben der Alten Stadtgärtnerei als Ganzes. Einen Tag nach Ende des Nutzungsvertrags wurde die mit 5000 Unterschriften unterzeichnete Initiative «Kultur- und Naturpark St. Johann» auf der Staatskanzlei eingereicht. Der vom Staat schon lange beschlossenen Umwandlung in eine Parklandschaft setzten die Besetzerinnen und Besetzer eine Alternative entgegen, wodurch ihnen das Areal erhalten bleiben sollte: als eine «Stätte der Kultur und ein naturnaher Erholungsbereich».

Den darauf folgenden Abstimmungskampf bestritten die Stadtgärtnerinnen und Stadtgärtner mit einer so innovativen wie unterhaltsamen Pressearbeit, was ihnen zunehmend auch die Sympathien aus der breiten Bevölkerung, zumindest aber ein wachsendes Interesse an ihrem Projekt einbrachte. In Lucius Burckhardt (1925-2003) zum Beispiel fand die Bewegung einen leidenschaftlichen

Fürsprecher. Der bekannte Basler Soziologe und Planungstheoretiker kritisierte insbesondere die von der Regierung als «sterile Pseudonaturlandschaft» konzipierte Parkanlage «mit Hügelchen, Tälchen und verschlungenen Wegen», mit der jegliche Fläche für die Freizeitnutzung unbrauchbar gemacht werde.[4] Ganz anders tönte es von der Gegenseite. Das Basler Polizeikommando liess im Januar 1988, nach einer Demonstration zugunsten Asylsuchender, in einem Communiqué verlauten: «In Tat und Wahrheit stellt dieser ‚kulturelle' Freiraum die logistische und agitatorische Basis für gesellschafts- und demokratiefeindliche Elemente dar, die dazu noch zum grössten Teil aus dem Ausland stammen. Es scheint notwendig, dass die zuständigen Instanzen Entscheide treffen, welche die Quartierbevölkerung von Belästigungen dieses ‚kulturellen Freiraums' befreit und militanten extrempolitischen Kreisen die Aktionsbasis entzieht».

Die Alte Stadtgärtnerei war jetzt bekannt/berüchtigt als In-Ort. Zur Silvesterparty 1987 strömten über 1500 Leute auf das Areal – ein Erfolg, der sich von Wochenende zu Wochenende wiederholen sollte. Teilweise, so hiess es, wurde an der Bar mehr Feldschlösschen-Bier gezapft als irgendwo anders in der Schweiz. Wegen der zu Stosszeiten wachsenden Unübersichtlichkeit des Betriebs ging man dazu über, einzelne Personen mit der Funktion eines «Hilfssheriff» auszustatten. Als Erkennungszeichen diente ein silberner Badge. «Dieser sollte signalisieren, dass man für alle möglichen Fragen ansprechbar ist», erzählt Ronald Wüthrich. Es sei aber auch darum gegangen, Leute, die sich daneben benahmen, die Schlägereien anzettelten oder Frauen grob anmachten, vom Gelände zu weisen. Diese neuen Elemente dürften nicht nach dem Geschmack aller Stadtgärtnerin-

---

[4] «Basis für demokratiefeindliche Elemente». In: Weltwoche, 25.2.1988.

nen und Stadtgärtner gewesen sein. Sie waren aber durchaus sinnvoll – denn gerade im Hinblick auf die kommende Abstimmung war es angebracht, die Vorwürfe des Gegenkomitees um Anwohner, Bäcker und FDP-Grossrat Jacques Simon zu entkräften, dass es sich bei den Leuten von der Alten Stadtgärtnerei lediglich um einen Haufen Chaoten handelte.

Das Ende

Am 8. Mai 1988 kam es zur mit Spannung erwarteten Abstimmung über den «Kultur- und Naturpark St. Johann». Doch alle zuvor erworbenen Sympathien nutzten nichts: die Initiative wurde zwar von 44 Prozent der Stimmenden angenommen, eine Mehrheit von 56 Prozent jedoch sprach sich dagegen aus. Der mit Abstand höchste Anteil an Nein-Stimmen kam aus den beiden Land-Gemeinden Riehen und Bettingen. Die Unterlegenen jedoch gaben die Hoffnung auf den Erhalt ihrer kulturellen Nische noch nicht auf. In den Wochen nach der Abstimmung kam es zu zahllosen Demonstrationen und Sympathiekundgebungen. Auch die unterlegenen Regierungsräte Remo Gysin und Mathias Feldges (SP) kritisierten in einer Stellungnahme die unnachgiebige Haltung ihrer bürgerlichen Kollegen.

Umsonst. Am 21. Juni 1988, um 4.30 Uhr morgens, begann die Polizei mit der Räumung der Alten Stadtgärtnerei. Sie stiess auf keinen Widerstand. Zuvor hatten die Stadtgärtnerinnen und Stadtgärtner in ihrer letzten Vollversammlung beschlossen, die Besetzung gewaltfrei zu beenden. Gleich nachdem der letzte von ihnen herausgetragen worden war, begannen die Abbrucharbeiter ihr Werk. Die Angst vor einer erneuten Besetzung trieb die Stadt zur Eile an. So kam es, dass die Vertriebenen, übermüdet und ausgelaugt, von umgebenden Dächern und Mauern aus

Zeugen der symbolträchtigen Zerstörung der Glashäuser wurden. Das vermeintlich rücksichtslose Vorgehen fuhr ihnen als Schock in die Glieder und verstärkte noch die Ohnmacht gegenüber der Staatsmacht. Der angestaute Frust entlud sich am selben Abend. Eine Demonstration in der Basler Innenstadt, an der sich rund 2500 Personen beteiligten, artete in einen wüsten Häuserkampf aus. Alte Wunden brachen wieder auf, destruktive Energien, während der vergangenen Jahre im Zaum gehalten und kreativ umgeleitet, brachen sich wieder Bahn...

«Am Ende war es eine Niederlage, aber es war keine totale», sagt Udo Theiss. Die Alte Stadtgärtnerei hat Basel verändert. Zwei Jahre lange hatte sich, unter dem wachsamen Auge der Behörden, eine disparate Gruppe von Gleich- und Andersgesinnten ein überschaubares Gelände geteilt, auf dem eine unüberschaubare Vielfalt von Aktivitäten, von Ausdrucks- und Lebensformen wucherte. Die Stadtzgi hatte gezeigt, dass eine alternative, auf dem Prinzip der Selbstorganisation aufbauende Betriebskultur frei von wirtschaftlichen und staatlichen Zwängen möglich ist, ja sogar erfolgreich aufrechterhalten werden kann. Oder hätte können. Die Bedingung für ein solches Experiment war nie wieder so günstig wie damals – und die Ernüchterung nach dessen Scheitern vielleicht auch zu gross, um wieder (woanders) von vorne anzufangen. Trotzdem: Das Erbe der Alten Stadtgärtnerei lebte und lebt weiter, in anderen Formen zwar, weniger anarchisch und in kontrollierteren Bahnen. Der Lohn für diese Kompromissbereitschaft ist nicht zuletzt – eine längere Betriebsdauer.

Literatur

Eidg. Kommission für Jugendfragen (1980): Thesen zu den Jugendunruhen 1980, Bundesamt für Kulturpflege, Bern, 1980.

Hersch, Jeanne (1982): Antithesen zu den Thesen zu den Jugendunruhen 1980. Der Feind heisst Nihilismus, Verlag Peter Meili, Schaffhausen.

Geerk, Frank (1988): Die Räumung. Bericht über die Geschehnisse nach der Zerstörung des alternativen Kulturzentrums «Alte Stadtgärtnerei», Z-Verlag, Basel.

Robin Trachsel

Linksextremismus im Diskurs

Eine Analyse

Einleitung

«Die innere Sicherheit der Schweiz wird zurzeit durch keine extremistische Gruppierung schwerwiegend bedroht. [...] Eine erhebliche Gefahr geht zurzeit von linksextremen Exponenten aus.»[1] Dies ist die Quintessenz des 2004 veröffentlichten Extremismusberichts. Die CVP forderte 2002 einen Bericht über extremistische Phänomene, welcher daraufhin vom Bundesrat in Auftrag gegeben wurde. Er beinhaltet eine Übersicht über die Aktivitäten und die Bedrohung durch extremistische Gruppierungen in der Schweiz. Mit den drei grossen Überthemen Rechtsextremismus, Linksextremismus sowie religiöser Extremismus gilt er als wegweisendes Dokument für den offiziellen Umgang mit extremistischen Phänomenen in der Schweiz.

Es soll hier untersucht werden, ob der Bericht eine Funktion hat, welche über das blosse Beschreiben einer potentiellen Bedrohungssituation hinausgeht. Dabei wird vermutet, dass erstens die Grenzen zwischen dem «politisch-normalen» und dem «politisch-pathologischen» festgelegt oder zumindest neu gestärkt werden sollen, und dass zweitens der Bericht der Herrschaftssicherung dient. Der geschaffene Dualismus ermöglicht es – so die Annahme –, politische Strömungen, die sich ausserhalb des institutionellen demo-

[1] Extremismusbericht 2004, S. 5013

kratischen Systems bewegen, als Bedrohung zu definieren und sie damit fassbar und regierbar zu machen.

Diese Annahmen basieren auf den Gedanken Michel Foucaults, welcher derartige Mechanismen mit dem Begriff «*Gouvernementalität*» anspricht. Durch die Kategorisierung der Gesellschaft seitens der Regierenden in normale und abnormale Individuen werde, so Foucault, ein Macht-Wissens-Komplex geschaffen. Die Individuen werden den Herrschaftsvorstellungen entsprechend diszipliniert. Die Disziplinierung gelingt durch umfassende Überwachung und Sanktionierung. Bemerkenswert ist dabei, dass durch die Möglichkeit ständiger Überwachung die Individuen sich selbst disziplinieren, um einer Bestrafung zu entgehen. Im Folgenden soll versucht werden, den Extremismusbericht sowie Berichte und Meinungen in Medien ins Licht dieser Überlegungen zu stellen. Weiter soll hier auch untersucht werden, ob der Extremismusbericht und andere mediale Aussagen die Funktion haben, die Grundlage für die Schaffung eines Stigmas im Sinne Erving Goffmans als Sanktion für politisch abweichendes Verhalten bereitzustellen.

Mit dieser Arbeit soll nicht die Existenz gefährlicher und menschenverachtender politischen Gesinnungen geleugnet werden. Ziel ist es, nach Mechanismen der Regierbarmachung von politisch-oppositionellen Ansichten durch offizielle Institutionen zu fragen.

Michel Foucault: Gouvernementalität

Die Gouvernementalität nach Foucault lässt sich als Komplex von Mechanismen verstehen, mit welchen eine pluralistische Gesellschaft regierbar gemacht wird. Ziel dabei ist, mittels der Verbindung von Macht und Wissen eine Gesellschaft zu schaffen, welche funktioniert und normal ist. Die

Gouvernementalität ist eine produktive Regierungstechnik, die den Fokus auf die Nutzbarkeit der Gesellschaft legt. Zum Verständnis hilft ein Blick in das Kapitel *Die Mittel der guten Abrichtung* in Foucaults Werk «Überwachen und Strafen. Die Geburt des Gefängnisses».[2]

Im Zentrum der Gouvernementalität steht die Disziplinierung der Individuen entlang der herrschenden Normen. Die Normen werden von einer Instanz festgelegt, welche Definitionsmacht besitzt, etwa dem Staat oder anderen, normsetzenden Akteuren. Die Disziplinierung kann mittels der beiden Techniken der Überwachung und der Bestrafung sichergestellt werden. Die Überwachung ist dabei wichtiger. *«Die Durchsetzung der Disziplin erfordert die Einrichtung des zwingenden Blicks: eine Anlage, in der die Techniken des Sehens Machteffekte herbeiführen und in der umgekehrt die Zwangsmittel die Gezwungenen deutlich sichtbar machen.»*[3]

Foucault zeichnet die Entwicklung dieser Überwachung anhand historischer Dokumente nach. Früher war die Beobachtbarkeit vor allem eine Frage der räumlichen Anordnung der Individuen, etwa in Schulen, Gefängnissen, Fabriken oder militärischen Anlagen. Beobachtbarkeit wird hergestellt, indem eine Gruppe von Menschen so im Raum verteilt wird, dass jedes einzelne Individuum stetig sichtbar ist. Dadurch wird es möglich, Akteure einer Gruppe als Individuen zu behandeln und damit für ihr eigenes Tun verantwortlich zu machen.

Anfangs war die Überwachung von einzelnen Überwachenden abhängig. Mit der Ausdifferenzierung des Überwachungsapparates verschwammen die Grenzen zwischen Überwacher und Überwachtem. Vermehrt wurden den Überwachten auch überwachende Funktionen zugeteilt,

---

[2] Foucault 1976

[3] Ebd., S. 221

um die Disziplinierung durch jedes einzelne Individuum sicherzustellen. Man erhält so eine Gesellschaft, welche aus *«pausenlos überwachten Überwachern»*[4] besteht. Es entstand eine neue Form der Macht. *«In der hierarchischen Überwachung der Disziplinen ist die Macht keine Sache, die man innehat, kein Eigentum, das man überträgt; sondern eine Maschinerie, die funktioniert.»*[5]

Das Gegenstück bildet die Bestrafung oder die Androhung einer Bestrafung für abweichendes Verhalten. Strafen ist ein notwendiges Übel, welches seine eigene Abschaffung zum Ziel hat, indem es die Individuen zum normalen Verhalten und damit zur Straffreiheit disziplinieren soll. *«Das lückenlose Strafsystem, das alle Punkte und alle Augenblicke der Disziplinaranstalten erfasst und kontrolliert, wirkt vergleichend, differenzierend, hierarchisierend, homogenisierend, ausschliessend. Es wirkt normend, normierend, normalisierend.»*[6]

Die Kombination von Überwachung und Bestrafung lässt sich nach Foucault mit einer Prüfung vergleichen.[7] In Prüfungssituation muss der Geprüfte sichtbar sein, während sich die Macht nur verschleiert darstellt.[8] Es wird dabei Wissen über ein Individuum generiert, welches die Eigenschaften dieses Individuums dokumentierbar macht.[9] Das Individuum wird zum «Fall» degradiert und somit zum Objekt der Wissensgenerierung und der Machtausübung.[10]

So lässt sich die Gouvernementalität als Machtmechanismus verstehen, der im Gegensatz zu früheren Macht-

[4] Ebd., S. 228

[5] Ebd., S. 229

[6] Ebd., S. 236

[7] Ebd., S. 238

[8] Ebd., S. 241

[9] Ebd., S. 243

[10] Ebd., S. 246

formen, wie der bloss bestrafenden souveränen Macht des Adels, den Menschen als Individuum erfasst und gesellschaftlichen Fortschritt hin zu einer Norm generiert.

Erving Goffman: Stigma

Auch Erving Goffman setzte sich mit der Frage von «normal» und «anormal» auseinander. Goffman bleibt aber auf einer mikrosoziologischen Ebene. Sein Ausgangspunkt ist ähnlich jenem Foucaults. Zu Beginn steht eine Instanz, welche Definitionsmacht besitzt und Kategorien festlegt, wie die Individuen einer Gesellschaft normalerweise zu sein haben. *«Die Gesellschaft schafft die Mittel zur Kategorisierung von Personen und den kompletten Satz von Attributen, die man für die Mitglieder jeder dieser Kategorien als gewöhnlich und natürlich empfindet. Die sozialen Einrichtungen etablieren die Personenkategorien, die man dort vermutlich antreffen wird.»*[11]

Ein normatives Bild, bestehend aus Attributen und Kategorien, nennt Goffman *virtuale soziale Identität.*[12] Wenn die real auftretende, oder wie Goffman sagt, die *aktuale* soziale Identität die erwartete virtuale soziale Identität nicht erfüllt, so entsteht ein Stigma. *«Während der Fremde vor uns anwesend ist, kann es evident werden, dass er eine Eigenschaft besitzt, die ihn von anderen in der Personenkategorie, die für ihn zur Verfügung steht, unterscheidet; und diese Eigenschaft kann von weniger wünschenswerter Art sein – im Extrem handelt es sich um eine Person, die durch und durch schlecht ist oder gefährlich oder schwach. In unserer Vorstellung wird sie so von einer ganzen und gewöhnlichen Person zu einer befleckten, beeinträchtigten herabgemindert. Ein solches Attribut ist ein Stigma, besonders dann, wenn seine diskreditierende Wirkung*

[11] Goffman 1967, S. 9f.

[12] Ebd., S. 10

sehr extensiv ist [...]. *Es konstituiert eine besondere Diskrepanz zwischen virtualer und aktualer sozialer Identität.* [...] *Der Terminus Stigma wird also in bezug auf eine Eigenschaft gebraucht, die zutiefst diskreditierend ist* [...].»[13]

Goffman unterscheidet zwischen drei verschiedenen Gruppen von Stigmata. Die erste Gruppe lässt sich als körperliche Stigmata beschreiben und beinhaltet Missbildungen, Behinderungen und dergleichen. Die zweite Gruppe von Stigmata setzt sich aus Fehlern im Charakter oder des Geistes zusammen und beinhaltet nach Goffman unter anderem Gefängnishaft, Sucht, sexuell-abnormes Verhalten, Arbeitslosigkeit und politischen Radikalismus. Die letzte Gruppe nennt Goffman die «phylogenetischen» Stigmata. Sie setzen sich aus Dingen wie Rasse, Religion oder Nation zusammen.[14] Besitzt ein Individuum eines dieser vielzähligen Stigmata, werden die Normalen ihm mit Ablehnung entgegentreten. *«Von der Definition her glauben wir natürlich, dass eine Person mit einem Stigma nicht ganz menschlich ist. Unter dieser Voraussetzung üben wir eine Vielzahl von Diskriminationen aus* [...]. *Wir konstruieren eine Stigma-Theorie, eine Ideologie, die ihre Inferiorität erklären und die Gefährdung durch den Stigmatisierten nachweisen soll* [...].»[15]

Goffman sieht drei verschiedene Strategien, wie Diskreditiere mit ihrer Situation umgehen können. Als erstes die Korrektur: Es wird versucht, das stigmatisierende Attribut zu entfernen, beispielsweise durch chirurgische Eingriffe oder Psychotherapie etc., aber auch durch das Anpassen des Verhaltens an die Normen.[16] Wenn das diskreditierende Attribut nicht entfernbar ist, kann zweitens versucht werden Tätigkeiten zu erlernen, die eigentlich nicht mit dem Stig-

[13] Ebd., S. 10f.

[14] Ebd., S. 12f.

[15] Ebd., S. 13f.

[16] Ebd., S. 18

ma vereinbar sind, um sich scheinbar der Normalität anzunähern.[17] Die dritte Strategie besteht darin, seinem Stigma keine Beachtung zu schenken oder es mit Stolz zu tragen. «*Ferner scheint es möglich, dass ein Individuum im Leben das verfehlt, was wir effektiv von ihm verlangen, und dennoch von seinem Versagen relativ unberührt ist; abgesondert durch sein Fremdsein, geschützt durch seinen eigenen Identitätsglauben fühlt es sich als vollgültiges normales menschliches Wesen und empfindet uns als solche, die nicht ganz menschlich sind. Es trägt ein Stigma, scheint aber davon weder beeindruckt noch zu Reue bewegt zu sein.*» [18]

Die beiden ausgeführten Konzepte lassen sich hinsichtlich gewisser Phänomene verbinden. Es kann sein, dass die gouvernementale Herrschaft keine rechtlichen Mittel zur Sanktionierung des Unerwünschten in der Hand hat. Ist dies der Fall, muss Sanktion indirekter hergestellt werden. Dies kann durch Stigmata geschehen, die von offiziellen Institutionen gefördert werden. Offizielle Institutionen, z.B. Regierungsdepartemente, besitzen in diesem Sinne Definitionsmacht. Sie können ein Stigma aufbauen, welche mit Entmenschlichung und Ausschluss aus der Gesellschaft der Normalen einhergeht. Es wird damit spekuliert, dass die vom Stigma Betroffenen alles tun werden, um die Stigmatisierung zu vermeiden. Tun sie es, disziplinieren sie sich selbst hin zur Norm. Es kann aber auch sein, dass die vom Stigma bedrohten Personen ihr Verhalten nicht ändern werden bzw. ihre der Norm entgegengesetzte Tätigkeit intensivieren. Im Gegenzug verstärkt sich die ablehnende Position der gouvernementalen Herrschaft. Es entsteht ein konkretes Feindbild.

---

[17] Vgl. ebd., S. 19

[18] Ebd., S. 15

Linksextremismus im Diskurs

Wie verhalten sich diese theoretischen Überlegungen zum konkreten Beispiel des Linksextremismus in der Schweiz? Dies soll anhand einer Diskursanalyse dargelegt werden. Der eingangs erwähnte Extremismusbericht der schweizerischen Bundesregierung – man könnte dieser Instanz Deutungshoheit zuschreiben – soll zuerst genauer betrachtet werden. Dieser kann als Mittel zum Aufbau eines Stigmas interpretiert werden, welche wiederum als Mittel zur gouvernementalen Herrschaft dienen kann. Zeitungsartikel des Tagesanzeigers und des Blicks und die dazugehörigen Leserkommentare zeigen, wie die offizielle Sichtweise verbreitet und reproduziert wird, und somit angestrebte Zwecke unterstützt.

a) Extremismusbericht des Bundes

Definitionen

In dem Extremismusbericht des Bundes wird zuerst Extremismus genauer definiert. Dies bildet die Grundlage der Kategorisierung politischer Gesinnung und politischen Handelns und ist zentral für den Aufbau des Dualismus von «politisch normal» und «politisch extrem»: «*Unter Extremismus werden nachfolgend diejenigen politischen Richtungen verstanden, welche die Werte der freiheitlichen Demokratie und des Rechtsstaats ablehnen.* [...] *Als extremistisch werden im Allgemeinen Bewegungen und Parteien, Ideen sowie Einstellungs- und Verhaltensmuster bezeichnet, die den demokratischen Verfassungsstaat, die Gewaltenteilung, das Mehrparteiensystem und das Recht auf Opposition ablehnen.*»[19] Die

[19] Extremismusbericht 2004, S. 5019

Definition grenzt die als extremistisch zu definierenden Phänomene grossräumig ein. Unter Demokratie wird in dem Bericht die herrschende institutionelle Ordnung verstanden, was einem spezifischen Demokratieverständnis entspricht, und andere Demokratieverständnisse als undemokratisch und tendenziell extremistisch ausgegrenzt. Es sei aber die Form, wie eine politische Gesinnung vertreten wird, die den Extremismus kennzeichne. «*Extremistisch werden diese Positionen erst, sobald jemand von der Randposition aus den Anspruch erhebt, für eine grössere Menge oder sogar für alle zu sprechen* [...].»[20]

Gehört es nicht zum Wesen jeder politischen Gesinnung, für eine Mehrheit sprechen zu wollen? Auf jeden Fall scheint die «*Aussenseiterposition*»[21] damit das entscheidende Kriterium für Extremismus zu sein und weist schon auf ein potentielles Stigma hin.

Zur Frage der Gewalt wird geschrieben: «*Im Gegensatz zu den Ländern, die die Institutionen des Verfassungsschutzes weit entwickelt haben, reichen in der Schweiz also organisierte Bestrebungen einer Gruppe zur Abschaffung der Demokratie, der Menschenrechte oder des Rechtsstaats alleine noch nicht, um sie von den Staatsschutzorganen beobachten zu lassen. Eine Gruppe muss zur Erreichung dieser Ziele zusätzlich Gewalttaten verüben, befürworten oder in Kauf nehmen.*»[22] Es wird angedeutet, dass politische Gesinnungen, welche nicht die Möglichkeit von Gewalt ablehnen – auch die Gewalt, welche von anderen ausgeübt wird –, auch selbst potentiell gewalttätig seien.

Ebenfalls wird eine Nähe von Terrorismus und Extremismus hergestellt. «*Ein weiterer, mit dem Extremismus eng verknüpfter Terminus ist ,Terrorismus'. Einige Terrorismus-*

[20] Ebd., S. 5019

[21] Ebd., S. 5019

[22] Ebd., S. 5019

forscher definieren ihn sogar als ‚Kampfesform des politischen Extremismus' […]. *Der Terrorismusbegriff bezeichnet Bestrebungen, die in der Zielsetzung und/oder in der Wahl der Mittel antidemokratisch sind.»*[23] Die Verwandtschaft soll dadurch noch verdeutlicht werden, indem gesagt wird, dass beide das Ziel der Medienpräsenz teilen. Im Gleichen wird ein klarer Auftrag an die Medienlandschaft erteilt. *«Für die Medien ergibt sich daraus ein Dilemma: Einerseits soll über extremistische Aktivitäten, Ausschreitungen, Übergriffe, Untaten usw. berichtet werden, um die Öffentlichkeit zu informieren, Betroffenheit auszudrücken und sich mit allfälligen Opfern zu solidarisieren. Andererseits erreichen damit die Extremisten ihr Ziel und werden so in ihrem Tun bestärkt.»*[24]

Die Medien werden aufgefordert, die offizielle Grenzziehung zwischen politisch normal und politisch extremistisch zu verbreiten und damit zur Diskreditierung des politisch extremistischen (nach der offiziellen Definition) durch die Bevölkerung beizutragen.

Fazit: Durch die Ausgrenzung alternativer Demokratieverständnisse und die Suggestion, jede extremistische Gesinnung sei potentiell gewaltbereit, wird ein Stigma kreiert. Die Art, wie der Begriff Extremismus definiert wurde, kann als Beleg für die Definitionsmacht des Schweizer Staates gesehen werden.

Es wurde auch keine differenziertere Sichtweise auf das Phänomen Extremismus vorgenommen. Fachliteratur und andere Positionen fehlen, obwohl sich die Verfasser des Berichts dieses Missstandes bewusst sind: *«In den Sozialwissenschaften genügt die Definition des Extremismus als antidemokratisch nicht. Sie fragen vielmehr, nach den Zusam-*

[23] Ebd., S. 5020

[24] Ebd., S. 5020-5021

menhängen von Gesellschaft, Verfassungsstaat und Extremismus.»[25]

Ursachen für Extremismus

Im Anschluss an die Begriffsdefinition widmet sich der Extremismusbericht den Ursachen des Extremismus. *«Individualisierung lässt sich als eine Ausprägung sowohl des Modernisierungs- sowie des Säkularisierungsprozesses verstehen. Ambivalent beurteilbare Phänomene wie Desintegration und Enttraditionalisierung, Verlust oder zumindest Relativierung von Werten, Normen und Handlungskonzepten sind die Folgen der Individualisierung.»*[26]

Als negative Phänomene der Individualisierung werden aufgelistet: *«Ängste, z.B. vor Konkurrenz im wirtschaftlichen, vor Statusverlust im gesellschaftlichen Bereich, Vereinzelung und ein Gefühl des Ausgeschlossenseins, Orientierungslosigkeit, Ohnmachtsgefühle, Langeweile, Perspektivenlosigkeit, Frustration […].»*[27] Dies seien die Gefühle der so genannten *«Modernisierungsverlierer»*.[28] Da selbst die meisten gut integrierten Personen eines oder mehrere dieser Gefühle kennen werden, muss auch der Extremismusbericht indirekt eingestehen, dass es keinen homogenen Auslöser für Extremismus gibt. *«Unter den Modernisierungsverlierern wären denn auch die Extremisten zu suchen – was empirisch manchmal zutrifft, manchmal aber auch nicht.»*[29]

Abschliessend steht die Feststellung, dass der Extremismus inmitten der Gesellschaft verwurzelt ist. *«Die wichtigste Erkenntnis ist, dass der Extremismus sich mitten in*

---

[25] Ebd., S. 5021

[26] Ebd., S. 5021

[27] Ebd., S. 5021

[28] Ebd., S. 5021

[29] Ebd., S. 5021

der Gesellschaft befindet.»[30] Diese Aussage kann als latente Aufforderung an die Bevölkerung, wachsam – im Sinne von Foucaults stets überwachten Überwacher – zu sein, verstanden werden, da jeder potentiell extremistisch und damit gefährlich sein könnte. Dies fördert das Potential eines Stigmas.

Stigmatisierung

«Linksextremismus ist ein Sammelbegriff für Kommunismus, Marxismus, Leninismus, Teile des Sozialismus und Anarchismus. Als ideengeschichtliche Motivstränge stammen die Genannten teilweise aus denselben Wurzeln, grenzen sich aber deutlich voneinander ab und pflegen unter sich teilweise seit Anbeginn eine intime Feindschaft. Gemeinsam war und ist ihnen allen das Ziel, das kapitalistische System zu zerschlagen.»[31] Seit dem Zusammenbruch der Sowjetunion haben sich die Themen der linken Szene teilweise gewandelt. Zum Programm gehören heute die Globalisierungs- und Systemkritik, der Klassenkampf, der Antifaschismus sowie die Forderung nach autonomen Freiräumen.[32]

Die Gesinnungen, welche diese Anliegen und Themen hervorgebracht haben, werden diskreditiert, indem auf die Gefährlichkeit dieser Gesinnungen hingewiesen und versucht wird, relevante Phänomene zu entpolitisieren.

Bezüglich der *Gefährlichkeit* wird die hohe Summe der Sachschäden aufgeführt, welche im Rahmen von Ausschreitungen entstanden sind. Der Angriff auf Privateigentum trifft angepasste Akteure einer Konsumgesellschaft und verletzt ihr Rechtsverständnis. Dadurch ist eine Stig-

[30] Ebd., S. 5022

[31] Ebd., S.5036

[32] Vgl. ebd., S. 5037

matisierung der Personen, welche diese Sachschäden verursachen, bereits gesichert.

Des Weiteren wird darauf verwiesen, linksextreme Exponenten seien aufgrund ihrer Angriffe «*gegen Angehörige der Polizei als sichtbare Vertreter der kapitalistischen Staatsmacht*»[33] äusserst gefährlich. Obwohl die Angriffe im Rahmen von Ausschreitungen sind aufgrund der überlegenen Ausrüstung und Kampfausbildung der Polizei höchstens symbolischer Art sind, wird bedeutet, der Angriff auf einen Exponenten des Staates sei gleich zu werten wie ein Angriff auf den Staat selbst.[34]

Zum Gefährdungspotential linker Kreise trage ausserdem das hohe Mass an Kooperation und Flexibilität innerhalb der (ideologisch nicht homogenen) Szene bei. «*Auch hier findet sich eine organisatorisch fragmentierte, ideell an sich zersplitterte Szene, die aus einer Vielzahl von Gruppen besteht.* [...] *Angesichts historisch hergebrachter Feindschaften wie zwischen dem Anarchismus und dem Kommunismus gibt es aber auch ein erstaunliches Mass an Kooperation in der linksextremen Szene. So engagieren sich etwa neomarxistisch oder leninistisch motivierte Linksextreme auch in anarchistischen Kreisen.*»[35]

Der Extremismusbericht schätzt 2000 linksextreme Akteure in der Schweiz. Die Öffentlichkeit wird zur Achtsamkeit aufgefordert. Die politischen Gesinnungen seien gefährlich, und es gäbe eine stattliche Anzahl potentiell

[33] Ebd., S. 5040

[34] Diese Vorgehensweise ist nach Foucault weniger dem gouvernementalen Denken, als vielmehr einer souveränen Macht – welche vor allem beim mittelalterlichen Adel vorkam – zuzuordnen. Dabei war ein Gesetzesbruch immer auch ein Angriff auf den König (vgl. Foucault 1976, S. 63-67). Dieser Angriff wird heute aber nicht mehr mit körperlichen Strafen geahndet, sondern mit dem ablehnenden und stigmatisierenden Verhalten derer, die sich zum Staat bekennen.

[35] Extremismusbericht 2004, S. 5040

gewalttätigen Personen. Gleichzeitig ist die Zahl von 2000 Personen aber klein genug, um der Öffentlichkeit ein Überlegenheitsgefühl zu vermitteln.

Weiter wird behauptet, linke Ideen seien nicht umsetzbar. Die Gesinnungen und Ideologien werden als weltfremd und utopisch bezeichnet. So wird zum Beispiel vom Anarchismus gesagt: «*Der ursprüngliche, absolut autoritäts- und organisationsfeindliche Anarchismus zielt dabei auf die Rückkehr zu einem vermeintlich harmonischen Urzustand ab.* [...] *Dabei handelt es sich allerdings nicht um ein ausgereiftes und in sich widerspruchsfreies weltanschauliches Konzept.*»[36] Ähnliche Wirkung wird bei den eher marxistisch gefärbten Ideologien mit dem Verweis auf das Scheitern des Sowjetkommunismus erreicht.

Der Versuch der *Entpolitisierung* ist neben dem Hinweis auf die Gefährlichkeit die zweite Technik der Diskreditierung. Dies vor allem im Rahmen von Demonstrationen und Ausschreitungen. Die meisten Personen, die Sachschäden anrichten oder sich Kämpfe mit der Polizei liefern, seien apolitische Mitläufer, die von einigen wenigen Linksextremen instrumentalisiert würden. Politischen Motive werden, zum Beispiel bei Ausschreitungen, von offizieller Seite her dementiert und in der medialen Berichterstattung ignoriert. So bietet sich dem normalen Bürger das Bild, alles was im Rahmen von Ausschreitungen passiert ist, sei von apolitischen und erlebnisorientierten Mitläufern oder «Chaoten» begangen worden. Dies zeigt sich vor allem bei dem Phänomen des «Schwarzen Blocks». «*Wie die immer wieder gestellte Frage beantwortet wird, ob sich bei diesem noch eher spärlich erforschten Phänomen um eine politische oder apolitische Erscheinung handelt, hängt von der Definition des Begriffs ‚Politik' ab. Unter dem Blickwinkel eines institutionellen Politikbegriffs ist der Schwarze Block unpolitisch, da er sich*

[36] Extremismusbericht 2004, S. 5036

nicht am demokratischen Prozess beteiligt, es sei denn, man rechnet dazu auch den Angriff auf die politischen Institutionen selbst. Wird die Medienöffentlichkeit als demokratietheoretisches Glied einbezogen, so ist das Kriterium für ein politisches Phänomen gegeben [...]. *Die dabei unter Umständen begangenen Straftaten sind dagegen im engeren Sinne keine politischen Vergehen.*»[37] In dieser Aussage zeigt sich darüber hinaus auch die Unfähigkeit der institutionellen Politik, politische Phänomene erfassen zu können, welche sich nicht auf den institutionellen Demokratiebegriff beziehen.

Spannend ist zuletzt auch, wie mit dem Extremismusbericht wiederum versucht wird, das Feld des politisch-extremistischen auszuweiten. Im Fazit zum Kapitel des Linksextremismus ist – obwohl zuvor festgestellt wurde, dass es sich bei linken Gesinnungen nicht um ein homogenes Phänomen handelt – nur noch von «*Marxismus*» und «*marxistisch Orientierten*»[38] die Rede. Es kann zwar nicht bestritten werden, dass sich Überlegungen von Marx in jeder linken Ideologie – selbst im Anarchismus – wieder finden lassen. Dies gilt aber auch für die Weltanschauung der linken Vertreter der institutionellen Demokratie. So erfüllt zum Beispiel die sozialdemokratische Partei der Schweiz (SP) auch Bedingungen, um als marxistisch zu gelten, da sie bei ihrer Gründung und 2010 erneut die Überwindung des Kapitalismus in ihr Parteiprogramm aufgenommen haben. Gemäss dem Bericht erfüllen also diverse Mitglieder der SP mindestens ein Kriterium, um als Linksextremisten zu gelten.

[37] Extremismusbericht 2004, S. 5044

[38] Extremismusbericht 2004, S. 5045

b) Zeitungen und Leserkommentare

Erster Mai

Der erste Mai als «internationaler Kampftag der Arbeiterbewegung» ist der wichtigste Tag im Jahr für das gesamte linke Spektrum. Während sich die grossen Parteien und Gewerkschaften auf das Halten von Reden beschränken, kommt es in vielen grösseren europäischen Städten jeweils zu Ausschreitungen. Diese werden oft von Personen mit radikaler linker Gesinnung getragen. Die Grenzen zwischen diesen politischen Personen und apolitischen Mitläufern verwischen jedoch zusehends.

Auch in Zürich kommt es seit Jahren am ersten Mai zu Ausschreitungen. Am 1. Mai 2011, hat die Polizei diese mit einer rigorosen Taktik auf ein Minimum reduziert. Auch die Fahndung nach den wenigen, welche die Polizei trotzdem bekämpften, hat in diesem Jahr eine neue Qualität erreicht.

Im Folgenden sollen die Berichterstattungen und die Leserkommentare des «Tagesanzeigers» und der Boulevardzeitung «Blick» hinsichtlich des Polizeieinsatzes sowie der neuen Fahndungsmethode genauer untersucht werden, um zu zeigen, wie sich das zuvor beschriebene Stigma in den öffentlichen Wahrnehmungen und Meinungen manifestiert.

Polizeieinsatz in Zürich

Am 1. Mai waren in den vergangenen Jahren das Kanzleiareal und der Helvetiaplatz in Zürich der Ausgangspunkt für die so genannte «Nachdemonstration». Dabei wurden wiederholt Sachbeschädigungen begangen. Oftmals entwickelte sich eine Strassenschlacht zwischen der Polizei und den Demonstranten. Die Nachdemonstration beginnt meist aus einer politischen Motivation heraus, zieht aber in ihrem Verlauf auch vermehrt apolitische Personen an.

Am 1. Mai 2011 hat die Zürcher Stadtpolizei die Taktik, welche sie im Jahr zuvor erstmals benutzte, um die Nachdemonstration zu verhindern, noch rigoroser umgesetzt: Beim kleinsten Anzeichen für den Beginn der Nachdemonstration wurde das Kanzleiareal und der Helvetiaplatz grossräumig eingekesselt. Die Personen, welche sich dabei im eingekesselten Bereich befanden, wurden unter Generalverdacht gestellt und zum Zweck einer Personenkontrolle festgenommen. *«Gemäss einer Medienmitteilung der Stadtpolizei Zürich kam es dabei* [bei der Einkesselung] *zu total 542 Verhaftungen* [...] *513 Personen wurden im Anschluss an die polizeiliche Kontrolle wieder entlassen.»*[39]

Die vielen Festnahmen stehen im Kontrast zur Zahl der Personen, denen tatsächlich die Absicht der Krawallbeteiligung nachgewiesen werden konnte. Nur gerade 45 Personen wurden verzeigt. Der Rest, 468 Personen, wurde weggewiesen.[40] Mehrere rechtliche Grundsätze wurden verletzt. Es wurde das Recht der Bewegungsfreiheit eingeschränkt. Zweitens wurde mit den Verhaftungen ein Generalverdacht geäussert, der sich nur schwer mit dem Grundsatz verträgt, keine präventiven Massnahmen gegen Personen zu treffen, denen keine Schuld bewiesen werden kann. Öffentliche Empörung blieb jedoch aus: *«Das Verdikt ist klar: Rund drei Viertel der Leser, die an einer Umfrage von Tagesanzeiger.ch teilnahmen, unterstützen das Vorgehen der Polizei. Eine kleine Zahl findet gar, dass die Ordnungskräfte früher hätten einschreiten sollen. Nur 22 Prozent schätzen den Einsatz als unverhältnismässig ein.»*[41]

---

[39] Tagesanzeiger, 2.5.2011a

[40] Tagesanzeiger, 2.5.2011a

[41] Tagesanzeiger, 2.5.2011b

Dies kann als Bedürfnis eines grossen Teils der Bevölkerung verstanden werden, Linksextreme und deren Mitläufer zu diskreditieren. Sogar die Beschneidung eigener Rechte wird in Kauf genommen und die Verhaftung Unbeteiligter – pauschal als «Gaffer» bezeichnet – für richtig befunden. Vor allem die Angriffe auf die Polizei und auf Privateigentum (als vermeintlich antidemokratische oder unpolitische Praktiken) werden abgelehnt. Dieser Eindruck verstärkt sich mit den Leserkommentaren. So schreibt zum Beispiel ein Leser: *«Einer Demokratie unwürdig sind Leute, die aus persönlichem Frust oder aus Langeweile gegen die Polizei kämpfen und die Existenz unbescholtener Bürger zerstören. Demokratie ist Verantwortung, wer diese nicht wahrnehmen kann oder will, gehört in die Schranken gewiesen. Analog der Kommentare ist dies auch die Meinung der Mehrheit, somit ist der Demokratie Gerechtigkeit widerfahren!»*[42]

In eine sehr ähnliche Richtung argumentiert auch ein anderer Leser: *«Mir ist ein friedlicher 1. Mai ohne Sachbeschädigungen und Verletzten allemal ein paar durch Kabelbilder geschundene Handgelenke wert. Eine moralische Fragestellung drängt sich übrigens nicht auf, da die Polizei mit denen ihr gesetzlich zustehenden Mitteln einen vom Souverän gegebenen Auftrag ausführt.»*[43]

Insbesondere folgender Kommentar zeigt, wie stark die Akzeptanz dafür ist, dass selbst die Rechte derjenigen, welche sich konform verhalten, eingeschränkt werden: *«Ich würde Gestern als Gaffer eingekesselt und kurz Verhaftet. Naja selber Schuld wenn man sich in die Gefahrenzone begibt. :-) Muss aber der Polizei ein grosses Kompliment. Sie hatten die Lage die ganze Zeit im Griff und liessen sich von den Chaoten*

---

[42] Tagesanzeiger, 2.5.2011c, Kommentar Markus Stutz, 3.5.2011, 08.52 Uhr.

[43] Tagesanzeiger, 2.5.2011c, Kommentar Daniel Strub, 2.5.2011, 21.19 Uhr.

nicht Provozieren. Dank dem rigorosen Eingreifen der Polizei kam es zu keinem grossen Sachschaden.»[44]

Es gibt jedoch auch einige kritische Stimmen. So ist nach Ansicht des Anwaltes Viktor Györffy, die im Tagesanzeigerartikel dargestellt wird, ein Polizeieinsatz dieser Art nicht legal: *«‚Bei einem solchen Einsatz wird polizeiliche Gewalt auf alle in einem bestimmten Gebiet angewendet. Und das ist nicht legal.' Einkesselungen seien völlig willkürlich. Wer dabei festgenommen werde, riskiere, in einer nationalen Datenbank als potenzieller Gewaltextremist registriert zu werden. ‚Das ist bedenklich', so Györffy.»*[45]

Mit einer möglichen Registrierung in einer Datenbank spricht der Anwalt auch eine potentielle und fälschliche Stigmatisierung von Unschuldigen an.

Internetfahndung

Die disziplinierende Wirkung eines Stigmas zeigt sich nach dem 1. Mai 2011 in verstärkter Form bei der Fahndung der Zürcher Stadtpolizei nach den wenigen Personen, welche die Polizei angegriffen haben. Bis zum Ablauf eines Ultimatums, welches die Polizei gestellt hatte, hätten sich diese Personen stellen können, ohne dass ihr Bild im Internet publik gemacht würde. Diese Möglichkeit wurde jedoch nicht genutzt. Somit wurden am Morgen des 18.7.2011 Bilder von zwölf Personen, welche an den Ausschreitungen teilgenommen haben, auf der Homepage der Stadtpolizei Zürich veröffentlicht. Auch hier scheint die öffentliche Akzeptanz für das Vorgehen sehr hoch zu sein. Nach einer (nicht repräsentativen) Leser/Innen-Umfrage des Tagesanzeigers finden 88,6 Prozent diese Art von Fahndung gerechtfer-

---

[44] Tagesanzeiger, 2.5.2011c, Kommentar Patric Spescha, 2.5.2011, 18.05 Uhr.

[45] Tagesanzeiger, 2.5.2011c.

tigt.[46] Sogar der Datenschutzbeauftragte der Stadt Zürich diesem Vorgehen seinen Segen gegeben. «*Die Internetfahndung ist vom städtischen Datenschutzbeauftragten Marcel Studer geprüft worden. Studer war am letzten Donnerstag über das Vorgehen der Polizei informiert worden und fand es in Ordnung.*»[47]

Auch die beiden Strafrechtsprofessoren Martin Killias und Daniel Jositsch – letzterer auch SP-Nationalrat – sind mit dem Vorgehen der Polizei einverstanden. «*Martin Killias, Strafrechtsprofessor an der Universität Zürich, beurteilt die Internetfahndung als zulässig und gut. Heute würden alle damit rechnen, in der Anonymität der Masse nicht erkannt zu werden, sagt er. ‚Ich halte diese Publikation der Bilder im Internet für ein sehr wirksames Mittel, um diese Anonymität aufzubrechen und die Gewaltorgien an solchen Grossanlässen einzuschränken.' Wer gravierend gegen die Rechtsordnung verstosse und dabei gefilmt werde, könne sich nicht auf den Schutz seiner Persönlichkeit berufen. Dieser Meinung ist auch sein Professorkollege, der SP-Nationalrat Daniel Jositsch: ‚Die Verhältnismässigkeit ist gewährleistet.'*«[48]

Das Ziel dieser «Aufbrechung der Anonymität» ist es, einzelne Personen gezielt einem Stigma auszusetzen, um sie dazu zu bewegen, sich bei der Polizei zu stellen. Es wirkt sich nicht strafmildernd aus, wenn sich eine Person freiwillig stellt. «*Der Kanton Luzern, der bereits mehrere Male öffentlich nach Hooligans fahndete, rechnet diese Einsicht später nicht an. ‚Wir sind kein Rabattmärkli-Gericht', sagt Simon Kopp, Sprecher der Luzerner Staatsanwaltschaft, gegenüber Blick.ch. ‚Wenn sie sich vorher melden, ist die einzige Strafmilderung, dass ihr Bild nicht öffentlich publiziert wird.'*«[49]

---

[46] Tagesanzeiger, 18.7.2011

[47] Tagesanzeiger, 19.7.2011

[48] Tagesanzeiger, 18.7.2011

[49] Blick, 19.7.2011

Nachdem die Bilder der Gesuchten drei Tage online waren, konnten von zwölf schon sieben Personen identifiziert werden. Trotz hoher Geldstrafen – schätzungsweise zwischen 2'700 bis 18'000 Franken[50] – haben sich sechs Personen freiwillig gestellt[51].

Zwei weitere interessante Punkte hinsichtlich der Überschneidung von Stigma und der gouvernementalen Disziplinierung zeigen sich, wenn man sich die Leserkommentare zu der Internetfahndung anschaut. Da wird die Onlinefahndung des Öfteren – von Befürwortern und Gegnern – als «Pranger» bezeichnet. So schreibt Mike Helbling im Blick: *«Bravo, denn nur so werden solche Idioten richtig bestraft. Eltern, Freunde, Nachbarn, Chef und alle sollen es wissen!!!! Solche Feiglinge gehören an den Pranger und sollen für Ihre feigen Taten bestraft werden.»*[52]

Oder Alfred Frei im Tagesanzeiger: *«Es geht ja darum, echte oder vermeintliche Übeltäter anzuprangern und für den Rest ihres Lebens zu bestrafen.»*[53]

Der Pranger spielt eine Rolle in den Konzepten von Goffman und Foucault und ist somit der Berührungspunkt, an welchem die postulierte Verbindung von Stigma und Gouvernementalität greifbar wird. Goffman benutzt das Wort Pranger selbst nicht, umschreibt aber derartige Praktiken bei der historischen Begriffserklärung von Stigma, welches auf die alten Griechen zurückgeht: *«Die Zeichen wurden in den Körper geschnitten oder gebrannt und taten öffentlich kund, dass der Träger ein Sklave, ein Verbrecher oder ein Verräter war – eine gebrandmarkte, rituell für unrein erklärte Person, die gemieden werden sollte, vor allem auf öffentlichen Plätzen.»*

---

[50] Blick, 19.7.2011

[51] Tagesanzeiger, 20.7.2011

[52] Blick, 19.7.2011, Kommentar Mike Helbling, 19.7.2011, 08.45 Uhr

[53] Tagesanzeiger, 18.7.2011, Kommentar Alfred Frei, 19.7.2011, 11.26 Uhr

[54] Durch diese stigmatisierenden Zeichen befanden sich ihre Träger zu jeder Zeit an einem Pranger. – Bei Foucault spielt der Pranger vor allem bei der souveränen Macht des mittelalterlichen Adels als Ersatz für die körperlichen Strafen eine Rolle, wenn das Vergehen nicht schwer genug wog, um diese zu rechtfertigen. «*Einem Grossteil dieser nichtkörperlichen Strafen wurden allerdings Züchtigungen beigefügt, die etwas von einer Marter an sich hatten: Zurschaustellung, Pranger, Halseisen, Peitsche, Brandmarkung.* [...] *Jede einigermassen ernsthafte Strafe musste auch etwas von einer peinlichen Strafe an sich haben.*»[55]

Ein weiterer Punkt, welcher die Verbindung von Stigma und Gouvernementalität im Falle dieses «Internetprangers» bestätigt, wird vor allem von kritischen Stimmen angesprochen. So wird im Tagesanzeiger der Rechtanwalt und Nationalrat Daniel Vischer zitiert: «*Das Ganze laufe darauf hinaus, dass ‚wir ein Volk von Fahndern werden', so Vischer.*»[56] In eine ähnliche Richtung geht auch der Kommentar von Simon Kunz im Tagesanzeiger: «*Dürrenmatt hats ja schon lange beschrieben (s. «Die Schweiz ein Gefängnis»): Jeder Bürger der Wärter des nächsten....Ist doch schön, dann haben die eigentlich zuständigen Behörden gar nichts mehr zu tun... Schöne neue Welt!*»[57] Diese Beobachtungen decken sich mit der ausdifferenzierten gouvernementalen Situation wie Foucault sie beschreibt. Alle Individuen einer Gesellschaft werden zu «*pausenlos überwachten Überwachern*».[58]

---

[54] Goffman 1967, S. 9

[55] Foucault 1976, S. 45

[56] Tagesanzeiger, 19.7.2011

[57] Tagesanzeiger, 18.7.2011, Kommentar Simon Kunz, 18.7.2011, 20.42 Uhr

[58] Foucault 1976, S. 228

Kommentar

Obwohl die Verbindung gouvernementaler Regierungsstrategien und Stigma hier nur hinsichtlich des Linksextremismus betrachtet wurde, kann davon ausgegangen werden, dass Stigmata auch in anderen gesellschaftlichen Bereichen eingesetzt werden, um Menschen hin zu einem Ideal zu disziplinieren. Es wäre etwa interessant zu untersuchen, ob und wie diese Technik gegen Raucher oder auf dem Gebiet anderer gesundheitsschädlicher Genussmittel Verwendung findet.

Insgesamt müsste dieses neue Phänomen genauer untersucht werden, denn die Beobachtungen und Schlüsse dieser Arbeit könnten aufgrund mangelnden empirischen Gehalts angezweifelt werden. So könnte beispielsweise gesagt werden, die Untersuchung von Leserkommentaren spiegle nicht die durchschnittliche Meinung einer Gesellschaft wider, da die Verfasser dieser Kommentare nur einen sehr spezifischen Teil der Gesellschaft bilden.

Trotzdem scheinen die beschriebenen, nur vage fassbaren gouvernementalen Techniken (Extremismusbericht, Internetpranger) an Wichtigkeit gewonnen zu haben. Diese entlasten die Regierung, indem sie die Überwachung sowie die Sanktionierung gewisser Phänomene an die Bevölkerung delegieren.

Literatur

EXTREMISMUSBERICHT (2004) (in Erfüllung des Postulats 02.3059 der Christlichdemokratischen Fraktion vom 14. März 2002). www.admin.ch/ch/d/ff/2004/5011.pdf [Stand: 14.12.2011]

Foucault, Michel (1976): Überwachen und Strafen – Die Geburt des Gefängnisses, Suhrkamp, Frankfurt am Main.

Goffman, Erving (1967): Stigma – Über Techniken der Bewältigung beschädigter Identität, Suhrkamp, Frankfurt am Main.

Zeitungen

Blick, 19.7.2011, *Gibts dafür eine mildere Strafe?*, num. www.blick.ch/news/schweiz/zuerich/diese-chaoten-stehen-am-internet-pranger-176964

Tagesanzeiger, 2.5.2011a, *Ein Drittel der Verhafteten sind Krawalltouristen*, tif. www.tagesanzeiger.ch/zuerich/stadt/Ein-Drittel-der-Verhafteten-sind-Krawalltouristen/story/23663885

Tagesanzeiger, 2.5.2011b, *«Polizisten wollen nicht auf die Strasse, um Leute zu verprügeln»*, Jvo Cukas. www.tagesanzeiger.ch/zuerich/stadt/Polizisten-wollen-nicht-auf-die-Strasse-um-Leute-zu-verpruegeln/story/30498341

Tagesanzeiger, 2.5.2011c, *«Man kann niemandem verbieten, etwas zu beobachten»*, Tina Fassbind. www.tagesanzeiger.ch/zuerich/stadt/Man-kann-%20niemandem-verbieten-etwas-zu-beobachten/story/16025464

Tagesanzeiger, 18.7.2011, *Die Chaoten bekommen ein Gesicht*, Tina Fassbind. www.tagesanzeiger.ch/zuerich/stadt/Die-Chaoten-bekommen-ein-Gesicht /story/11654729

Tagesanzeiger, 19.7.2011, *1. Mai-Chaot stellt sich kurz nach Beginn der Internet-Fahndung*, Stefan Hohler/Tina Fassbind. [Printausgabe Nr. 165]

Tagesanzeiger, 20.7.2011, *Sechs Chaoten stellten sich, einer wurde «verraten»*,
www.tagesanzeiger.ch/zuerich/region/Sechs-Chaoten-stellten-sich-einer-wurde-verraten/story/26686640

Peter Sutter

Krank durch Arbeitslosigkeit

Aus dem Leben Conrad Martis

Die Ärztin (Internistin) und Psychotherapeutin T.R. wies uns auf einen ihrer Patienten hin und gab somit den Anstoss zu einer Studie, von welcher dieser Artikel ein Produkt ist. Es geht hierbei um Conrad Marti,[1] einem heute 57-jährigen Mann, der nach langjähriger Berufstätigkeit arbeitslos wurde und anschliessend mit psychischen Problemen zu kämpfen hatte. Die von der behandelnden Ärztin zur Verfügung gestellten Patientenakten geben Hinweise auf Belastungen im früheren Leben sowie auf die aktuelle Situation Conrad Martis. Die Fallrekonstruktion wird erleichtert durch Bandaufnahmen aus den therapeutischen Sitzungen, die mit Einverständnis von Herrn Marti zur Verfügung standen. Seine kursiv eingefügten Aussagen stammen grösstenteils von diesen Aufnahmen. Die Patienten-Akten sind besonders interessant, weil die Ärztin das Anliegen hatte, Marti, der völlig vereinsamt und zurückgezogen lebte, «*eine Plattform zu geben, um seine Lebensgeschichte nochmals aufleben zu lassen*» und «*ihm vor Augen zu führen, dass er in seinem Leben Einiges geleistet hatte*». Daraus können sich häufig positive Effekte ergeben, wie die Steigerung des Selbstwertgefühls und die Einsicht, dass man nicht umsonst gelebt hat. Wichtig ist, dass die therapeutische Arbeit nicht zu spät einsetzt. Mit der Biographiearbeit kam T.R. dem Bedürfnis Martis entgegen, seine Geschichte zu erzählen und Bruchstellen seiner Biografie zu erörtern, die er sehr selbstreflexiv für sich zu deuten weiss.

[1] Alle Namen geändert

Durch den Einbezug des sozialen Kontexts wird die Fallrekonstruktion zum Gegenstand der soziologischen Biografieforschung, welche Biografie als soziales Konstrukt und dialektische Konzeption des Verhältnisses von Individuum und Gesellschaft versteht.

Lebenslauf

Conrad Marti kommt 2006, im Alter von 52 Jahren, auf Überweisung seines Hausarztes zur Behandlung psychosomatischer Beschwerden in die Praxis der Ärztin T.R. Nach der ersten Konsultation beschreibt sie Marti als verlebt und übermüdet, er sei zugleich aber auch *«logorrhoisch»*, was man als krankhaft redselig bezeichnen kann. Einen Monat lang sei er mit fürchterlichen Bauchschmerzen herumgelaufen und habe ein Messer nehmen wollen, um diesen *«vermeintlichen Klumpen»* im Bauch heraus zu schneiden. Erst Todesängste hätten ihn bewogen, den Hausarzt aufzusuchen. Auch habe er vor der Erstkonsultation dreissig Stunden nicht geschlafen und meinte, sterben zu müssen. Er zeigt eine klar depressive Symptomatik. Auf ihre Frage, ob er glaube, in eine Klinik zu gehören, wehrt er sich vehement. Lieber würde er von einer Brücke springen. Er sei bereits mit sechzehn ohne Begründung in eine psychiatrische Klinik *«versenkt»* worden. Auch weil die Ärztin Marti als suizidal einschätzt, vereinbart sie mit ihm anstelle einer Überweisung zu Beginn täglich eine Konsultation.

Kindheit und Jugend

Geboren wurde Conrad Marti in den frühen Fünfzigerjahren als uneheliches Kind in der Ostschweiz. Seine Mutter wurde als Jenische (mit ihren Brüdern) ihrer eigenen Mutter weggenommen. Sie ist in einer Pflegefamilie und in Kinderheimen aufgewachsen. Nach seiner Geburt arbeitete sie auf Initiative des Chefarztes, der ihr die Möglichkeit geben wollte, ihr Kind behalten zu können, für ein Jahr in der Geburtsklinik. Danach arbeitete sie als Service-Kraft eines Restaurants in der nahen Stadt. Die Haltung des Chefarztes war in der damaligen Zeit alles andere als selbstverständlich. Ihr Kind war unter der Woche bei einer Pflegefamilie untergebracht. Am Wochenende hatte sie die Obhut. Ihr Glück war von kurzer Dauer.

Im Alter von zweieinhalb Jahren passierte, was Conrad Marti als seine *«Entführung»* bezeichnet. *«Die Familie, bei der ich in Pflege war, hatte mehrere ältere Kinder und diese hatten mich an einen Baum gefesselt und mich ausgekitzelt. Davon könnte man sterben, sag' ich Ihnen, und dann kam ein Polizist mit einer Frau den Weg hinauf. Dann sagte der Mann etwas mit tiefer Stimme und alle Kinder banden mich sofort los und rannten weg. Dann ging der Polizist mit dieser Frau in das Haus, ich war dann befreit, voller Tränen, fast tot, und dann weiss ich noch ganz genau, das kann man nicht erfinden, das ist die Wahrheit: Ich stand in der Stube, der dunklen Stube, es war zwar taghell, aber trotzdem, es war dunkel drinnen und da hat man allerlei in einen Koffer gepackt, das vergesse ich nie mehr. Und dann lief ich mit dem Polizisten und der Frau, vielleicht war es auch ein Fräulein, einen schmalen Weg hinunter.»*

Daraufhin wurde er in eine neue Pflegefamilie gebracht, die er zunächst positiv beschreibt. Er wurde gut aufgenommen, hatte viele Spielzeuge, seine Nachbarskinder und auch die neuen Pflege-Geschwister akzeptierten ihn. Seine Pflegeeltern dort nannte er *«Daddy»* und *«Mueti»*. Dazwischen wurde er aber auch in Kinderheime eingewiesen. Wie oft und in welcher zeitlichen Abfolge geht aus den Patientenakten nicht eindeutig hervor. Hingegen erfuhr Conrad Marti aus den Akten von damals, weshalb er eingewiesen wurde. Angeblich sei es wegen seiner *«Streitsucht»*,

«*Bösartigkeit*» und «*Unerziehbarkeit*» gewesen, und auch weil er zu dieser Zeit und bis zum 16. Altersjahr «*Bettnässer*» war. Seine Erinnerungen diesbezüglich sind traumatisch. *«Ich bin mir längst darüber im Klaren, woher meine Panikattacken kommen [...]. Da ich «bockig», «uneinsichtig», «widerspenstig» oder sonst was war, schlug man mich halbtot. Man sperrte mich in dunkle Keller, liess mich hungern, und dürsten, tage- und nächtelang, um mir das Flehen um Gnade beizubringen.»* Auch sexuelle Übergriffe haben seiner Erinnerung nach stattgefunden, und die durchnässten Leintücher wurden aus dem Fenster gehängt, was ihn öffentlich demütigte. Und an schwere Arbeit erinnert er sich, die ihm gute Leistungen in der Schule verunmöglichten. *«Man sagte mir ins Gesicht, für die Sekundarschule zu dumm zu sein. Ich kenne keinen Menschen, dem mehr Minderwertigkeitskomplexe eingeredet wurden.»*

Trotz der Armut der Pflegefamilie betreute sie seiner Aussage nach bis zu zwölf Pflegekinder. Als Zusatzverdienst wurden Kaninchen gezüchtet. Conrad Marti musste, bevor er in die Schule ging, die Kaninchenställe misten und putzen und den Löwenzahn zum Füttern pflücken. Abends wurde im Garten gearbeitet und das Gemüse an Kunden ausgeliefert. In der Schule war er übermüdet, er hatte nur in Singen, Turnen und Zeichnen gute Noten, weil dafür im engeren Sinne nicht gelernt werden musste und diese Fächer seinen Neigungen entsprachen. Trotz der Verdingkinder ähnlichen Umstände, den Schlägen und der Heimaufenthalte hat er positive Erinnerungen an die Pflegefamilie, auch an seinen Pflegevater, der die «*Gerechtigkeit*» seiner Strafen begründen konnte und auch eine fürsorgliche Seite besass.

Am Ende der Werkschule hatte Conrad Marti als Einziger der Klasse keinen Lehrvertrag unterzeichnet. Er fühlte sich als Zeichner und Maler gut genug, um seinen Lebensunterhalt zu verdienen, was er im Nachhinein als naiv und überheblich einschätzt. Auf Drängen des Pflegevaters trat er eine Stelle als Fabrikarbeiter an, die für ihn alles andere als befriedigend war. Er wollte das Meer sehen und flüchtete kurzzeitig nach Italien. Nach neuen Arbeitsversuchen und vier abgebrochenen Lehrstellen und einer weiteren Flucht nach Deutschland, übergab ihn sein überforderter Vormund an den zuständigen *«Schutzaufsichtsbeamten»*, der ihn übers Wochenende in eine Trinkerheilanstalt einwies. Obwohl er als jüngster Insasse ohne Alkoholprobleme fehlplatziert war, wurden aus den zwei Tagen mehr als ein Monat Aufenthalt mit Arbeitsbeschäftigung. Diese Episode wurde beendet, nachdem seine Kollegen ihn im Ausgang mit Bier abgefüllt hätten, worauf er auf dem Heimweg Autoantennen und Spiegel parkierter Autos beschädigte, was aus seiner Sicht nur als Bubenstreich hätte interpretiert werden können. Dies brachte ihn aber eine Woche ins Untersuchungsgefängnis und dann in eine psychiatrische Klinik. Er betont, dass er nie wegen Delikten, sondern immer *«administrativ»* versorgt worden sei.

Psychiatrie

An der Psychiatrie, wie er sie damals erlebte, übt der heute intellektuell (selbst-)geschulte Conrad Marti viel Kritik. *«In einem Zuchthaus wird Ihnen auf dieselbe Art alles abgenommen [...], diese Entnahme der persönlichen Gegenstände und die Auflistung davon. [...] wenn ich scharf darüber nachdenke, ist bereits das Zeremoniell der Einweisung eine Vorverurteilung.»*

Auch manch Anderes empfand er als Demütigung. *«Ich musste mich splitternackt ausziehen und mich auf ein Bett legen[...], ich kann es nicht mehr genau sagen, mehr Personen als Finger an dieser Hand standen um mich herum. [...] Selbst*

Frauen standen dort. Damals war man in der Pubertät, 16 ungefähr.»

Auch die psychischen und psychologischen Tests empfand er als Kränkung, am schlimmsten den Fremdwörtertest. «*Das war für mich eine intellektuelle Niederlage. Ich schwor mir, ich werde so viele Fremdwörter lernen und eines Tages pass ich dich ab und werde dich knebeln und fesseln, auf einen Stuhl anbinden und dann werd' ich dir Fremdwörter vorsagen, und für jedes, dass du nicht weisst, bekommst du eine Ohrfeige und dann darfst du heimgehen. Ich war voller Hass dazumal.»*

Als er eine Aufseherin zum ersten Mal sah, die ihm besonders gefiel, weigerte er sich fortan in ihrer Gegenwart stupide Arbeit zu vollführen. «*Dort oben, wo die anderen Stecker montierten, malte ich Plakate am hintersten Tisch und die Frau, die schöne Frau, kam wieder zu mir und dann, als sie meine Bilder sah, führte ich ganz nette Gespräche mit ihr, weil sie rausfand, dass ich doch gar nicht geisteskrank bin. Sie fand die Bilder gut und wir redeten über das Thema malen, zeichnen usw.»*

Conrad Marti fand Möglichkeiten, seine Unterlegenheit durch Selbststudium zu kompensieren. «*Ich war diesen Menschen, das kann ich wohl sagen heute, mit 17 Jahren geistig turmhoch überlegen. All diese Demütigungen, der Verrat, die intellektuelle Kränkung vergass ich nie, konnte es aber anders gewichten, weil ich an Bücher geriet, die ich las… dass es Menschen gibt, die präzis so denken wie ich. Ich begann zu lesen, über Psychiatrie, über Psychologie, über Parapsychologie, Psychiatrie in Russland, Psychiatrie im Nationalsozialismus, Psychiatrie in der Schweiz…»*

Arbeitserziehungsanstalt

Gegen Ende seines Aufenthalts in der Klinik wurde Conrad Martis Wunsch, ein Zimmer zu beziehen und eine Arbeit suchen zu dürfen, nicht stattgegeben. Die Verantwortlichen in der psychiatrischen Klinik rieten, ihn in eine Arbeitserziehungsanstalt zu überweisen, eine sozialtherapeutische Institution des Straf- und Massnahmenvollzugs. Dies wurde mit dem «*Grad der Schädigung (Haschisch, LSD, Mädchenerlebnisse)*» und der «*Gefährdung*» begründet. Dort sassen aber nur Gewaltverbrecher und allesamt für eine kürzere Zeit wie er. Martis dreiseitige Beschwerde gegen die Einweisung mit knapp achtzehn Jahren wurde abgewiesen. Es wurde ihm aber auf Drängen und Suiziddrohung hin die Adresse der Mutter ausgehändigt, welche damals im Milieu in einer grossen Schweizer Stadt als Prostituierte arbeitete. In seiner Erinnerung beschreibt er die Begegnung als freudiges Ereignis, die Mutter stellte ihn ihren Freunden und Bekannten als ihren verlorenen Sohn vor, es wurde gefeiert und sie sagte, dass sie viel Geld für die vergebliche Suche nach ihm ausgegeben hatte.

Beim Treffen mit der Mutter überzog er seinen Urlaub und wurde von der Polizei aufgegriffen. Er beschreibt die unmittelbaren Folgen des Besuchs folgendermassen: «*Jenes Ausreissen aus der Anstalt – im Zöglingsjargon «auf die Kurve gehen» genannt – hatte für mich noch ein Nachspiel. Nach einem «geschenkten Tag» wurde ich in Handschellen von zwei Polizisten und einem Schäferhund zum Hauptbahnhof geführt, in ein Gefängnisabteil der Eisenbahn gesetzt und nach Liestal gefahren. Im Gefängnis Liestal wurde ich erkennungsdienstlich erfasst: Man mass meine Köpergrösse, wog mein Gewicht, entnahm mir die Fingerabdrücke und photographierte mich von vorne und im Profil. Dann überführte man mich ins Gefängnis nach Waldenburg. Dort war ich mehrere Tage eingesperrt. Schliesslich wieder im Arxhof, musste ich zur*

Strafe eine Woche lang in der Einzelzelle verbringen. Damals las ich Goethens ‚Wilhelm Meister', ‚die Wahlverwandtschaften' und andere Werke von ihm.»

Im Arxhof arbeitete er tagsüber in der Schreinerei und hatte bisweilen disziplinarische Probleme. Die Abende nutzte er zum Lesen von Klassikern der Literatur, Philosophie und Politik und eignete sich autodidaktisch ein breites Wissen an. Diese Vorliebe teilte er mit vier älteren Insassen. Er war damals 17, die anderen Mitte oder Ende 20. Alle 4 sassen wegen Drogensucht, Drogenhandel und entsprechender Drogenkriminalität ein. Was die vier auszeichnete, war Wissensdrang und Belesenheit. So hätten sie eigenhändig eine Bibliothek eingerichtet und durften die Anstaltsbibliothek mit den Büchern ihrer Wahl ausbauen.

Sie machten ihn auch auf die Literatur der 68er aufmerksam, die er ebenfalls verinnerlichte. Von einem dieser Freunde erhielt er auch den Rat, nie eine kriminelle Tat zu begehen, was er bis heute beherzigte. Seine damaligen Freunde leben nicht mehr und sind alle durch Suizid aus dem Leben geschieden.

Rückblickend sagt Conrad Marti über seine Resilienz, also die Fähigkeit zur positiven Entwicklung trotz widriger Umstände und hohen Belastungen: *«Nur deshalb, weil ich erkannte, dass die von Geburt auf Privilegierten, die Herrschenden, eigentlich, d.h. moralisch, unter mir stehen, habe ich bis heute überlebt. Wäre mein Leben ‚normal' verlaufen, dann wäre ich aufgrund meiner niederen Herkunft heute ein Drogensüchtiger, oder ein Krimineller. Das Minimum an soziologischer Erkenntnis, welches mir mein Schicksal aufgebürdet hat, ist noch immer mein Lebensborn.»*

Er hatte im Umfeld auch immer gute Begegnungen mit Menschen, die durchaus seine Qualitäten erkannten, zum Beispiel eine Primarschullehrerin, *«deren Zuneigung zu mir sie wahrscheinlich meiner Erscheinung abgewann: Denn wie ich war sie rothaarig und ihr Antlitz zierten mindestens so viele Sommersprossen wie das meinige...»*

Nach einem Jahr in der Erziehungsanstalt begann er vehement für seine Entlassung zu kämpfen. Er verwies insbesondere auf seine Einweisung aus administrativen Gründen hin, und sechs Monate später erreichte er sein Ziel. Er trat zuerst eine Stelle in einer Buchhandlung an, zog dann aber in die Stadt, in der seine Mutter arbeitete. Er fühlte sich erstmals frei, bezog ein eigenes Zimmer, arbeitete bei diversen Stellen und fand mit einer Anlehre als Fotograf endlich auch eine Arbeit, die ihm gefiel.

Mit seiner Volljährigkeit wurde er aus der Vormundschaft entlassen. Sein Vormund, wohl in der guten Absicht, einen Schlussstrich unter seine schwierige Vergangenheit zu ziehen, verbrannte vor seinen Augen seine Akten, nachdem er ihm kurz erlaubt hatte, sie durchzublättern und handschriftliche Notizen zu machen. *«Als fünfjähriger wurde mir schon gesagt, ich übe einen falschen Einfluss auf andere Menschen, ich sei aggressiv, gewalttätig, unerziehbar, widerspenstig, kurzum anormal.»* Viel mehr ist ihm von den Unterlagen nicht geblieben, denn er war zu dem Zeitpunkt so blockiert, dass er nicht in der Lage war, Notizen zu machen. Heute erscheint ihm die Vernichtung dieser Akten, welche das Elend seiner Kindheit und Jugend dokumentieren, als schwerer Fehler. Sie verhinderten Recherchen zu seiner Vergangenheit und vertuschten vielleicht auch geschehenes Unrecht. Auch die Kontaktaufnahme mit den Menschen aus Fremdfamilien und Heimen war so nicht mehr möglich.

Beziehung zur Mutter

Nach dem Ende seiner Vormundschaft folgten turbulente Zeiten. Er hatte viel Kontakt mit seiner Mutter und deren Umfeld, sie verwöhnte ihn öfters mit Geschenken, lud ihn zum Essen in teure Lokale ein und finanzierte auch seine Reise nach Barcelona, wo er seinen Vater besuchen wollte. Er hatte durch eigene Recherchen dessen Adresse ausfindig gemacht und war neugierig, den Vater, den er noch nie gesehen hatte, kennen zu lernen. Die Begegnung verlief enttäuschend für den Sohn. Der Vater holte ihn zwar am Bahnhof ab, quartierte ihn aber in einem Hotel ein und wies ihn auf die Sehenswürdigkeiten der Stadt hin. Er hatte seinerzeit zwar die Vaterschaft anerkannt, sich aber nie um die damit verbundenen Verpflichtungen gekümmert, auch nicht finanziell. Conrad Marti seinerseits entdeckte auch keine äusseren Ähnlichkeiten mit seinem Vater. So blieb es bei dem einmaligen Treffen.

Von seiner Mutter erfuhr er auch, dass sie alles unternommen hatte, um ihren Sohn zu suchen. Jeder Zugang wurde ihr aber verwehrt. Auch hochbezahlten Anwälten gelang es nicht, ihren Sohn ausfindig zu machen. Ein paar Jahre später starb seine Mutter an Krebs. Er hatte sie, als ihre Lage im Spital aussichtslos wurde, zu sich nach Hause genommen und bis zuletzt gepflegt. Ihr früher Tod erschütterte ihn. Es waren erst sechs Jahre seit ihrer ersten Zusammenkunft vergangen. Biographisch nimmt die Mutter von Conrad Marti eine wichtige Rolle in seinem Leben ein. *«Meine Mutter hat meinen grössten Dank verdient. Sie hat mir die höchsten Höhen und tiefsten Tiefen der Gesellschaft gezeigt.»*

Lebensmitte

Bald nach dem Tod der Mutter verliess er die Stadt und brach alle Kontakte in ihrem Umfeld ab. Er wollte nichts mit dem Milieu zu tun haben, hat aber seiner Mutter deswegen nie Vorwürfe gemacht. Im Gegenteil. Für sie hätte er sich eine Wiedergutmachung gewünscht.

Er hatte dann eine Beziehung zu einer Frau, die fünf Kinder hatte, und noch mit ihrem Ehemann lebte. Trotzdem zog er zu ihnen in eine Randregion der Schweiz. Der Ehemann war ein reicher Bauernsohn und sie verwalteten einen grossen Gutshof. Mit dem Wissen und dem Einverständnis des Ehemannes hatte Conrad Marti während dieser Zeit ein eigenes Kind mit dieser Frau und arbeitete vier Jahre bei ihr auf dem Hof, bis eines Tages durch die Indiskretion des Ehemannes die Wahrheit öffentlich wurde. Das löste in dieser ländlichen Umgebung einen grossen Skandal aus. Seine Partnerin wurde wüst beschimpft, obwohl allgemein bekannt war, dass auch der Ehemann eine aussereheliche Beziehung führte. In der Folge zog Conrad Marti mit ihr und den sechs Kindern in die nächste grössere Stadt, mit kurzem Besuchsweg der Kinder zum (Ex-) Ehemann. Sie bezogen eine grosse Dachwohnung im Zentrum der Stadt.

Nach zwei Jahren zerbrach die Beziehung aus *«unerfindlichen»* Gründen, wie Conrad Marti sagt. Obwohl er ganz in der Nähe eine Wohnung fand, erwies sich die neue Situation mit dem regelmässig ausgeübten Besuchsrecht seiner Tochter bei ihm zu Hause als schwierig. Das Buhlen um die Gunst der Tochter verleidete ihm und so verlor er mit der Zeit auch den Kontakt, auch, wie er sagt, weil sie ausser dem Aussehen nichts Gemeinsames hätten. Die nächsten Jahre verliefen unauffällig, er ging wieder eine neue Beziehung ein und hatte zu keiner Zeit Mühe, eine Beschäftigung zu finden. Im Selbststudium eignete er sich IT-Kenntnisse an und nutzte diese – meist ohne Auftrag – um als Lagerverwalter seine Arbeit effizienter gestalten zu können. Erst Ende der 90er Jahre fingen die zunehmenden Probleme auf dem Arbeitsmarkt an.

Arbeitslos

2001 wurde Conrad Marti erstmals arbeitslos. Die Firma, bei der er arbeitete, ging in Konkurs. Bisher war Marti immer optimistisch gewesen. Er musste nie eine Bewerbung schreiben, ein Telefonanruf zur Kontaktaufnahme genügte, um neue Arbeit zu finden. Doch nun wurde es schwieriger. Er ist zunächst nicht zur Arbeitslosenkasse gegangen, sondern lebte vom Ersparten und hat immer wieder zwischendurch auf eigene Initiative vorübergehend eine Anstellung gefunden. Nach einer Phase des Bezugs von Arbeitslosengeld, dem «*Stempeln*», und einer weiteren, von Arbeitsmassnahmen begleiteten Phase der Arbeitslosigkeit kam es zur Aussteuerung. Er fand daraufhin nochmals eine reguläre Stelle. Diese endete wegen Ungereimtheiten in der Lagerverwaltung. Die seines Erachtens ungerechtfertigte Kündigung kränkte ihn. Er habe sich auch an diesem Arbeitsplatz sehr engagiert, obwohl er im Vergleich zu früheren Stellen, an denen er bis zu 6500 Franken verdiente, nur 3100 Franken erhielt.

Entmutigend und zermürbend empfand er die zahlreichen Standardabsagen und das lange Warten auf die Antworten auf seine Bewerbungsschreiben. In Erinnerung geblieben ist ihm die Bewerbung bei einem Grossverteiler. Der Ausschreibung eines Lageristen habe er genau entsprochen und dies mit den beigelegten Empfehlungsschreiben seiner früheren Arbeitgeber auch belegen können. Nach einer Standartabsage erschien das Inserat drei Monate später erneut. Sein Dossier wurde aufgrund des Alters, so seine Vermutung, gar nicht gelesen.

In der Krankengeschichte findet sich folgende Notiz, die Herr Marti zum Thema Absagen zitiert und auch zeigt, dass es ihm nicht grundsätzlich an Selbstachtung oder Selbstbewusstsein fehlte: «*Absagen schmerzen. Und weil man als Sozialhilfeempfänger kein Auto haben darf, sind Jobs oft nicht möglich, da sie ein Auto voraussetzen….*

Er müsse sich ständig nach Absagen die Litanei herunterbeten:

Ich

- bin gesund,
- habe alle Tassen im Schrank,
- bin cheibe intelligent,
- habe grosse Fähigkeiten, intellektuell und manuell,
- habe saubere Referenzen und einen guten Leumund,
- bin nicht kriminell»

Als er schliesslich zum Sozialamt ging, hatte er noch gegen sieben Franken im Portemonnaie und sagte sich: *«Jetzt ist es soweit… Jetzt springe ich aus dem Fenster!»* Vorher hatte er im Rahmen des fortschreitenden sozialen Abstiegs bereits seine viereinhalb Zimmer Dachwohnung aufgeben müssen und sein Auto abgestossen. Parallel dazu gab es typischerweise Probleme in seinem persönlichen Umfeld. Die langjährige Beziehung ging unter anderem auseinander, weil die finanziellen Ressourcen für ein normales Leben fehlten und Marti dadurch entgegen seiner sonstigen Art reizbarer und mürrischer gewesen war. Seine Selbstwertprobleme dominierten alle anderen Themen. In der zweiten Stempelphase kumulierten die Probleme. Auf jede Bewerbung folgte eine Absage, oder er erhielt keine Antwort. Konflikte mit den Betreuern der regionalen Arbeitsvermittlung (RAV) hatten bereits früher seine Wut gegen die Institutionen geschürt. Er bekam Angst und Panikzustände, Angst vor der Zukunft, Angst zu verarmen. Er zog sich zurück, insbesondere auch die Kontakte im Freundeskreis wurden seltener und endeten meist im Beziehungsabbruch. Zeitweise ging er kaum noch aus. Er hoffte lange noch, eine Stelle zu finden und bewarb sich weiter. Er verzweifelte und bekam auch eine Wut über das Schicksal von *«unschuldig in Not Geratene»*. Und dann kamen schliesslich auch die körperlichen Beschwerden.

Viel später veranlasste ihn nicht einmal ein geschenkter Museumspass, die Wohnung für Museumsbesuche zu verlassen. Zu stark fühlte er sich aus der Gesellschaft ausgegrenzt, zu gross war seine Scham, zu gross sein Widerstreben, sich der Öffentlichkeit auszusetzen.

Krankheit als unausweichliche Folge

Zu Beginn seiner Behandlung bei der ärztlichen Psychotherapeutin wollte er nichts von einer Anmeldung bei der Invalidenversicherung wissen. Er wollte nur eines: gesund werden. Er habe sich bis kurz vor der Zuweisung vom Hausarzt für einen Job fit gefühlt. Er habe resigniert und trotzdem die Hoffnung nicht ganz verloren. Aber auch in den besten Zeiten habe er immer wieder an Suizid gedacht. Jede Form von Abhängigkeit war ihm zuwider. Er erkannte, dass seine Lage auf dem Arbeitsmarkt trotz aller noch so gut gemeinten Interventionen aussichtslos war. Ab da ging es ihm zunehmend schlechter. Die Armut führte zur kompletten sozialen Isolation. Eineinhalb Jahre nach Therapiebeginn beschrieb er seine Situation so: *«Wegen meiner Arbeitslosigkeit leide ich unter Schlafstörungen und fortwährendem Schlafmangel. Albträume lassen mich nachts aufschrecken und tagsüber verfolgen mich düstere Gedanken. Ich mache mir Sorgen um meine physische und intellektuelle Existenz, welche durch den Ruin meiner materiellen Existenz in höchste Gefahr geraten sind.*

Die Tatsache, dass ich zum Sozialhilfeempfänger geworden bin, belastet mich schwer. Vor allem auch finanziell – und somit auch psychisch. Vor mehr als einem Jahr ging mein TV-Gerät kaputt und vor einigen Wochen der Scanner, und zuletzt der Plattenspieler. Die Entbehrung, welche ich allein durch den Verlust des Musikgenusses erleide, ist unbeschreiblich. Kurzum: Mein Selbstwertgefühl ist dahin. Ich fühle mich unsicher, eingeengt und verloren. Oftmals kriege ich – vor allem unter vielen Menschen – Angstzustände, Platzangst und Luftmangel. Auch fällt es mir schwer, mich auf etwas zu konzentrieren. Alle meine Gedanken werden vom Magneten meines sozialen Elends angezogen, dessen Kraftzentrum ich in der ökonomischen Ungerechtigkeit erblicke.

Alles von mir in den letzten Jahren erlebte Unglück (zwei Firmenbankrotte, zwei Anstellungen auf Basis der Ausbeutung), und alle nur schwer zu verkraftende Unbill (die «dezente» Distanzierung von Bekannten, die Erschütterung ob der Entdeckung der Falschheit und Heuchelei von Menschen, die ich für Freunde hielt und als solche behandelte), hatten bewirkt, dass meine langjährige private Beziehung zerbrach. Eine neue Beziehung von Beständigkeit vermochte ich seither nicht mehr aufzubauen.»

Bei Krankgeschriebenen können weder RAV noch die Sozialhilfe berufliche Massnahmen anordnen und die Betroffenen gelten entsprechend als nicht vermittelbar. Die Wahrscheinlichkeit einer Lösung des Problems, das heisst eine Arbeit zu finden, war schon vor seinem Gang zur Sozialhilfe verpasst worden. Seine Ärztin, dann aber auch die Sozialhilfe rieten dem Klienten dringend, bei der IV eine Rente zu beantragen. Lange Zeit wehrte sich Herr Marti gegen dieses Ansinnen, da er arbeiten und vor allem nicht von Institutionen abhängig sein wollte. Insbesondere empfand er es als Kränkung, für krank gehalten zu werden. Der soziale Abstieg hatte aber bereits einen grossen gesundheitlichen Schaden angerichtet und er konnte seine Wohnung nie ohne Panikgefühle verlassen. Zum Schluss musste er erkennen, dass er tatsächlich krank geworden war. Das psychiatrische IV-Gutachten attestierte Conrad Marti aufgrund seiner psychiatrischen Diagnosen eine ausgeprägte neurotisch-narzistische Persönlichkeitsstörung, die aufgrund der Begebenheiten sich zu einer depressiven Störung entwickelt habe. Der Psychiater ergänzt weiter:

«Eine weitergehende Arbeitsunfähigkeit, die bei Herrn Marti zweifellos vorliegt, ist jedoch auf äussere Umstände wie der Verlust der Arbeitsstelle, ausgetrockneter Arbeitsmarkt und das Lebensalter des Versicherten zurückzuführen. Unter Berücksichtigung dieser äusseren Faktoren beträgt die Arbeitsfähigkeit 30%.»

Er erwähnt im Übrigen auch, dass berufliche Massnahmen bisher erfolglos verlaufen seien. Die IV selbst hatte bereits eigene Massnahmen wegen Misserfolgs gestoppt. Umso erstaunlicher ist, dass die IV bei der definitiven Beurteilung zum Schluss kommt, dass bei Herrn Marti eine Arbeitsfähigkeit von 60 Prozent vorliegt, was zur kleinsten Rente, der Viertelsrente berechtigt. Eine volle Arbeits*un*fähigkeit wird im Rahmen psychischer Erkrankungen nur bei schweren Psychosen anerkannt. Trotzdem erhält Conrad Marti heute mit Ergänzungsleistungen der Ausgleichskasse eine volle Rente. Denn es ist jedem Beteiligten klar, dass er nie wieder wird arbeiten können. Auch wenn es ihn viel Überwindung kostete, ärztliche Hilfe zu suchen und anzunehmen, war die Patientenrolle eine Entlastung für ihn. Seine Ärztin konnte ihn vor den Ansprüchen der Sozialhilfe schonen, die zum Beispiel von ihm verlangt hatte, abermals eine noch billigere Wohnung zu finden – eine Unmöglichkeit angesichts des Wohnungsmarkts. Seine Ärztin wehrte sich für ihn und konnte auch etwas bewirken. Er sagt einmal, dass er sie als seine *«Stellvertreterin»* erlebe. Sie gab ihm Recht auf eine Behandlung und reduzierte seine soziale Isolation, indem er durch den regelmässigen Kontakt mit ihr immerhin eine Gesprächspartnerin hatte. Kranksein milderte nicht wirklich das Stigma als Sozialhilfebezüger, denn sein erklärtes Ziel zu Beginn war, so schnell wie möglich einen Weg aus dieser Sackgasse und der Abhängigkeit der Institutionen zu finden. Die therapeutischen Sitzungen linderten sein inneres Leiden und verbesserten sein Selbstwertgefühl. Indessen setzten die Massnahmen so spät ein, dass sein sozialer Abstieg, die Isolation und die psychischen und psychiatrischen Folgen bereits so weit fortgeschritten, ja chronifiziert, waren, dass eine soziale Integration in die Gesellschaft und in den Arbeitsprozess unrealistisch geworden waren. Einmal sagt er, dass rückblickend nicht die Kränkung durch die Arbeitslosigkeit das Schlimmste für ihn gewesen sei, sondern das Leid durch private Erniedrigungen.

Er hat auch in Zeiten schlimmerer Depression versucht, was ihn bereits früher gerettet hatte: Zu denken und geistig rege zu bleiben. Heute liest Conrad Marti immer noch viel, bis zu dreihundert Seiten am Tag, gibt er an, und hält sich mit TV-Nachrichten und Sendungen auf dem Laufenden. Im Internet eröffnete sich ihm ausserdem ein weites Betätigungsfeld. Er diskutiert in zahlreichen Foren mit, zur deutschen Rechtschreibung, Technik, Philosophie oder Theologie. Dies kommt seinem Bedürfnis nach intellektueller Auseinandersetzung entgegen. Dass die virtuelle Welt aber gelebte soziale Beziehungen nicht zu subsituieren vermag, davon zeugt ein von ihm nach Ende der Therapie geschriebener Vers:

«ganz und gar vereinsamt,
verlassen von den Vertrauten,
gemieden von den innigst Geliebten,
reich an Mangel,
niemandes Verlust,
sinn-, zweck- und nutzlos,
der Rede nicht wert»

Und er fügt an: *«Mit meinem Leben habe ich abgeschlossen. Ich bin mit mir selbst im Reinen. Alles, was noch auf mich zukommt, will ich still ertragen»*.

Kommentar

Conrad Martis Geschichte weist auf mehrere gesellschaftliche Probleme hin. Aus lebensgeschichtlicher Perspektive werden die mangelhaften Massnahmen im Umgang mit Kindern und Jugendlichen sichtbar, wie sie bereits in anderen Beiträgen in diesem Band zum Ausdruck kommen. Für die Gegenwart zeigt sich, dass heute der Raum für eigenwillige Biographien und unangepasste Persönlichkeiten, aber auch für Menschen, die im Bezug auf den Arbeitsmarkt vermeintlich *«nutzlos»* geworden sind, immer enger wird. Während Conrad Marti – trotz seiner schweren Kindheit – früher noch Chancen zu individueller Entfaltung erhielt, hat der Druck zugenommen. Wer nicht *«passt»*, sei es wegen mangelnder Konformität, sei es wegen des Alters, wird aus dem funktionalen Prozess ausgeschlossen. Diese Erkenntnis ist umso schmerzlicher, wenn man sieht, wie eng das Selbstwertgefühl an bezahlte Arbeit gebunden sein kann. Als Therapie bei der Diagnose «krank durch Arbeitslosigkeit» helfen ein Arbeitsplatz und Einkommen. Viele Menschen mit auffälliger Persönlichkeit oder gar einer psychiatrisch diagnostizierten Persönlichkeitsstörung können gut arbeiten. Krankheit und Veranlagung machen sich oft erst durch äussere Umstände – etwa Arbeitslosigkeit – negativ bemerkbar.

Ein weiteres Problem ist, dass Institutionen häufig nicht miteinander, sondern gegeneinander arbeiten; Sozialhilfe und IV versuchen etwa, Bezügerinnen und Bezüger auf die jeweils andere Kasse abzuschieben und gehen in einzelnen Fällen sogar juristisch gegeneinander vor. Der Druck wird dann oft an Betroffene weitergegeben. So wurden bei Conrad Marti weder das ärztliche Gutachten noch der Bericht der behandelnden Ärztin bei der IV-Beurteilung angemessen berücksichtigt. Die Sozialhilfe erwog gegen die IV zu rekurrieren. Conrad Marti hatte aber bereits selber erfolglos Rekurs eingelegt. Später lenkte die Ausgleichskasse ein und er erhielt dank Ergänzungsleistungen eine zur IV-Rente äquivalente Unterstützung zugesprochen.

Hinzu kommt, dass die Beratungs- und Coaching-Industrie boomt. Trotz aussichtloser Lage werden Arbeitslosen häufig sinnlose Massnahmen aufgedrängt für einen Arbeitsmarkt, der real gar nicht existiert.

Wichtig sind neue Modelle, um auch weniger «Konkurrenzfähigen» Menschen Arbeit zu bieten. Das ist im Sinne individueller Menschenwürde und auch für die Gesellschaft nützlich. Es ist zu hoffen, dass sich verantwortliche Individuen in Politik und Wirtschaft finden, die dies zu beherzigen und den negativen Entwicklungen etwas entgegenzusetzen wissen.

Frigga Haug

Woher kommen alle diese Reparaturarbeiten?

Eine Theorie von Sozialarbeit braucht eine Sozialtheorie von Gesellschaft[1]

Zur theoretischen Positionierung von Sozialarbeit heute

Gehen wir davon aus, dass unsere Gesellschaften in den letzten nahezu 40 Jahren in einem grundsätzlichen Umbruch sind, so genügt eine kritische Sozialtheorie, die den Kapitalismus ganz allgemein zu begreifen sucht, nicht. Ins Zentrum rücken die Entwicklung der Produktivkräfte und darin die Veränderungen der Subjekte, strukturell, also was ihre Bedingungen angeht als auch individuell, was die subjektiven Verarbeitungen der Anforderungen betrifft. Plakativ gesprochen finden wir uns im neoliberalen – also marktradikalen – Hightech-Kapitalismus. Die damit einhergehenden Veränderungen ziehen sich durch die gesamte Gesellschaft und durchqueren die einzelnen, dass die Generationen einander kaum mehr erkennen.

«Wir müssen damit rechnen», sagt Peter Hartz, verantwortlich für die Sozialreformen, die das Leben vieler in Deutschland ins Elend stürzten, «dass wir an den Rändern der Gesellschaft immer mehr Menschen verlieren, weil sie nicht die nötige Geschwindigkeit zum ‚take-off' aufbringen» (Hartz, 2001). Er bezieht sich damit auf die ge-

[1] Vortrag, gehalten auf dem Internationalen Kongress für Sozialarbeit, Luzern 2008

änderten Anforderungen aus dem Arbeitsleben (durch die Entwicklung der Produktivkräfte) und auch auf das, was er bei den einzelnen mangelnde «Lernmotivation» nennt. Schwungvoll entwirft er den neuen Menschentyp, der jetzt gebraucht wird. Die hohen Ziele der Arbeiterbewegung auf Befreiung der Menschen sind lange vergessen zugunsten des Ehrgeizes, Menschentypen zu schaffen, die in vorhandene Arbeitsplätze und -zeiten passen und dies als Freiheit leben, bzw. auch frei sind, an den Rändern unterzugehen. Die von Marx skandalisierte Verkehrung, dass die Menschen von den Maschinen, statt umgekehrt, die Maschinen von den Menschen angewandt werden, nimmt Hartz positiv auf. Handelndes Subjekt wird der Arbeitsplatz, der vielfach besetzbar ist. Und Menschen, gedacht als Maschinen, werden vom Standpunkt der Stillstandszeiten zu maximaler Leistung in den nicht mal zehn Prozent ihres Lebens angespornt, die sie nach Hartz' Rechnung überhaupt mit Arbeit verbringen. Schliesslich brauchen sie lange zum Heranwachsen, lange sind sie alt, dazwischen schlafen sie viele Nächte, auch gibt es Sonn- und Feiertage, hinzukommen Urlaube und Krankheiten. Unter den neuen Bedingungen erscheinen Gewerkschaften, überhaupt Solidarnetze als veraltet. Selbstbestimmung ersetzt Mitbestimmung. Jeder wird Unternehmer.

Dieser Diskurs, in dem Natur/Leben nur als zu verwertender Steinbruch vorkommt, reisst die einzelnen aus einer vermuteten Selbstzufriedenheit heraus und schleudert sie in einen Hochleistungsbereich, der jeden ausspuckt, der im High-tech-Kapitalismus nicht mitkommt, weil er das Alphabet der Informationstechnologie nicht beherrscht und womöglich kein Englisch kann. Wenigstens zehn Prozent ihrer Mitglieder verliert die Gesellschaft an ihren Rändern: sie besitzen keine «Beschäftigungsfähigkeit». So wird die

Qualität der Einzelnen daran festgemacht, ob sie am enger gewordenen Arbeitsmarkt fündig werden.

Die verantwortliche Politik kümmert sich dabei wenig um die Frage, wohin die aus der Gesellschaft herausfallenden Menschen gehen sollten. Dafür gibt es den Sektor Sozialarbeit, Fachleute, deren Arbeit das Sich-Kümmern ist. Aber was können sie tun? Als politische Subjekte überfällt auch sie eine zunehmende Apathie. Allgemein schwindet Hoffnung, es fehlen Solidarkonzepte. Neues vorherrschendes Gefühl ist das einer allgemeinen Überforderung. Sie äussert sich eigentümlicherweise umso mehr als Zeitbeklemmung, je mehr die Verfügung über Zeit in die Selbstbestimmung geführt wird.[2]

Der Versuch, auf dem unsicheren Boden neuen Halt zu gewinnen, schickt die Fantasie in verschiedene Bereiche. Ich berichte aus drei methodisch, literarisch und sozialwissenschaftlich ganz unterschiedlichen Projekten:

Einem Roman, einer historisch-sozialtheoretischen Analyse und einem politischen Projekt, eine Utopie zu entwerfen, die einen Leitfaden entwickelt, an dem einzelne und Gruppen handlungsfähig werden könnten.

Bei richtiger Schulung werden aus Arbeitslosen Unternehmer

Der Roman «Schule der Arbeitslosen» wurde von Joachim Zelter 2006 geschrieben. Dieser unbedingt zur Lektüre empfohlene Roman ist eine Fiktion, die ihren Stoff nicht nur aus der realen Existenz der stets sich mehrenden Arbeitslosen nimmt, er bezieht sich zudem in gekonnter Wei-

---

[2] Dies arbeiteten wir in einer kleinen Studie mit Akteurinnen in der Sozialarbeit heraus – der Befund stiess bisher allgemein auf Zustimmung – vgl. pro-fem: Überforderung ist Unterforderung. Hamburg 2008

se auf die Realsatire, die der schon genannte Peter Hartz als Grundlage für die unseligen deutschen Reformen des Arbeitsmarktes geschrieben hat. Er ist, ohne das selbst so zu nennen, ein Hartz-Roman. Bei Hartz mischen sich Werbeeuphorie mit zynischen Anrufungen an die Subjekte, ihre Persönlichkeiten endlich so umzukehren, dass sie am sich schnell ändernden Arbeitsmarkt verkäuflich sind und sich dabei als eine Kraft auffassen, die, flexibel und wie eine Maschine auslastbar, der Gesellschaft zur Verfügung zu stehen hat. Ziel der Ummodelung ist die vollkommene Ware. Der Umbau soll als selbstbewusster Akt geschehen, vollständig frei. Die gleichzeitige Einbeziehung der Entwicklung der Produktivkräfte, die fröhliche Bejahung von Profit und Markt als wahrhaft menschliche Regulatoren von Zusammenleben und darin die Herstellung von Menschentypen, die dem Ganzen total unterworfen werden und sich selbst dabei als Könige bejahen – ist das Kunstwerk des Peter Hartz.[3]

Der Autor unseres Romans – Joachim Zelter – entwirft also aus einem real-fiktiven Szenario eine vollendete schwarze Utopie, indem er einfach fortschreibt, was hier von Hartz begonnen wurde.

Eine stillgelegte Fabrik, schnell weiss übertüncht und mit Spanplatten in die entsprechenden Räume unterteilt, wird eine Schule für Langzeitarbeitslose. Sie werden hier interniert, jeweils für drei Monate und lernen, sich umzuformen, ihre Apathie zu überwinden und aggressive Jobsucher zu werden. Das beginnt mit den verschiedenen Ritualen des Einschreibens, der vorgeschriebenen Kleidung, der vertraglichen Formen. In Klassen zusammengefasst, in Schuluniformen, werden die Hoffnungslosen in ihre neue Heimat gefahren, um von da an einem unablässigen Strom

[3] Vgl. dazu meine Analyse: «Schaffen wir einen neuen Menschentyp», letzte Fassung in Haug 2008

von positivem Rhythmus und Beschallung, von Gymnastik und Eintrichterungen unterworfen zu werden – den ganzen Tag, mit nächtlichen Zwischenstücken. Dem modischen Trend folgend ist Teil ihrer Trainings die Durchsetzung ihrer Sprache mit Brocken von Englisch und zugleich damit die Änderung der mit Sprache verknüpften Gefühle, besonders des Selbstwertgefühls: So heissen sie nicht mehr Arbeitslose, sondern Trainees und sie suchen auch keine Arbeit, sondern sie leisten Job-attack. Das Wesentliche, das sie lernen, ist, sich selbst zu präsentieren und zwar vor allem anders als bislang. Sie werden, was sie schon waren, Autoren ihrer Biographien. Lebenslaufschreiben ist Hauptfach, und wird zur Fertigkeit, die zugleich zur Routine wird, einen Selbstentwurf zu erfinden, der nicht einfach Dichtung ist, sondern in jeder Faser den Richtlinien des Verkäuflichen folgt. Jetzt wird wieder und wieder umgeschrieben. Es zählt nicht, was war, denn dieses war ja ohnehin falsch, sonst wären sie nicht auf dem Abstellgleis gelandet, es zählt, was Erfolg verspricht. Der Schulalltag wird schnell zu einem Hexenkessel voller gutgelaunter Losungen aus der Bundesanstalt für Arbeit, die das Ganze inszeniert und hektischer Versuche der vielen ehemals mutlosen Menschen zwischen 30 und Ende 50, die sich umschaffen, dass sie zeitgerecht werden. Der Roman beschreibt schmerzlich die Verwandlung, wie sie bei Kafka lesbar ist. Ein wichtiges Moment ist dabei, dass die einzelnen völlig eingesperrt sind in diesem Gefängnis ihrer Umformung, ohne dass sie tatsächlich im Gefängnis sässen – sie sind vielmehr eingesperrt-frei; dass sie einer Ordnung unterworfen werden, die die gewohnte nicht mehr ist, befreit an der Kandarre. Sie werden dazu ermutigt, auch sexuelle Beziehungen aufzunehmen, und doch ist auch dies schon wieder neuer Flexibilität unterworfen – niemand darf mehr als zweimal, den 68er-Slogan noch unterbietend – mit dem gleichen Partner die entsprechende Liebessuite aufsuchen. Auch das Essen ist zugleich frei und ihrer Leistung unterworfen. Sie bekommen Bonusmarken, wie bei Flug und Bahn und können deren Anzahl durch Sonderleistungen steigern, durch schlechtes Abschneiden mindern. Als Glück erscheint am Horizont die Verheissung: Es gibt tatsächlich einen wirklichen Arbeitsplatz, für den jetzt alle gegeneinander und zugleich kollektiv in Wettbewerb treten, wie in einem Fussballteam, das einen Spitzenstürmer aus sich hervorbringt. Es werden Bewerbungsschreiben geschrieben mit passend retuschierten Fotos, fiktivem Erfolgsleuchten in den Augen, musikalisch untermalt. Jetzt geht es weiter wie in den gewöhnlichen sportlichen Wettkämpfen: Fünf werden ausgewählt, die gegeneinander ins Turnier gehen. Die bislang Arbeitslosen verwandeln sich in Wesen, die nur ein einziges Ziel bis zur Besessenheit treibt: Sie erstreben einen Arbeitsplatz. Wie in den Fernsehshows um die Präsidentschaft versuchen sie Punkte zu machen. In öffentlichen Schaukämpfen treten die Ausgewählten einander und dem Publikum gegenüber, beantworten, zugleich Wissen und Witz zeigend, alberne Fragen, singen selbstgemachte Lieder, die vom Gewinnen und Wollen tönen – bis am Ende nurmehr einer übrig bleibt und den Arbeitsplatz bekommt, Trainer zu werden für diese Schule; der zweite bekommt als Trostpreis den Hausmeisterjob. Da sind wir schon am Ende des Romans angekommen, der eine eigene Spannung durch einen Widerpart erhält, eine Frau, ehemals Floristin, die sich dem Regime nicht beugen will und einfach aussteigt. Sie will nicht jeden Job, sie möchte wieder Floristin sein. Sie macht auch bei den Aufgaben nicht mit und verlängert so, was vorher gesellschaftlich schon klar war, dass sie herausgefallen ist. Das wird noch einmal vor Augen geführt durch ihre Einsperrung im Keller, um keinen anzustecken. Sie kann nicht einfach rausgeschmissen werden, weil die Bundesanstalt für Arbeit, verunsichert durch viele durchs Land streichende Arbeitslose, die soziale Unruhe stiften, Brände legen usw. die vorzeitige Entlassung verboten hat. – Dazwischen erfährt man beiläufig, dass der gesamte Strom der Einrichtung durch die Insassen hergestellt wird, die bei ihren täglichen Übungen auf dem Fahrrad in der Turnhalle solange treten, bis die nötige Wattzahl erreicht ist. Begeistert wird errechnet, dass es auf diese Weise unschwer möglich wird, den Strombedarf der gesamten Republik zu decken, wenn alle Arbeitslosen derart nutzbringend eingespannt werden zum Pedaltreten. Ja, mehr, da ja auch die Zahl der Arbeitslosen beständig zunimmt, könnte die totale Verwandlung von Menschen in (Arbeits-)Kraft gesellschaftsweit gelingen. Da bliebe kein störender Rest. – Das Ende ist nicht glücklich – die Arbeitslosen mit wunderbaren Zeugnissen und neuem Titel Zeugnis professionalisierter Bewerbung – certificate of professional application, CPA – erhalten die frohe Botschaft, dass sie nun nicht nach Hause, sondern zur Belohnung und Erholung nach Afrika an den Strand geschickt werden. Vom Standpunkt der Ausgestossenen, die immer weiter mitgeschleppt wird, ohne irgendeine Kraft zur Änderung aufbringen zu können, wird nahe gelegt, dass die vielen Busladungen von Menschen in grosse Flugzeuge umgeladen und für immer entsorgt werden. –

Der Roman zeigt die Strategien, die dem Staat in dieser Lage bleiben, in der die Produktivkräfte so weit entwickelt sind, dass für die Erledigung der notwendigen Arbeit immer weniger Arbeitende gebraucht werden, wenn keine grundsätzliche Änderung vorgesehen ist. Er führt dabei zugleich vor, dass die neuen Techniken des social engineering – auch sie Englisch im Deutschen – soweit vorangetrieben und verfeinert sind, dass sie die einzelnen dazu bringen können, ihre Hoffnung, ihren Glauben, ihr Selbstbewusstsein so wieder zu finden, dass es zum selbstbestimmten Untergang ausreicht. Es gibt keinen Ausweg – es sei denn, man hielte vielleicht die analytische Darstellung der einzelnen Details selbst für einen Änderungsweg, der den Zorn zum Umbau stärkt. Sozialtheoretisch gesprochen ziehen wir die Lehre:

Die Bereiche von Arbeit, Arbeitsmarkt und persönlicher Identität sind so zueinander geschaltet, dass als «falsches Leben», also persönliches Versagen, erscheint, wenn man aus der gesellschaftlichen Arbeit herausfällt. Insofern entwickelt sich als eine besondere Aufgabe, die einzelnen wieder in die psychische Lage zu versetzen, in den Prozess zurück zu schreiten. Dazu müssen sie sich in allererster Linie selbst ändern, aus Sozialhilfeempfängern, Unternehmer ihrer selbst werden, wie dies bei Hartz heisst, und wie dieser Roman zeigt. Auf der Schwelle zum Arbeitsmarkt müssen als oberste Künste der Selbstunternehmerisierung Qualifikationen ausgebildet werden, sich einen erfolgreichen Lebenslauf zu erfinden, an ihn zu glauben und ihn mittels immer besserer Bewerbungsschreiben vorzustellen. Die Fremdheit der neuen eigenen Lebensläufe und Persönlichkeitsprofile wird für die einzelnen dadurch möglicher, dass sie sich in den englisch durchsetzten Sprachstücken ohnehin nicht wieder erkennen können. Für die Sozialarbeiter, die zeitgemäss arbeiten, wären Biographieschulung und Bewerbungstraining die notwendigsten Qualifikationen. Ihre Vermittlung an die Arbeitslosen braucht psychologischen, pädagogischen und musischen, auch organisationssicheren Sachverstand. Daher sind sie die einzige sichere Zuwachsbranche, was neue Arbeitsplätze angeht.

Die Menschen machen ihre Geschichte nicht aus freien Stücken, aber sie machen sie selbst

Wenn man die politischen Reden, die vielfältigen Ratgeber und vor allem auch die Sprache der Agenturen verfolgt, die sich der Beschädigten der Gesellschaft annehmen, ist die Lehre aus dem Roman angemessen. Die Sache scheint total festgefahren. Die Sozialarbeitenden als Reparaturkolonne können dem Anschein nach nurmehr wählen, entweder mitzuschmieden an der Formung der leistungsbereiten, stromlinienförmigen Arbeit um jedem Preis suchenden Herausgefallenen – job attacks – oder sich resignativ zurückzuziehen. Dies soll hier keinesfalls als einzige Botschaft stehen bleiben. Sozialarbeitende können wohl als einzelne wenig ausrichten, gleichwohl tauchen sie auf als die neuen sozialen Helden, welche die Hoffnung, dass es auch anders gehen könnte und müsste, nicht aufgegeben haben. Von diesem Standpunkt, also dem einer anderen Welt als Vision, erlauben wir uns einen kurzen Rückblick auf die unsrige. In ihr sind offensichtlich die Weichen so gestellt, dass es immer mehr Verzweiflung, menschlichen Ausschuss gibt – solide Vorhersagen sprechen von ca. einem Drittel der Menschen in den reichen Ländern, die dank der Entwicklung der Produktivkräfte und der Möglichkeiten der transnationalen Konzerne in Billiglohnländer zu wechseln, bei sich zuhause nicht mehr gebraucht werden. Gleichzeitig wird Sozialstaat abgebaut und immer mehr derjenigen Sozialaufgaben, die der Staat bislang übernahm, werden zurückgegeben an die einzelnen, dass sie sich der Kinder, der Alten, der Behinderten, der Kranken uneigennützig und grosszügig annehmen, damit die Gesellschaft nicht unmenschlich werde. Solche Zurücknahme humanitärer Aufgaben in die Verantwortung von Einzelnen verweist uns auf die grundsätzliche und davor liegende Frage, mit der ich meinen Beitrag betitelte: Woher kommen all die

Reparaturarbeiten oder anders, wie ist eigentlich diese Gesellschaft insgesamt geregelt, und wie beteiligen wir uns am gesellschaftlichen Projekt, in dem, wie gesagt, die Sozialarbeitenden die schlimmsten Wunden verbinden, die die Gesellschaft schlägt und nicht ihr Schlagen verhindern können. –

Ich skizziere das sehr abstrakt und knapp: Besinnen wir uns darauf zurück, dass es die Menschen sind, die ihre Gesellschaft machen und diese nicht bloss als äusseres Zwangsverhältnis um sie steht. Vereinfacht gesprochen gehen wir davon aus, dass Menschsein eine Tätigkeit ist. Menschen machen ihre Geschichte, indem sie tätig sind. Zunächst geht es um zwei Arten von Produktion. Sie produzieren Leben – ihr eigenes, indem sie es erhalten und weiter entwickeln und fremdes, indem sie Kinder in die Welt setzen. Für beides brauchen sie Mittel zum Leben. Die Produktion der Lebensmittel, die am Anfang der Geschichte äusserst beschwerlich und zeitintensiv war, suchen sie in der historischen Entwicklung immer zeitsparender zu gestalten. Die Entwicklung der Produktivkräfte der Arbeit, verstanden als die Weise, wie mit der Natur umgegangen wird, dass Mittel zum Leben gewonnen werden, verkürzt die Zeit, in der das Lebensnotwendige hergestellt wird. So kann ein Überschuss produziert werden, können neue Erfindungen gemacht werden, die die Zeit der notwendigen Arbeit weiter verkürzen. Dieses erbringt das äusserst widersprüchliche oder auch zwielichtige Ergebnis, dass menschliche Entwicklung Zeit und Raum finden kann – man muss nicht mehr 16 Stunden einen armen Acker umpflügen, um das Nötigste zu erarbeiten – wiewohl wir das noch in diesem Umfang in einigen Ländern der «Dritten Welt» durchaus so vorfinden. So können Arbeitskräfte freigestellt werden für andere Aufgaben – eine allgemeine Arbeitsteilung findet statt, und es kann Reichtum akkumuliert werden. Der Bereich der Lebensmittelproduktion erweist sich als äusserst dynamisch: Er ist Quell von Entwicklung, von Bereicherung, von Entfaltung und vor allem bietet er die Möglichkeit, Profite zu machen – andere für sich arbeiten zu lassen, aus der Verfügung über deren Arbeitskraft Gewinne zu ziehen. Ich verfolge die Entwicklung dieses Sektors an dieser Stelle nicht weiter, sondern wende mich dem Bereich zu, den wir Lebensproduktion genannt haben und der heute gemeinhin als Reproduktionssektor bezeichnet wird, denn um diesen geht es, wenn von Sozialarbeit die Rede ist. – Im historischen Verfolg ist leicht studierbar, wie dieser Bereich, der anfänglich das Ziel war, für das die so genannten Lebensmittel produziert wurden, zum untergeordneten Bereich wurde, dessen Wohlergehen ein Beiprodukt der Entwicklung des jetzt übergeordneten Bereichs der Lebensmittelproduktion wurde. Das gilt in jeder Hinsicht, materiell: – man verdient dort wenig oder nichts, weil das meiste aus Liebe getan werden sollte; politisch: die Fragen erscheinen als relativ marginal verglichen zu den ernsthaften Dingen der Gesellschaft im Grossen, wie Wirtschaft, Kriege, Banken-Finanzen usw.; und ideologisch: was ist schon eine Hausfrau verglichen zu einem Facharbeiter in einem Industriewerk, ganz zu schweigen von einem Unternehmenschef, oder ähnlichem. Indem also Leben blosses, fast zufälliges Beiprodukt der Produktion seiner Mittel wird – nennen wir dies eine grundsätzliche Verkehrung von Mittel und Zweck – geraten auch Sinn und Ziel des gemeinschaftlichen Lebens in ein seltsames hierarchisches Verhältnis zueinander. Insofern müssen wir für weitere Forschungsaufgaben das Zueinander der beiden Produktionen studieren, im Zeitverbrauch, in Bezug auf die Akteure und in der Lebensweise. Solange die Gesellschaften diese Fragen ihrer eigenen menschlichen Reproduktion nicht in einer dem Stand der gesellschaftlichen Entwicklung angemessenen Weise gelöst haben, stürzen diese liegen gelassenen gesellschaftlichen Aufgaben hinterrücks als Krisen und Katastrophen auf sie herab. Sie werden in kleinen Teilen als Reformvorhaben in Bildung, Rente, Gesundheitswesen, Familie, Umwelt usw. diskutiert, der Geldmangel und fehlender Reformwille beklagt, halbherzig verschoben, ohne dass jemals die Verkehrung der menschlichen Ziele, nämlich die Produktion der Mittel zum Leben dem Leben selbst vorzuziehen und sodann profitlich zu organisieren, zurückgedrängt wird. Kapitalismus bedeutet also, dass die Fragen der «Lebensmittelproduktion» jenen der «Produktion des Lebens» so bestimmend übergeordnet sind, dass die Zerstörung der Lebensgrundlagen die Folge ist.

In dieser Ordnung der Bereiche besetzen Frauen herkömmlich den der Lebensproduktion, werden sie also zu ungleichen, weniger wichtigen Menschen, die entsprechend anders in der Gesellschaft unterworfen sind, dies bis in die Persönlichkeitsstrukturen hinein. Es wird für die Frage nach der Sozialtheorie, welche die Sozialarbeit untermauern soll, also elementar, die Verhältnisse der Geschlechter einzubeziehen. Sozialarbeit ist Frauenarbeit, sie geschieht in Geschlechterverhältnissen. Diese aber sind nicht einfach Mann-Frau-Beziehungen, keine Charakterfragen autoritärer oder masochistischer Persönlichkeiten, durch Schulung behebbar, – sie sind selbst als Produktionsverhältnisse zu begreifen. Grundlage ist die Struktur gesellschaftlicher Arbeitsteilung, in der – ich wiederhole das – die beiden Produktionen, die des Lebens und die der Lebensmittel, im umfassenden Sinn so zueinander gestellt sind, dass die Produktion der Lebensmittel in der Form der Lohnarbeit profitlich organisiert und zentral ist und sich den Bereich der Lebensproduktion nicht einfach unterworfen hat – das geschieht erst seit kurzem mit der Entwicklung der Gen- und Reproduktionstechnologie – sondern ihn als unwesentlich, als nebenher zu erledigen ausgesondert hat. So konnte er an Frauen vergeben werden, weil sie sich aus viel älterer patriarchaler Unterdrückung kommend, dafür quasi natürlich eigneten. Man kann historisch und aktuell verfolgen, wie diese Logik bestimmt, wie Männer und Frauen zu sein haben, ihr Verlangen, ihre Ziele, ihr Bewusstsein und Verhalten, man kann studieren, wie dies ideologisch paradox abgesichert ist – damit meine ich z.B., dass alles, was aus Liebe umsonst getan wird, gesellschaftlich mehr gilt als das schnöde Tun um Geld und dabei zugleich nichts gilt, weil es nichts einbringt usw. – Man kann auch sehen, dass hier Selbstveränderung und Gesellschaftsveränderung ineins fallen. – Man wird davon ausgehen können, dass dies alles im wesentlichen so bleibt, solange die Gesellschaft die Frage der menschlichen Reproduktion, also des neuen Lebens und der Erhaltung von Leben und Natur nicht zu ihrer Hauptsache gemacht hat, sondern als zufälliges Abfallprodukt behandelt oder Flickenweise in den Prozess der Profitproduktion einbezieht, je nach Konjunktur.

Vereinfacht übersetzt heisst das: Es ist elementar für das Begreifen von kapitalistischer Gesellschaft, zu analysieren, wie die Reproduktion der Menschen selbst gesellschaftlich gedacht, geplant und durchgeführt wird. Es ist ohne weiteres ersichtlich, dass innerhalb der Profitlogik die Bereiche Menschen und Natur nur als eine Art Steinbruch vorgesehen sind, als Ressourcen, die ausgebeutet werden.

In diesem Zusammenhang gibt es interessante Widersprüche, die politisch als Vehikel nutzbar sind. Man kann sie studieren – ähnlich wie im oben geschilderten Roman – als Zusammenprall vom Selbstverantwortungsdiskurs des Staates und den Ungleichzeitigkeiten der neuen Menschen beiderlei Geschlechts, die je individuell ihre Leben «managen». Auf der anderen Seite gibt es Traditionen, in denen die alten Fürsorgeideale der fordistischen Geschlechterverhältnisse weitergepflegt werden, die immerhin im hegemonialen Block von Kirche, Parteien, Staat und entsprechender Bevölkerung getragen werden. Kurz, man kann mit Empörung von links und von rechts rechnen, wenn staatliche Fürsorge zur Gänze abgebaut und in die Hände jedes einzelnen gelegt werden, der dann die Freiheit hat, unterzugehen.

Aber nehmen wir Widersprüche als Hoffnung. Klagen wir im Neuen den Verlust an Geschichte ein; erinnern wir, was gewollt war, was gewonnen wurde, was wir brauchen. Dies versteht sich als Anstiftung zur Utopie. Wir brauchen eine Politik, die flexibel ist, die mit Widersprüchen umgehen kann, die rettende Kritik mit Aufbruch verbindet, wie ihn die Gegner neoliberaler Globalisierung als alternative Globalisierung vorantreiben – feministisch, ökologisch, sozial.

Die Frage nach den Geschlechterverhältnissen als Produktionsverhältnissen hat den Vorschlag erbracht, den Begriff der gesellschaftlichen Produktionsverhältnisse von der Beschränkung auf die Praxen in der Lebensmittelproduktion zu befreien, bzw. diese selbst als etwas zu denken, das mit Politik und Ideologie verbunden, juristisch verfasst, moralisch formiert und auf allen diesen Ebenen in Geschlechterverhältnissen konfiguriert ist.

Das ist keine Frage der einfachen Arbeitsteilung und durch paritätische Umverteilung an die Geschlechter zu beheben. Sondern diese Teilung selbst ist das Problem.

Die Vier-in-einem-Perspektive. Eine Utopie von Frauen für alle

Als Schlüssel und politischen Kompass habe ich für die neue Linke in Deutschland ausgearbeitet, was ich die Vier-in-Einem-Perspektive nenne.[4] Sie ist zugleich utopisch visionäre Perspektive, wie sie Realpolitik heute anleiten kann. Der Entwurf zielt auf eine grundlegende Veränderung von Arbeitsteilung. Worauf wir aus sind, das ist eine Verknüpfung jener vier Bereiche menschlicher Tätigkeit:

der Arbeit an den notwendigen Lebensmitteln in der Form der Erwerbsarbeit;

der Arbeit an sich selbst und an anderen Menschen, was wir als das Menschliche an Menschen zu nennen gewohnt sind und was Marx dazu brachte, mit Charles Fourier zu erkennen, dass «der Grad der weiblichen Emanzipation das natürliche Mass der allgemeinen Emanzipation» sei (Marx, MEW 2, 208), weil «hier im Verhältnis des Weibes zum Mann, des Schwachen zum Starken, der Sieg der menschlichen Natur über die Brutalität am evidentesten erscheint» (ebd.), weil, wenn auch die Schwächeren in gleichem Masse wachsen können, das wahrhaft Menschliche sich zeigt, wozu auch die Liebe gehört; oder noch einmal in Marx Worten (Marx, Pariser Manuskripte 1844): Es entscheidet sich am «Verhältnis des Mannes zum Weibe [...] inwieweit das Bedürfnis des Menschen zum menschlichen Bedürfnis [...] geworden ist, inwieweit er in seinem individuellen Dasein zugleich Gemeinwesen ist» (MEW 40, 535).

Zum Dritten geht es darum, die schlummernden Anlagen zu entwickeln, sich lebenslang lernend zu entfalten, das Leben nicht bloss als Konsument, sondern tätig zu geniessen, und damit auch eine andere Vorstellung vom guten Leben entwerfen zu können.

---

[4] Der Text folgt hier in gekürzter Form dem Vorschlag, wie er in meinem Buch Die Vier-in-einem-Perspektive (Hamburg 2008, 3A 2011) abgedruckt ist und derzeit an vielen Orten der Linken diskutiert wird. Seit November 2008 gibt es ein Internetforum dazu www.vier-in-einem. de

Und schliesslich geht es übergreifend darum, dass wir auch Zeit brauchen, in die Gestaltung von Gesellschaft einzugreifen, also uns alle politisch zu betätigen.

Das Erste, die Politik um Arbeit, ihre Qualität, Dauer, Zeit, Entlohnung kann auf Erfahrung bauen in den zur Arbeit gehörenden Bewegungen.

Das Zweite, die Frage der Arbeit am Nachwuchs, aber auch an allen anderen, und an sich selbst, gemeinhin Reproduktionsarbeit genannt, bündelt Patriarchatskritik, indem sie diesen Raum menschlicher Entfaltung für alle Geschlechter erstreitet. In kritischem Bezug zu Darwin behauptet neuerlich Sarah Hrdy (2010), dass die kooperative Kinderaufzucht Grundlage der Menschwerdung sei. (vgl. dazu Haug 2011)

Das Dritte, die Zeit, die für eigene Entwicklung gebraucht wird, stösst an die Politik des Zeitregimes in unserer Lebensweise, in die wir uns daher

als Viertes einmischen und das Stellvertretermodell in der Politik in seine Schranken weisen müssen.

So sieht der Umriss eines von Frauen formulierbaren umfassenderen Begriffs von Gerechtigkeit aus, der seinen Ausgang nimmt bei der Arbeitsteilung und der damit verbundenen Zeitverausgabung. Gehen wir davon aus, dass jeder Mensch etwa 16 Stunden am Tag in die so umfassend gedachte gesellschaftliche Gesamtarbeit einbringen kann, so wird sogleich offenbar, dass das Gerede von einer Krise, weil uns die Arbeit ausgehe, von einem äusserst restriktiven Arbeitsbegriff ausgeht und daran festhalten will, koste es, was es wolle. Vom Standpunkt des gesamten Lebens und seiner menschlichen Führung sieht die Sache radikal anders aus:

In der Politik um Arbeit wird Leitlinie die notwendige Verkürzung der Erwerbsarbeitszeit für alle auf ein Viertel der aktiv zu nutzenden Zeit, also auf vier Stunden – perspektivisch erledigen sich auf diese Weise Probleme von Arbeitslosigkeit (wir haben dann weniger Menschen als Arbeitsplätze) mitsamt Prekariat und Leiharbeit – so gesprochen gehen alle einer Teilzeitarbeit nach, bzw. der Begriff hat aufgehört, etwas sinnvoll zu bezeichnen, und wir können uns konzentrieren auf die Qualität der Arbeit, ihre Angemessenheit an die menschliche Verausgabung ihrer Fähigkeiten.

Es versteht sich von selbst, dass alle einzelnen über ein ausreichendes Einkommen zum Leben verfügen und dass sie ebenso in jedem der vier Bereiche sich betätigen: in der Erwerbsarbeit, in der fürsorgenden Arbeit für andere und sich, in der Entfaltung der in ihnen schlummernden Fähigkeiten, schliesslich im politisch-gesellschaftlichen Engagement. Probeweis kann man dies auch so ausdrücken, dass jeder Mensch in die Lage versetzt wird, sein Leben so einzurichten, dass er oder sie je vier Stunden in jedem dieser Bereiche pro Tag verbringt. Das ist nicht dogmatisch zu verstehen, als ob man mit der Stechuhr in der Hand von Bereich zu Bereich gehen müsste, in keinem mehr genügend zuhause. Vielmehr wird man, sobald man anfängt, die eigne Lebensführung unter diesen Dimensionen zu fassen, schnell bemerken, dass die Grenzen nicht fest sind, die Bereiche einander durchdringen und innerlich zusammenhängen. Die Aufteilung in vier mal vier Stunden ist so ein Modell, das eben wie ein Kompass, Strategien der Veränderung entscheidend orientieren kann.

Für die Reproduktions-Familienarbeit bedeutet dies zuallererst eine Verallgemeinerung. So wie niemand aus der Erwerbsarbeit ausgeschlossen sein kann, so auch nicht aus der Reproduktionsarbeit – alle Menschen, Männer wie Frauen, können und sollen hier ihre sozialen menschlichen Fähigkeiten entwickeln. Das erledigt den Streit ums Erziehungsgeld, ohne die Qualität der Arbeit, die hier geleistet wird, abzuwerten; ja, im Gegenteil, jetzt erst, in der Verallgemeinerung, statt in der alleinigen Zuweisung auf Frauen und Mütter, kann der allgemeine Anspruch verwirklicht werden, dass diese Arbeit qualifizierte Arbeit ist und also erlernt werden muss, wie andere Arbeit auch. – Die vielen Meldungen über misshandelte und verwahrloste Kinder legen hier ein beredtes Zeugnis ab.

Das Modell sieht eine Verlängerung des tätigen Lebens auf etwa 16 Stunden am Tag vor und damit zugleich eine rigorose Verkürzung des Erwerbstages auf etwa 4 Stunden, um den anderen Dimensionen, die zum lebendigen Menschen gehören, Raum zu erstreiten. Perspektivisch kann so keiner arbeitslos sein, Haus- und Reproduktionsarbeit sind Teil jeden Lebens, wie die politische Einmischung und die Entfaltung möglicher Fähigkeiten und lebenslanges Lernen lustvolle Verwirklichung des Menschseins sind. Dies ermöglicht zugleich, die Bereiche nicht gegeneinander auszuspielen, keinen für sich zu lösen, sondern solche Ein-Punkt-Vorstellungen selbst als reaktionär und dumm zu begreifen. Da es Perspektive ist, die politisches Handeln bestimmt, ist es nicht von heute auf morgen durchsetzbar.

Es ist nicht der Sinn, schematisch jedes auf ein Viertel zu denken, sondern die Verknüpfung der Bereiche als notwendige Grundlage einer emanzipatorischen Politik zu fassen. Das verbietet einseitige Lösungen wie die, um Mutter und Kind zu streiten, zeigt aber ihr Recht im Gesamten; es löst die Arbeitslosigkeitsfrage durch rigorose Verkürzung für alle – was ökonomisch möglich ist. Es löst die Fragen der Vereinbarkeit von Beruf und Familie, von einseitiger Arbeitsteilung und plant vor allem die politische Einmischung als Menschenrecht ebenso wie die Entwicklung aller menschlichen Möglichkeiten.

Die vier Politiken zusammen genommen ergeben eine andere Vorstellung und Forderung von Gerechtigkeit. Von dieser aus stellen sich fast alle brennenden Fragen neu und anders.[5]

In dieser Vier-in-Einem-Perspektive tauchen die Frauen anders auf als üblich – diesmal an Schlüsselstellen. Die Perspektive kann derzeit vom Frauenstandpunkt gesprochen werden, weil sie es sind, die den Reproduktionsbereich, also den Standpunkt des Lebens so wichtig nehmen, dass sie ihn nicht vergessen können bei der Planung des Lebens; sie sind es zugleich, die den Erwerbsarbeitsbereich nicht so wichtig nehmen, dass sie ihn allein für das Zentrum halten können; es ist dringlich, dass sie mit der Selbstaufopferung aufhören und ihre eigene Entfaltung in eigne Hände nehmen; sie müssen sich in die Politik einmischen, weil sie für die Gestaltung ihres und anderer Leben «den Staat von unten nach oben umkehren» müssen – wie Brecht (1930/1967, S. 830) dies sprach.

Keiner der Bereiche sollte ohne die anderen verfolgt werden, was eine Politik und zugleich eine Lebensgestaltung anzielt, die zu leben umfassend wäre, lebendig, sinnvoll, eingreifend und lustvoll geniessend. Dies ist kein Nahziel, nicht heute und hier durchsetzbar, doch kann es als Kompass dienen für die Bestimmung von Nahzielen in der Politik, als Massstab für unsere Forderungen, als Basis unserer Kritik, als Hoffnung, als konkrete Utopie, die alle Menschen einbezieht und in der endlich die Entwicklung jedes einzelnen zur Voraussetzung für die Entwicklung aller werden kann.

---

[5] Ich habe das Modell der Vier-in-Einem-Perspektive für die Tagung des «Frauenaufbruchs der Linken in Esslingen», November 2007 ausgearbeitet und mit den fundierenden Texten aus 30 Jahren frauenpolitischer wissenschaftlicher Arbeit zusammengestellt zu einem Buch, das im Februar 2008 im Argument-Verlag unter dem nämlichen Titel erschienen ist – 3. Auflage 2011.

Literaturverzeichnis

BRECHT, Bertolt (1932/1967): Die Mutter. Leben der Revolutionärin Pelagea Wlassowa aus Twer, GW 2, Stücke 2. Frankfurt, Suhrkamp-Verlag.

HARTZ, Peter (2001), Job Revolution. Wie wir neue Arbeitsplätze gewinnen können, Frankfurt, Frankfurter Allgemeine Zeitung Buch-Verlag.

HAUG, Frigga (2008, 3A 2011), Die Vier-in-einem-Perspektive. Politik von Frauen für eine neue Linke. Hamburg: Argument-Verlag.

HAUG, Frigga (2008), «Schaffen wir einen neuen Menschentyp». Von Ford bis Hartz, in dies., Die Vier-in-einem-Perspektive. S. S. 75-88.

HAUG, Frigga (2011): Hilfsbereitschaft als Überlebensstrategie. Hrdys Forschungen zu Jungenaufzucht und Menschwerdung, in: Das Argument 294, , S. 709-722.

HRDY, Sarah Blaffer (2010): Mütter und andere. Wie die Evolution uns zu Menschen gemacht hat, Berlin, Berlin Verlag.

MARX, Karl und Friedrich Engels (1844): Die Heilige Familie, MEW 2, Berlin, Dietz-Verlag, S. 7-223.

MARX, Karl (1844): Pariser Manuskripte. MEW 40, Berlin, Dietzverlag.

ZELTER, Joachim (2006): Schule der Arbeitslosen. Ein Roman, Tübingen, Klöpfer & Meyer.

Über die Autorinnen und Autoren

Frigga Haug
(*1937), Professorin für Soziologie und Sozialpsychologie i.R, ist Vorsitzende des Berliner Instituts für Kritische Theorie und Mitherausgeberin des Historisch-Kritischen Wörterbuchs des Marxismus und der Zeitschrift *Das Argument*. Arbeitsschwerpunkt ist derzeit feministische Politik und Theorie.
www.friggahaug.inkrit.de

Martin Schaffner
(*1940) bis 2005 Professor für Neuere allgemeine und schweizerische Geschichte an der Universität Basel. Arbeiten zur Sozialgeschichte Basels, zur Geschichte Irlands im 19. Jahrhundert, zur Demokratiegeschichte der Schweiz und Europas. Gegenwärtiger Arbeitsschwerpunkt: historische Alpenforschung.

Peter Aebersold
(*1943), ehemals Professor für Strafrecht an der Universität Basel und an der Hochschule für Soziale Arbeit, ist derzeit Lehrbeauftragter an den Universitäten Luzern und Bern. Seine Arbeitschwerpunkte sind Kriminologie, Jugendstrafrecht, Strafvollzug.
www.peteraebersold.ch

Regina Wecker
(*1944) ist emeritierte Professorin für Frauen- und Geschlechtergeschichte an der Universität Basel und Präsidentin der Schweizerischen Gesellschaft für Geschichte (SGG). Ihre Forschungsschwerpunkte sind Rechtsgeschichte, Geschichte der Frauenlohnarbeit und Geschichte der Eugenik.
dg.philhist.unibas.ch

Peter Sutter
(*1949) arbeitet als wissenschaftlicher Mitarbeiter am Seminar für Soziologie. Er studierte in den 70er Jahren Psychologie und Soziologie in Basel und Zürich und war über 20 Jahre als selbständig Erwerbender in der Gastronomie tätig. Selbst von Arbeitslosigkeit betroffen wird seine Stelle vom Amt für Wirtschaft und Arbeit finanziert.

Ueli Mäder
(*1951), Professor für Soziologie an der Universität Basel und der Hochschule für Soziale Arbeit, ist Co-Leiter des Seminars für Soziologie und des Nachdiplomstudiums in Konfliktanalysen. Seine Arbeitsschwerpunkte sind die soziale Ungleichheit und die Konfliktforschung.
www.soziologie.unibas.ch

Annamarie Ryter
(*1957), Dr. phil., ist Historikerin und Dozentin an der Pädagogischen Hochschule der Fachhochschule Nordwestschweiz im Bereich Berufspraktische Studien und Berufswahl/Berufsintegration. Sie ist Mitinhaberin des Beratungsunternehmens *bildbar* mit Schwerpunkt Gewaltfreie Kommunikation und Coaching.
www.bildbar.ch

Tobias Burkhard
(*1971) ist Student der Soziologie und Philosophie an der Universität Basel, arbeitet bei der Kantonspolizei Basel-Stadt und ist Prüfungsexperte für Ethik und Interkulturelle Kompetenz an der Interkantonalen Polizeischule in Hitzkirch (LU).

Simon Mugier
(*1981) ist Assistent, wissenschaftlicher Mitarbeiter und Lektor am Seminar für Soziologie und Geschäftsführer beim KunstRaumRhein. Er promoviert bei Ueli Mäder u.a. zu Fragen politischer Ökonomie und sozialer Ungleichheit. *www.kunstraumrhein.com*

Roberto Brunazzi
(*1984), M.A., studierte an der Universität Basel Soziologie und Medienwissenschaft und arbeitet in der Corporate Communication eines Versicherungsunternehmens.

Raphaël Bucher
(*1984), M.A., studierte an der Universität Basel Soziologie und Medienwissenschaft und arbeitet in der Unternehmenskommunikation eines Chemiekonzerns.

Stefanie Kaiser
(*1985) studiert den *Master in Sustainable Development* an der Universität Basel. Sie hat 2010 den Bachelor in Soziologie und Wirtschaftswissenschaften absolviert. Ihre Interessensschwerpunkte sind Fragen kollektiven Handelns in Bezug auf Umweltgüter.

Ruth Signer
(*1985), MA, ist Assistentin und Doktorandin der Neueren Deutschen Literaturwissenschaft am Deutschen Seminar Basel. Sie studierte an der Universität Basel Germanistik und Soziologie und promoviert bei Prof. Dr. Nicola Gess zum Thema «Text und Bewegung. Der Sinn der Sinnlichkeit und das Unbehagen im Ich».

Laura Tommila
(*1985), BA in Medien- und Gesellschaftswissenschaften an der Universität Basel, absolviert zurzeit den *European Master in Migration and Intercultural Relations.* Interessensschwerpunkte sind Körpernormen und die Repräsentation von «Fremden» in Medien.

Karin Wohlgemuth
(*1985) ist wissenschaftliche Mitarbeiterin am Seminar für Soziologie und promoviert bei Christian Imdorf zum Thema Übergänge in Ausbildung und Arbeit aus subjektiver und geschlechtsspezifischer Sicht.

Philomen Stucky
(*1987), BA in Gesellschafts- und Medienwissenschaft, studiert im Master Medienwissenschaft an der Universität Basel und World Arts an der Universität Bern. Ihre Interessensgebiete sind hybride Artefakte, insbesondere das Schnittfeld von Mode, Werbung, Kunst, Körper, Raum, Prozessen der Globalisierung und kulturellem Gedächtnis; die Erfahrung von veränderten Bewusstseinszuständen durch das Medium Film; sowie Tanz und Film.

Robin Trachsel
(*1987) studiert Soziologie, Biologie und Philosophie an der Universität Basel und hat im Sommer 2012 den Bachelor in Soziologie und Biologie absolviert. Seine Interessenschwerpunkte sind kritische politische Soziologie bzw. Philosophie.

Che Wagner
(*1988) absolvierte den Bachelor der Geschichte und Gesellschaftswissenschaften an der Universität Basel bis Sommer 2012. Nach der Rudolf Steiner Schule in Aesch und der Matura in Basel leistete er ein Jahr Zivildienst in einer heilpädagogischen Schule (Sonnhalde Gempen/SO) und organisiert Jugendtagungen am Goetheanum. Interessenschwerpunkte sind Biographie, Generation, Zeitgeschichte und Medientheorie.

Aus dem Verlagsprogramm

Ueli Mäder und Simon Mugier (Hrsg.)

Arnold Künzli
Erinnerungen

Basel 2011

Ueli Mäder
Laurent Goetschel
Simon Mugier
(Hrsg.)

Soziale Ungleichheit
und Konflikte

Ueli Mäder, Laurent Goethschel und Simon Mugier (Hrsg.)

Soziale Ungleichheit und Konflikte

Basel 2012

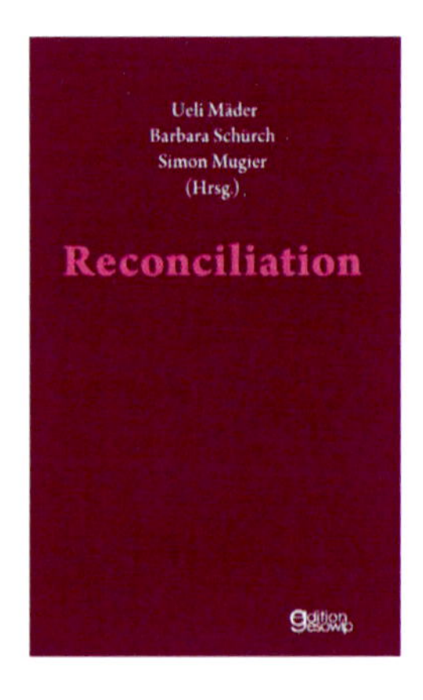

Ueli Mäder, Barbara Schürch und Simon Mugier (Hrsg.)

Reconciliation

Basel 2012 (im Erscheinen)